深圳市基础教育系统"张素梅名教师工作室"成果

广东省学前教育"新课程"科学保教示范项目

"基于本土资源的幼儿涵养课程建构"部分成果

幼儿园课程资源的创新探索与实践应用

张素梅 等 著

湖南大学出版社
·长沙·

图书在版编目（CIP）数据

幼儿园课程资源的创新探索与实践应用／张素梅等
著. -- 长沙：湖南大学出版社，2025. 6. -- ISBN 978-
7-5667-4151-6

Ⅰ. G612

中国国家版本馆 CIP 数据核字第 2025TT5335 号

幼儿园课程资源的创新探索与实践应用
YOU'ERYUAN KECHENG ZIYUAN DE CHUANGXIN TANSUO YU SHIJIAN YINGYONG

著　者：张素梅　等
责任编辑：李　婷
印　装：长沙市雅捷印务有限公司
开　本：710 mm×1000 mm　1/16
印　张：18.5
字　数：310 千字
版　次：2025 年 6 月第 1 版
印　次：2025 年 6 月第 1 次印刷
书　号：ISBN 978-7-5667-4151-6
定　价：68.00 元

出 版 人：李文邦
出版发行：湖南大学出版社
社　　址：湖南·长沙·岳麓山
邮　　编：410082
电　　话：0731-88822559（营销部），88820008（编辑室），88821006（出版部）
传　　真：0731-88822264（总编室）
网　　址：http://press.hnu.edu.cn
电子邮箱：531764257@qq.com

在学前教育高质量发展的时代背景下，课程资源的开发、运用与创新，日益成为撬动幼儿园内涵式发展的核心支点。资源本身并非是教育的目的，关键在于如何将丰富多元的"资源库"转化为滋养儿童生命成长的"能量源"，如何让静态的"物"服务于动态的"人"的发展——这才是学前教育工作者实践智慧的核心关切。

《幼儿园课程资源的创新探索与实践应用》一书的诞生，正是源于对此问题的深度思考与生动回应，它凝聚了一线教育实践者的智慧结晶，为幼儿园课程的可持续发展提供了极具价值的行动指南。

本书的核心价值体现在：儿童立场的根本性转向。书中旗帜鲜明地提出"适合幼儿教育的课程资源"，这不仅是概念辨析，更是回归学前教育的独特属性——关注儿童的生活经验、游戏天性与操作体验。资源的意义由此升华：它不再仅仅是知识的载体或活动的道具，而成为儿童"生活世界"的延伸与拓展，是激发好奇心、支持主动探究、丰富生命体验的"活"材料。书中强调从"儿童的学习特点"与"儿童的生活经历"出发审视资源价值，正是将儿童置于资源运用的中心，确保资源真正服务于儿童的生命成长与经验建构。

在多次的交流研讨和实地参访中，我深深感受到张素梅园长及深圳市龙岗区学前教育同仁们对幼儿教育事业的热爱。个人的光芒终有边界，而他们开放共享的姿态、协同合作的精神，共同书写了属于龙岗学前人的最美篇章，也使得这部凝聚集体智慧的新作意义非凡。这种团队协作模式，本身就是最宝贵的"课程资源"，是其成果得以广泛辐射、深度扎根的关键保障。

翻阅这本凝聚团队智慧与心血的新作,感触良多。本书共九个章节,可以分成四个部分,第一部分包括第一、二章,讨论了课程资源的定义、内涵价值与开发意义,奠定了全书的理论基础;第二部分包括第三、四章,聚焦"课程资源审议"和"教师支持"这两个关键要素,深入探讨如何确保课程资源的运用质量;第三部分包括第五、六、七章,通过丰富生动的实践案例,展示了各类课程资源在不同活动中的有效实施策略;第四部分包括第八、九章,围绕"课程资源的评价"和"课程资源未来的发展"进行了分析与展望,体现了幼儿园课程资源建设持续改进与创新发展的特点。全书由此形成从理论认知到实践操作,再到评价反思与改进发展的完整闭环。

整体来讲,本书有几大亮点:一是内容体系完整,全面涵盖幼儿园课程资源建设的理念、管理体系、教师支持、实践策略、评价与改进;二是资源共建共享,融合不同园所的优势资源,打破了园所间的物理与思维界限,构建规模更大、类型更丰富、互补性更强的"区域共享资源库",彰显共建共享思维;三是展现实践智慧,理论与案例紧密结合,充分展现一线教师的实践智慧;四是具有前瞻性的未来视野,立足当下,着眼未来。本书的出版,恰逢国家深入推进学前教育普惠优质发展的关键时期。我们坚信,书中所倡导的"儿童立场、科学管理、动态审议、多元实践"的课程资源观与实践路径,必将为业界同仁破解资源运用困境、切实提升课程实施质量与内涵提供深刻启发,最终促进每一个孩子健康、全面、个性化发展。更期待此书能成为引玉之石,激发更多创新火花,带动广大幼教同仁共同走向课程资源深度开发利用的探索之路,让教育实践更凸显儿童视角、立足园所实际、更加科学适宜,共同书写学前教育高质量发展的新篇章!

叶平枝

广州大学教授、博导

目 录

第一章
课程资源概述

在国家基础教育课程改革和深化的过程中，"课程资源"这一核心且关键的概念被鲜明地提出，作为课程实施不可或缺的基石，课程资源贯穿于国家层面精心制定的各学科课程标准体系之中，为课程的质量构筑了坚实的支撑平台。

2001年6月，教育部颁布了《基础教育课程改革纲要（试行）》，它倡导构建国家、地方、学校三级课程管理体系，以激发各级主体的积极性与创造力，进一步形成新的课程管理机制，促进课程资源的深度开发和教材体系的多元化。《基础教育课程改革纲要（试行）》中明确提出，要积极开发利用各种自然资源、社会资源、信息资源以支持新课程的实施，开设综合实践活动课作为必修课，充分利用本地、本校优势，开发农村乡土课程、校本课程等，这些都体现了国家对课程资源开发利用的倡导与要求。文化在学校教育中主要以课程的形式存在，因此，课程资源的开发与利用对于课程的实施与质量至关重要，是教育活动的重要支撑。[1]

第一节　不同视角下的课程资源

课程资源的概念历经了萌芽与逐步演进的过程。回溯至20世纪初，当现代课程理论初露锋芒时，研究者们的关注点尚未直接触及课程资源本身，而是集中在课程的编制策略、目标设定等核心议题上。然而，这些深入的探讨与实践，实际上是以潜在且广泛存在的课程资源为支撑和背景展开的，尽管当时这一关系尚未被明确纳入研究视野。[2] 20世纪中叶以来，心理学研究取得了新进

---

① 段兆兵等. 课程资源开发与利用：原理与策略[M]. 芜湖：安徽师范大学出版社，2011.
② 闫建敏. 中小学课程资源及其对策分析[D]. 长春：东北师范大学，2003.

展，特别是认知心理学与建构主义学习理论的产生，引发了教育理念的重大转变，强调学习者应主动构建知识体系而非单纯接受，这为"基于资料学习"的理念奠定了理论基础；泰勒在 1985 年为《国际教育百科全书》撰写了课程资源（curriculum resource）条目，从目标、教学活动、教学活动组织、课程评价等四个方面对课程资源进行了系统阐述，使课程资源问题日益受到关注，为我们深入理解课程资源带来了重要启示。随后，计算机技术和互联网的迅猛发展极大地拓宽了信息获取的渠道，为"基于资料学习"模式提供了强有力的资源支撑与实践环境。在此背景下，传统的物质资源以及各种非物质条件与因素，均被视为支持、影响及促进课程生成与实施的重要课程资源。因此，课程资源的概念是在不断地发展和丰富的，社会的进步和课程意识的提高为课程资源的开发和利用开辟了越来越广阔的空间。①

按照《中国资源科学百科全书·资源科学》的解释，资源科学的研究对象是资源，它既包括作为人类生存与发展的物质基础的自然资源，又包括与开发和利用自然资源密切相关的人力资源、科技资源与教育等社会资源。② 课程资源的研究不仅涉及教育学的范畴，还广泛关联到资源科学、社会学、心理学等多个学科领域，因此，课程资源属于资源科学的研究范畴。

一、课程资源的词义

随着全球化的加速，教育国际化趋势日益显著，准确界定课程资源的中英文词义，对于理解跨文化课程资源、推动国际教育交流与合作至关重要。以 1949 年"现代课程论之父"泰勒在其经典著作《课程与教学的基本原理》中明确提出的课程资源利用问题为例，这一论述对课程资源的开发、运用及管理具有深远的指导意义。因此，在深入探讨课程资源的定义之前，我们首先需要梳理"课程资源"的中英文词义的历史演变，以确保定义的准确性。

（一）课程资源的中文词义

"课程资源"作为"资源"范畴下的一个具体类型，其命名蕴含了深厚的词

---

① 钟启泉. 新课程师资培训精要[M]. 北京：北京大学出版社，2002.
② 周广强. 新课程教师课程资源开发和整合能力培养与训练[M]. 北京：人民教育出版社，2004：17.

源学背景。"资"字，在古汉语中，常指财物、本钱，亦涵盖供给与资助的意思；而"源"，则原指水流发源之处，后引申为一切事物的根源或来源。①

在《辞海》中，"资源"被定义为资财的源泉，尤指自然界中固有的财富。在《现代汉语词典》中，"资源"指的是生产资料或生活资料的来源。

随着时代的发展，"资源"的内涵不断被丰富与深化，衍生出了诸如物力资源、人力资源、智力资源、信息资源、技术资源等一系列新概念。在这一背景下，"课程资源"作为教育资源体系中的一个重要组成部分，同样是对"资源"概念在现代教育领域的深入探索与具体应用，它标志着"资源"一词在教育领域的又一次拓展与延伸。② 在《教育大辞典》中，课程资源被定义为广泛支持并促进教学活动的各类资源集合。

（二）课程资源的英文词义

在英语语境中，课程资源这一概念可通过两个关键短语来表达：一是 teaching resources，它侧重于从教师的视角出发，特指教师在教学过程中所依赖和运用的各类资源；二是 instructional resources，该词组强调的是资源本身所具备的指导性和教育价值，即这些资源如何有效地引导和支持学习过程。

放眼国际教育界，课程资源的范畴更为宽泛，它涵盖了任何能够整合进课堂环境或学校组织活动中，具备潜在利用价值的元素，无论是人还是物，均可被视为课程资源的一部分。这些资源包括但不限于传统的图书资料、非印刷媒介（如音频、视频材料）、电子信息资源库，以及诸如野外考察、实践旅行等能够丰富学习体验的活动形式。

二、课程资源的多视角定义

在推进新课程改革的实践中，关于课程资源的研究领域正日益拓展并趋于丰富化，不同学者基于资源特性、效用、表现形式等多重视角，对课程资源内涵的理解呈现出多元化的趋势。

从概念辨析的视角界定课程资源，课程资源有广义与狭义之分，广义指有利于实现课程目标的各种因素，狭义仅指形成课程的直接因素来源。通过广义

---

① 商务印书馆编辑部. 辞源：第 3 册[M]. 修订本. 北京：商务印书馆，1982：1859.
② 段兆兵等. 课程资源开发与利用：原理与策略[M]. 芜湖：安徽师范大学出版社，2011.

与狭义的概念辨析，明确了课程资源的不同层次和范围。[①] 概念的辨析有助于厘清课程资源的内涵和外延，为课程资源的深入研究提供清晰的理论框架。

从课程编制与实施的视角界定课程资源，课程资源被视为课程设计、实施和评价等整个课程编制过程中可资利用的一切资源的总和。这一定义涵盖了人力、物力、自然资源等多个方面，强调了课程资源在课程编制过程中的重要性和作用。[②] 从课程编制与实施的角度研究课程资源，有助于实现课程资源的合理配置和有效利用，提高课程编制的科学性和系统性。

从资源开发与利用的视角界定课程资源，课程资源虽广泛存在，但只有可以引入课程领域的资源才能被视为现实的课程资源。这一视角强调了课程资源的开发性和可利用性，即课程资源需要经过筛选、加工和整合才能成为有效的教学资源。[③] 资源开发与利用视角的研究有助于提升教师对课程资源的敏感度和开发能力，促进课程资源的有效转化和利用。

从教育价值转化视角界定课程资源，课程资源被定义为富有教育价值、能够转化为学校课程或服务于学校课程的各种条件的总称。这一视角强调了课程资源的教育价值和转化能力。[④] 教育价值转化视角的研究有助于揭示课程资源与学校课程之间的内在联系和转化机制，推动课程资源向教育价值的有效转化。

综合以上观点，笔者认为：课程资源是指课程设计、实施和评价全过程中可资利用的各种资源，包括人力、物力、自然资源等，并且可以从广义上理解为所有有利于实现课程目标的因素，也可以从狭义上界定为直接构成课程的因素。

第二节　适合幼儿教育的课程资源

随着《国家中长期教育改革和发展规划纲要（2010—2020 年）》的出台及其配套措施的颁布，我国学前教育被赋予了前所未有的重要价值与战略地位，这

---

① 吴刚平. 课程资源的理论构想[J]. 教育研究，2001，22（9）：59-63.

② 徐继存，段兆兵，陈琼. 论课程资源及其开发与利用[J]. 学科教育，2002（2）：1-5.

③ 段兆兵. 课程资源的内涵与有效开发[J]. 课程·教材·教法，2003，23（3）：26-30.

④ 范蔚. 实施综合实践活动对课程资源的开发利用[J]. 教育科学研究，2002（3）：32-34.

一举措加速了学前教育公共服务体系的构建与完善步伐，引领学前教育步入了一个高速发展的黄金时代。

一、幼儿教育概述

幼儿教育与幼儿课程发展之间存在着相互依存、相互促进的关系。幼儿教育为幼儿课程提供了目标和方向，而幼儿课程则是实现幼儿教育目标的具体途径和手段。因此，在幼儿教育实践中，我们应该注重幼儿教育与幼儿课程发展的有机结合，为幼儿的全面发展提供有力的保障和支持。

（一）了解幼儿教育

为了更精准地界定适用于幼儿教育的课程资源范畴，我们的首要任务是明确幼儿教育的特点，以此为基础，深入梳理并提炼出与幼儿身心发展阶段相契合的课程资源相关理念与要素。

广义的教育是指凡是有目的地增进人的知识技能，影响人的思想品德，增强人的体质的活动。狭义的教育是指一种专门组织的不断趋向规范化、制度化、体系化的教育，主要是指学校教育。它是根据一定社会的现实和未来的需要，遵循受教育者身心发展的规律，有目的、有计划、有组织地引导受教育者主动地学习，积极进行经验的改组与改造，促使他们提高素质、健全人格的一种活动。[①] 从广义和狭义两方面来阐述教育的定义，不仅清晰地界定了教育的范围与性质，还深刻揭示了教育的目的、价值及其在个人与社会发展中的重要意义。

从人的生理年龄角度来说，3 至 6 岁（学龄前）被认为是幼儿期，对这一时期的幼儿进行的教育即为幼儿教育。幼儿教育作为教育的下位概念必然也有广义和狭义之分。广义的幼儿教育是指能够影响幼儿身体成长、认知、情感、性格等方面发展的有目的的活动。狭义的幼儿教育特指幼儿园（或其他专业的幼儿教育机构）教育，是幼儿教育工作者整合幼儿周围的教育资源，对幼儿施以有目的、有计划、有组织、有系统的影响的活动。[②] 无论是广义或狭义的幼儿教育理念，都共同服务于幼儿全面而和谐发展的目标。广义的幼儿教育以其全

---

① 王道俊，郭文安. 教育学［M］. 7 版. 北京：人民教育出版社，2016.
② 单汝荣，王少娟. 幼儿教育学［M］. 北京：人民邮电出版社，2015.

方位、连贯性和多元化的特点，倡导了一个包容性强、协同合作的教育生态，让幼儿在无处不在的学习环境中茁壮成长；而狭义的幼儿教育则以其专业性、标准化和高质量的教育服务，为幼儿提供了一个坚实的基础平台，确保他们在认知、情感、社会性及身体等各方面得到均衡的发展。两者相辅相成，共同绘就了幼儿健康成长的美好蓝图，为培养未来社会主义建设接班人才奠定了坚实的基础。

（二）幼儿教育的特点

幼儿教育是教育体系中的起始与奠基环节，它具有各教育层次的共同特征、功能与价值，还独具鲜明的特性与发展规律。为了深入探索并开发适合幼儿教育的课程资源，我们需要深入理解并把握幼儿教育的特点，进而有效地利用并挖掘那些能够满足幼儿成长需求的课程资源，旨在最大限度地发挥其教育成效。

1. 非强制性与重要性并存

随着教育改革的不断深化，幼儿教育在教育体系中的地位逐渐凸显，然而，截至目前它仍非所有适龄幼儿必须参与的教育形式。在中国教育体系的转型与升级过程中，学前教育日益成为家长们关注的焦点。据教育部发布的《2023年全国教育事业发展基本情况》，2023年我国学前教育的毛入园率已达91.1%，这一数据充分彰显了学前教育普及程度的显著提升。尽管幼儿教育并不等同于义务教育，具有其独特的非强制性特点，但在当前普及与普惠并重的目标推动下，学前教育的质量保障已成为社会各界普遍关心与热议的核心议题。

2. 生活化与教育性相结合

幼儿期是身心快速发展的关键时期，幼儿身心尚未成熟，需成人的细致关怀与专业指导。幼儿的日常活动如进餐、个人卫生等，不仅是生活技能培养的实践环节，也是教育的重要组成部分，有助于幼儿建立健康的生活习惯，促进身心和谐发展。保教人员应以耐心和智慧为引导，鼓励幼儿亲身参与，培养他们的自理能力、独立性和主动性。幼儿教育旨在为幼儿终身学习与发展奠定坚实基础，追求体质、智力、品德、审美等多方面的全面发展。因此，应将"一日生活皆课程"的理念融入教育实践，科学规划幼儿的一日生活，通过多样化、趣味性的活动，促进幼儿全面而有个性的成长。

3. 直接经验性和启蒙性并重

学龄前儿童主要依赖具体形象思维来构建对世界的认知，主要通过直观感知与体验来认识周围事物。遵循《幼儿园工作规程》及《幼儿园教育指导纲要（试行）》等学前教育领域的国家指导性文件，幼儿教育明确倡导以游戏作为核心活动方式，突显了游戏在促进幼儿全面发展中的不可或缺性。据此，幼儿园应积极构建多元化、富有吸引力的区域活动环境，以激发幼儿在游戏中主动学习与探索的热情。同时，幼儿园应配备丰富的玩具、多样化的游戏材料及适龄的幼儿读物，为幼儿的启蒙教育提供全面而充足的资源保障。

（三）我国幼儿教育的发展

我国幼儿教育的进步与课程资源的开发利用之间关系紧密且相互依存。在当前我国幼儿教育领域，课程资源面临多重挑战。具体表现为：课程资源分布不均，优质资源稀缺；资源质量良莠不齐，难以满足儿童多样化的学习需求；以及课程资源的开发和利用缺乏系统规划与创新性的实施策略。因此，幼儿教育的发展状况深刻影响着课程资源在学前教育中的核心作用。

自 1903 年湖北幼稚园（后于 1904 年更名为武昌蒙养院）作为我国第一所幼儿机构成立以来，我国幼儿教育已历经 120 余年的发展历程。这一漫长历程可划分为几个重要阶段，每一阶段都紧随社会变革与教育理念的革新而发展。

初期阶段，幼儿教育主要借鉴国外的教育模式，以传授基本的生活技能和简单的知识为主。这一时期的幼儿教育机构数量有限，分布也极不均衡，主要集中在一些大城市和沿海地区。然而，正是这些先驱者的努力，为我国幼儿教育的后续发展奠定了坚实的基础。

随着社会的进步和教育理念的更新，我国幼儿教育进入了发展阶段。这一时期，幼儿教育开始注重儿童的身心发展特点，强调游戏在教学中的重要性，逐渐摆脱了单纯模仿国外的模式，开始探索适合我国国情的幼儿教育体系。同时，幼儿教育机构的数量也迅速增加，覆盖面不断扩大，越来越多的儿童有机会接受幼儿教育。

进入新世纪以来，我国幼儿教育迎来了蓬勃发展的新时期。随着经济的快速增长和社会的全面进步，人们对幼儿教育的重视程度不断提高，对幼儿教的质量要求也越来越高。这一时期，幼儿教育机构不仅数量上大幅增加，而且在教育质量、教学设施、师资力量等方面都取得了显著的提升。同时，幼儿教育也开始更加注重培养儿童的综合素质和创新能力，为儿童的全面发展提供了更加广阔的空间。

自湖北幼稚园创立以来，我国的幼儿教育领域历经了从无到有、由弱渐强的显著蜕变。在这一历程中，社会环境的快速变革、教育理念的持续革新以及国家政策的积极驱动，共同构成了推动幼儿教育不断发展的强大力量。尤为值得注意的是，在 21 世纪第二个十年末至第三个十年初这段时间里，幼儿教育公共服务体系与政策的构建与完善，在提升学前教育质量方面展现出了不可估量的价值与影响力。[①] 这一过程，既包含了自上而下的政策引领与资源倾斜，也融合了自下而上的实践探索与反馈调整，两者相辅相成，共同促进了幼儿教育课程的蓬勃发展。在此期间，幼儿教育确立了"幼儿为本"的核心课程框架，这一理念深刻影响了教育实践的方方面面，为儿童的全面发展与终身成长奠定了坚实的基础。教学模式与学习方式也随之发生了深刻变化，游戏被明确为教学活动的基本形式，这不仅打破了传统教材的束缚，还极大地拓展了课程资源的范围，促进了资源的有效开发与广泛共享。

二、适合幼儿教育的课程资源

《幼儿园教育指导纲要（试行）》明确指出，幼儿园应为幼儿提供健康、丰富的生活和活动环境，满足他们多方面发展的需要，使他们在快乐的童年生活中获得有益于身心发展的经验。归根到底，促进幼儿的全面发展是课程资源开发与利用的出发点、立足点与归宿，同时，幼儿本身就是重要的课程资源，因此，课程资源应涉及多个层面和多个层次，满足幼儿不同的需要并满足不同幼儿的需要。只有能引发幼儿积极主动、专注投入的活动的资源才能产生真正的教育价值，才能真正促进幼儿的发展。[②]

从幼儿教育的特点来看，适合幼儿教育的课程资源应符合生活性原则、适宜性原则、综合性原则。

---

① 张守礼. 当代学前教育：多元而具创造力的教育生态［M］. 北京：中国人民大学出版社，2022：143.
② 彭茜. 幼儿园课程与教学［M］. 广州：广东高等教育出版社，2023：43.

（一）生活性原则

陶行知先生倡导"生活即教育"的理念，他认为教育应当来源于生活、服务生活，并且以生活改善为目标。事实上，幼儿教育的诸多资源存在于幼儿的生活中。幼儿日常接触的人群，如同伴、教师、幼儿园内的保健医生、厨师等工作人员，以及拥有不同专业背景和特长的家长、社区成员、专家学者等，都是幼儿教育中不可或缺的宝贵资源，他们不仅丰富了幼儿的学习内容，更在无形中培养了他们的社交能力、情感认知与多元文化意识。此外，幼儿所身处的生活环境也蕴藏着丰富的教育资源。从幼儿园内部的自然资源、专为幼儿学习与发展设计的教室空间、多样化的户外游戏材料及体育设施，到功能各异的专用教室、现代化的教学设备如一体机、钢琴等，为幼儿提供了安全、有趣的学习场所，为幼儿探索与学习提供物质保障。而放眼更广阔的生活环境，四季变换的自然景观、丰富多彩的社会职业体验、公共文化设施的熏陶，则进一步拓宽了幼儿的视野，激发了他们的好奇心与求知欲。不仅如此，生活中还蕴含着丰富的民间文化、艺术表现形式、文学作品，地方性的语言、风俗习惯、非物质文化遗产，以及现代科技、艺术成果的展现，均为幼儿提供了丰富的学习素材和灵感来源。

鉴于幼儿学习的高度直观性与经验依赖性，幼儿教育课程资源的选取应紧密围绕生活中的真实场景或相关素材展开，让教育自然融入生活，让学习在生活的点滴中发生，从而实现"生活即教育"的深刻内涵。

（二）适宜性原则

在课程资源的开发利用过程中，我们必须确保其适宜性，这涉及两个核心方面：一是资源内容需紧密贴合各年龄段幼儿的发展需求，确保教育内容的针对性和适宜性；二是资源整合与运用策略要能够灵活满足每个儿童的个性化发展需求，促进儿童的全面发展。幼儿园教育作为面向全体儿童的基石，其目标在于不仅要推动每个儿童在原有基础上取得进步，更要深入挖掘并激发儿童的潜能，为其个性化成长提供有力支持。

1. 贴合各年龄段发展需求

儿童身心发展过程虽然是一个连续的变化过程，但在不同的年龄阶段，儿童的身心发展表现出了较一致的、共同的规律，这就是儿童身心发展的年龄特征。① 在开发并利用教育资源时，我们需紧密贴合幼儿的年龄特性、兴趣及需求，进行内容的精心筛选与创造性改编，同时采用恰当的引导策略，以激发幼儿主动探索并积累相关经验。例如：幼儿园坐落于客家文化的浓厚氛围中，在向幼儿介绍客家方言时，不应盲目追求全面性，可以精挑细选出既富有趣味性又易于幼儿理解掌握的客家童谣，以此作为切入点，让幼儿在轻松愉快的氛围中感受和学习客家文化的精髓。

2. 满足个性化发展需求

幼儿园教育是面向全体儿童的，要促进儿童的全面发展，促进每个儿童在原有基础上得到发展，充分发掘儿童的潜能促进其个性化发展。鉴于儿童间存在的显著差异，包括发展需求、思维模式、兴趣偏好、个性特征以及既有经验等方面的多样性，教育实践需采取科学策略，精准挖掘并有效利用各类课程资源。通过资源的精细化分层与灵活转化，确保能够精准对接并满足每一位儿童独特的成长需求。以"探索客家用具"活动为例，面对孩子们展现出的不同兴趣点——有的孩子对凉帽的帽帘设计充满好奇，而有的则对凉帽的编织技艺情有独钟——教师可精心筹备，收集各式各样的凉帽（特别是不同样式的帽帘）以及多样化的竹编手工艺品。随后，在活动区域内投放丰富多样的材料，如竹篾、布料等，并配备详尽的操作指南视频或直观易懂的流程图，为孩子们提供一个自主选择、探索与实践的物质环境。这样的安排不仅尊重了儿童的个体差异，也极大地促进了他们个性化学习兴趣与能力的发展。

（三）综合性原则

在幼儿教育课程资源的开发与利用进程中，需全面审视资源获取的渠道、成本控制以及资源的开放性与灵活性等多元化要素。同时，这一过程应紧密贴合幼儿园及其所在地域的特定条件，实施因地制宜的策略。实际操作中，应在资源筛选和整合时，对资源的优势和不足进行分析，采取科学合理的配置策略与组合方式，将多元教育资源进行精妙组合与协调，力求资源效益最大化。

此外，还需全面考量外部环境的多样性与资源内部相互作用的复杂性，力求在资源利用层面达到效益最大化与协同增效的双重目标。这一综合考量不仅

---

① 白洋，刘原兵，张继红. 学前教育学［M］. 广州：世界图书出版广东有限公司，2019.

有助于课程资源的开发与利用，更能为幼儿教育课程的丰富性、创新性与实效性提供坚实的支撑与保障。

幼儿教育课程资源构成了幼儿园教育内容的精髓与教学活动展开的基石，其核心目标在于有效推动教育既定目标的实现。因此，适合幼儿教育的课程资源是能贴合幼儿独特的成长轨迹与个性化需求，通过整合人力资源、物质条件、自然环境和文化元素等多元要素，全面覆盖并精准对接幼儿发展的各个关键维度，以有效推动幼儿教育目标的实现。

第三节　课程资源的开发意义

2018 年 11 月 15 日，新华社受权发布《中共中央 国务院关于学前教育深化改革规范发展的若干意见》（以下简称《若干意见》），这是中华人民共和国成立以来第一个以党中央和国务院的名义发布的学前教育重要文件，开启了新时代学前教育普及普惠安全优质发展的新征程。在学前教育领域迈向多元化、以创造力为导向的高质量发展过程中，深入探索课程资源的研究显得尤为重要，它对于幼儿园在创新层面构建并有效实施新课程体系而言，价值难以估量，是推动教育革新与发展的重要驱动力。充分开发与利用幼儿教育中的丰富资源，能够有效促进教学模式与学习方式的变革，进而更加精准地满足幼儿全面发展的需求。同时，在提升教育质量的过程中，资源的挖掘、利用是一个非常重要的问题，它能折射出教师的理念、专业素养和实践精神。[1]

一、课程资源助推幼儿园课程发展

课程与课程资源紧密相连，课程资源是课程存在和改革的基础。在 2001 年出台的《幼儿园教育指导纲要（试行）》中，鲜明地树立了以"教育资源"为核心的课程理念，特别强调"环境作为不可或缺的教育资源之关键地位"，并倡导幼儿园需与家庭、社区形成紧密合作机制，确保与小学教育顺畅衔接，同时有效整合并利用各类教育资源。至 2016 年，《幼儿园工作规程》（以下简称规

---

① 彭茜. 幼儿园课程与教学［M］. 广州：广东高等教育出版社，2023：42.

程）经历修订后重新颁布，该规程进一步巩固了环境作为核心教育资源的立场，同时突出了"鼓励幼儿自主选择与主动学习，以环境激发幼儿的学习兴趣与探索欲望"的教育理念。此外，规程还明确要求，幼儿园应构建一个充满尊重、接纳与关爱的环境，强化积极的同伴关系与和谐的师生关系，规程还指出幼儿园应积极探索与利用家庭和社区资源，以此丰富和深化幼儿园的教育内涵。而今，信息技术的飞速发展更是为幼儿教育注入了新的活力。各类教育软件、小程序以及虚拟现实技术等的引入，极大地丰富了幼儿园课程资源库，为教师的教学创新和幼儿的学习体验提供了无限可能。

经过精心策划与科学利用的课程资源，能够显著加速并深化课程目标的达成，不仅拓宽了实现目标的边界，还极大地提升了实现的效率，为课程的顺利实施奠定了坚实的基础。课程资源的日益多元化，极大地拓展了幼儿园课程体系的深度与广度，促进了教学活动策略的精细化，催生了教学过程的动态活力与持续优化循环。这一变革深刻影响着课程功能的革新与学习范式的转型，引领着学习环境向更加多元化、个性化的方向发展。

针对幼儿园课程实施中资源不足的问题，资源的合理开发与高效利用成为了关键解决途径。它不仅促使幼教工作者及相关人员增强课程资源意识，敏锐洞察并挖掘现有资源的潜在价值，还鼓励幼儿园及教师全方位、创造性地运用各类课程资源，有效降低教育成本，提高校外资源如公共设施等的利用率，为课程实践活动注入新的活力。进一步地，充分探索与利用网络资源，鼓励师生自制教具、模型及标本等教学辅助材料，不仅丰富了课程资源的多样性，还成为对学校资源的有益扩充，有效缓解了校内资源紧张的问题。

构建高质量的课程生态系统，离不开对多样化课程资源的科学整合与灵活运用。这一举措不仅塑造了独具匠心且成效斐然的课程形态，还促进了课程资源观的开放转型，即由单一学校主导转向多元主体共同参与。在此过程中，幼儿园课程积极吸纳社会力量的广泛参与，利用社会在人才、政策、管理等方面的优势资源，通过合作共建等模式，增强社会资源对教育的支撑力度，激发社会各界参与教育事业的热情与动力。①

---

① 段兆兵等. 课程资源开发与利用：原理与策略[M]. 芜湖：安徽师范大学出版社，2011.

二、课程资源对幼儿发展有积极作用

《若干意见》中的第二十六条指出，支持引导幼儿园充分利用当地自然和文化资源，合理布局空间、设施，为幼儿提供有利于激发学习探索、安全、丰富、适宜的游戏材料和玩教具，防止盲目攀比、不切实际。这条意见对幼儿园环境创设和材料提供提出了具体而明确的要求，幼儿园应通过充分利用自然和文化资源、合理布局空间与设施、提供适宜的游戏材料和玩教具等措施，为儿童创造一个安全、丰富、适宜的学习和游戏环境，促进其全面发展。

从师幼行为特点来划分，幼儿教育活动可分为游戏活动、教学活动、生活活动、区域活动等。在不同的活动中，提供丰富多样的课程资源，涵盖语言、科学、艺术、社会、健康等多个领域，通过全面而深入地整合这些领域的课程资源，全方位满足幼儿的学习探索需求，让学习寓于游戏，成长伴随探索，促进其在认知、情感、社会性及体能等方面的均衡发展。

尤为重要的是，富有趣味性与互动性的课程资源将极大地激发幼儿的学习热情和探索欲望。以"幼儿园旁的河流"为主题构建活动为例，老师为幼儿精心准备了充足的建构积木、多样化的辅助材料以及记录用纸等，旨在构建一个沉浸式的学习环境。通过展示河流的精美图集与生动视频，不仅激发了幼儿对河流及其周边自然生态的浓厚兴趣和好奇心，还进一步引领他们通过实地考察、小组讨论与经验分享等互动环节，将理论知识与亲身体验深度融合，深化了他们的认知与实际操作能力。这次活动，提升了幼儿的参与度和成就感，更在潜移默化中培养了他们的观察力，激发了他们主动思考、独立解决问题的能力，同时，它也是一次对幼儿自主学习能力和探究能力发展的有力促进。

优质的课程资源能充分支持幼儿动手操作、亲身体验，这有助于培养他们的创新思维和实践能力。以幼儿园设立的机器人编程体验室为例，该空间精心配置了多样化的教育资源，包括各式积木套装、电子构建元件、前沿的3D打印设备、便捷的颗粒板收纳盒、细致的分类托盘、辅助积木搭建的起件工具、直观的编程教学图表以及详尽的操作指导视频等。这些资源的整合，不仅让幼儿能够直接与先进的科技工具和材料建立联系，还极大地促进了他们在实践中发现问题、分析问题并独立解决问题的能力，进而有效激发幼儿内在的创造力和创新能力。

每个幼儿都是独一无二的，他们拥有各自的兴趣、能力以及学习特质，因此，多样且富有灵活性的课程资源对于满足幼儿不同的成长需求至关重要。以"社区探秘"这一主题探究活动为例，我们巧妙利用社区资源，如图书馆、超市、自然生态中的动植物以及社区居民等，将这些转化为幼儿探索学习的丰富素材。这些资源不仅内容多样，还提供了众多社会互动与协作的机会，为幼儿创造了一个学习人际交往、有效沟通和团队协作的平台。通过角色扮演的趣味游戏、情景模拟的亲身体验等寓教于乐的方式，幼儿能够亲身感受社会生活的多个方面。这些活动不仅加深了他们对社会规范的认识，还促进了他们社会性发展的全面提升。

课程资源对幼儿的发展需求至关重要。因此，幼儿园应主动发掘并利用多样化的课程资源，为幼儿营造丰富、有趣且充满挑战的学习环境，提供众多学习机会，以全面促进他们的成长与发展。

三、课程资源促进幼儿教师专业能力的发展

对于幼儿教育工作者而言，幼儿教师不仅是不可或缺的宝贵课程资源，更是课程实施中的多面手，他们是知识的传递者、个性化教学的践行者、情感与社交的引路人，以及创新与实践的引领者，同时还是家、园共育的坚实桥梁。

教师在教育活动中的创造力与主观能动性，是其对课程资源进行合理开发与高效整合的驱动力，这一过程不仅彰显了教师的专业能力，也促进了其专业发展。特别是针对幼儿独特的学习方式——游戏，教师需深入学习游戏的精髓、教育价值、分类及发展阶段，灵活应用于教学实践中，如通过"我的幼儿园"搭建游戏，巧妙运用建构材料，引导幼儿探索与创造，同时不断充实自身在建筑知识等领域的通识性积累。

自课程改革深入实施以来，课程资源的开发与有效利用已成为推动教学方式变革的关键力量。这一变革的核心在于树立以儿童为中心的教育理念，倡导课程内容贴近幼儿生活实际，以及实践"做中学"的教学方法论，这些观念深刻影响着教师的教学策略和幼儿的学习方式。在幼儿园教育实践中，区域活动的广泛开展便是这一变革的具体表现之一。区域活动的成功实施，对课程资源

的规划与设计提出了高要求，包括区域布局的科学性、环境创设的适宜性、玩具与学具的丰富性与教育性等方面。教师需基于对幼儿年龄特征、幼儿发展水平及教育目标的深刻理解，精心挑选并准备区域材料，确保它们既能激发幼儿的兴趣，又能促进其在探索、操作、互动中的自主学习与全面发展。教学方式的变革，意味着教学方式从传统的教师单向讲授向幼儿主动探索、在多元互动（与材料、同伴、教师及环境）中学习的模式转变。幼儿在这样的环境中，不仅能够获得知识与技能的增长，更重要的是，他们的观察力、思考力、创造力以及社会交往能力都能得到显著提升，实现从"被动接受"到"主动建构"学习经验的深刻变革。

教师角色的转变与合作意识的增强，是课程资源开发与利用过程中的重要趋势。教师不仅是学习的促进者，更是幼儿学习经验的共同创造者、组织者与开发者。在资源利用的过程中，教师间的合作日益紧密，与幼儿、家长、社区乃至更广泛的社会资源建立起紧密联系，形成合力，共同推动教育质量的提升。

幼儿园课程资源的丰富化，不仅促进了教育内容的多元化与个性化，更在无形中推动了教师专业能力的飞跃式成长。在这一过程中，教师作为主力军，其课程资源意识与开发利用能力得到了显著提升，为幼儿的全面发展奠定了坚实基础。在教学实践中，最大化教师资源的效用，幼儿园应秉持"以教师为中心"的理念，充分信任并激发教师的积极性，结合每位教师的专业特长、独特才华及教育背景，为其搭建舞台，鼓励并创造条件让教师能够自由展现与发挥个人优势。

课程资源在幼儿教育领域扮演着至关重要的角色，它们不仅是推动幼儿教育质量持续发展的核心要素，也是促进幼儿园整体教育水平跃升的关键驱动力。通过深入挖掘与合理利用课程资源，幼儿园能够更有效地利用其现有资源，实现资源的优化配置与最大化利用，为孩子们营造一个更加丰富多元、寓教于乐的学习环境。

第二章
课程资源的挖掘与资源体系构建

课程资源的有效利用是提升教育质量的关键。幼儿园应当从园级管理层面出发，为教师提供有力支持，建立起一套专业化的课程资源体系。为此，可以成立专门的课程资源管理小组，依据园本课程及教师的实际需求，对资源进行筛选、转化、整理，确保课程资源的高效利用。

第一节　课程资源的分类

在幼儿园园本课程建设中，课程资源开发已成为重要的抓手。从定义上看，课程资源涵盖了教育内容、教育目标乃至教育组织过程的来源。然而，这种广泛性也容易让人感到困惑：一方面，似乎一切皆可成为课程资源；另一方面，又难以明确究竟有哪些资源可供实际使用。正因课程资源内涵丰富，我们更需要在明确其分类与特定样态的基础上，构建清晰的课程资源概念框架，为实践提供指导。

一、课程资源的现状与分类

幼儿园课程资源的分类是指将众多课程资源按照特定的标准和类别进行系统整理，既要符合逻辑，体现各自的特征，又要满足幼儿园课程实践的需求和标准，以便于我们更深入地了解和掌握各种资源，加深对课程资源的理解与应用，从而更好地支持幼儿的学习与发展。

（一）课程资源的现状

课程实施的范围和质量深受课程资源丰富度和适宜性的影响，但不是所有的资源都能直接转化为课程。根据定义，课程资源是指可能进入课程的物质与非物质要素的总和，是为课程服务的各种条件的集合，既包括有形资源，又涵盖无形资源。在具体实践中，课程资源的存在现状有以下几类。

第一类，课程资源已经进入课程中，与幼儿经验发生联结。这时，幼儿园要审视课程资源的利用效果，评估课程资源对于幼儿经验增长的价值，并依据课程发展和幼儿学习需求，有意识地进行动态调整；教师要树立明确的资源意识，充分利用已开发的课程资源，将其融入多样化的教育活动中，避免闲置与浪费。

第二类，课程资源已经被发现但尚未被课程实施者纳入课程体系或运用在实际教学中。这些资源可能包括：没有充分利用的、闲置的教学设施和设备；博物馆、科技馆等有重要教育价值但未被纳入课程的社会资源。针对此类资源，幼儿园可根据课程实施需求，遵循科学、适宜的原则与方法，开发并整合这些潜在资源，使其与教育活动有效衔接。

第三类，潜在的课程资源。这类资源尚未被课程实施者发现或认识其教育价值，可能隐含于历史与现实背景中，或存在于有形与无形的社会资源中。这类资源的开发需要教育者具备敏锐的洞察力与创新意识，深入挖掘其潜在的教育意义。

（二）课程资源的分类

课程资源的构成是非常复杂的，根据不同的分类标准，可以将课程资源分成不同的类型，以便更好地认识、开发和利用各类资源。

1. 按存在形态划分

课程资源可分为物质资源和精神资源两类，二者相辅相成，缺一不可。

物质资源是指幼儿在日常生活中能够直接感知和接触的具体事物，如一洼水、一棵树、一朵花等。这些资源具有直观性和可操作性，易于被幼儿理解和利用。

精神资源包括社会生活方式、价值规范、人际关系等无形资源。这类资源虽不可见，但对幼儿的情感、态度和价值观的形成具有深远影响。

2. 按载体形式划分

根据载体形式，课程资源可分为文字资源、实物资源、活动资源和信息资源。

文字资源是指以文字为主要载体，包括教材、教辅、课外读物、报纸杂志等资源。这些资源通常以书面形式呈现，包含了大量的知识和信息，具有内容丰富、形式多样、易于保存和传播等特点。

实物资源是指以实物形式存在的实验器材、模型、标本、教学用具等资源。这些资源可以给孩子提供直观具体的感知对象，帮助孩子对所学知识有更好的认识和把握。

活动资源是指通过组织多种形式的实践活动来开发和利用的课程资源，如实验操作、社会实践、走访考察等。活动资源使幼儿在动手能力、综合素质等方面得到很好的提升。

信息资源是指利用现代信息技术开发的资源，包括网络资源、多媒体资源等。这些资源的特点是信息量大、更新快、互动性强，可以给孩子提供丰富、多样且个性化的学习体验。

3. 按功能划分

课程资源按功能可分为素材性资源和条件性资源。

素材性资源直接作用于课程，是课程的素材或来源，如书籍、图片等。这类资源是幼儿学习和获得经验的主要载体。①

条件性资源虽不直接构成课程内容，但影响课程实施的范围和水平，如人力、物力、财力、时间、场地、设备等。素材性资源与条件性资源经常一起出现，许多资源兼具双重功能。

4. 按空间分布划分

课程资源可分为园内资源和园外资源。

园内资源是指幼儿园范围内的资源，如园内设施、教具、教师等。

园外资源是指超出幼儿园范围但对幼儿成长有直接或间接影响的资源，如社区、家庭、自然景观等。根据生态系统理论，园外资源对幼儿的发展同样具有重要意义。

5. 按性质划分

《幼儿园保育教育质量评估指南》提到，幼儿园应与家庭和社区紧密合作，积极建立协同育人的机制，充分发挥自然、社会和文化资源的作用，共同营造优良的育人环境。根据资源的不同性质，可以将课程资源分为自然资源、社会

---

① 吴刚平. 课程资源的分类及其意义(一)[J]. 语文建设, 2002(9)：4-6.

资源、文化资源和人力资源。

自然资源是指自然界的各种事物和现象，包括动植物、沙石泥水等自然物质，以及雨、雪、风等自然现象。

社会资源是指人类创造的社会事物、社会现象以及社会活动。

文化资源是人类社会创造的物质文化、制度文化和精神文化，如历史遗产、传统习俗、艺术形式等。

人力资源是指教师、家长、社区成员等能为幼儿发展提供支持的人员。

第二节　课程资源的科学挖掘与有效利用

课程资源的开发利用是指探寻幼儿园内外一切可以进入课程并能够与幼儿的学习和生活相联系的各种资源，同时对这些资源加以利用并赋予其教育价值的实践活动。然而，在课程资源开发利用的过程中，仍存在一些问题，如幼儿园和教师未能充分识别或遗漏资源、缺乏对资源的教育价值判断、资源利用水平较低且形式单一等。为优化课程资源的开发利用，其过程大致可归纳为挖掘、筛选、转化三个步骤，这需要幼儿园、教师、社会、家长、幼儿各方主体相互配合协作，共同参与。

一、课程资源的科学挖掘

"挖掘"是资源开发的首要环节和基础性工作，它是指系统性地探寻、识别和整理与幼儿园教育教学及幼儿活动相关的各类资源。这一过程需要教育工作者以专业的视角和科学的态度，深入挖掘显性和隐性资源，包括但不限于园所环境资源、社区文化资源、自然资源、家长资源以及数字化资源等。在资源挖掘过程中，应当秉持一定的原则和方法。

（一）课程资源挖掘的原则

1. 立足实际原则

立足实际原则是课程资源开发的重要指导原则，强调在开发过程中必须充分考虑幼儿园、幼儿及地方的实际状况，确保课程资源的针对性和实用性。这一原则主要体现在两个方面。

首先，要因地制宜，因园制宜。课程资源的开发应紧密结合幼儿园的实际条件和环境背景，充分利用本园的地域特色和现有资源。然而，在追求特色资源的同时，不能忽视本园的实际条件，避免脱离实际、盲目追求形式化的资源开发。例如，地处农村的幼儿园可以充分利用自然环境和乡土文化，而城市的幼儿园则可以依托社区资源和现代科技设施，确保课程资源既具有地方特色，又切实可行。

其次，要以幼儿为中心，关注其实际发展需求和身心特点。幼儿所处的环境充满了激发其兴趣的元素，他们的游戏往往是对生活经验的再现或再创造。因此，课程资源的开发应紧密围绕幼儿的生活经验、兴趣和需求，从中衍生出适合他们的课程内容。例如，可以通过观察幼儿在游戏中的表现，捕捉他们的兴趣点，将其转化为课程资源；或者结合幼儿的生活经历，设计与其生活密切相关的主题活动，使课程更具吸引力和教育价值。

总之，立足实际原则要求我们在开发课程资源时，既要关注本地和幼儿园的实际条件，又要呼应幼儿的生活经历、兴趣爱好以及他们遇到的难题。只有这样，才能开发出真正适合幼儿发展、具有实用性和生命力的课程资源，让课程成为幼儿成长的助力，而非负担。

2. 多元化原则

挖掘课程资源的多元化原则是指在课程资源开发过程中，应充分考虑幼儿的个体差异和学习特点，注重资源类型、内容和形式的多样性，以满足不同幼儿的学习需求和教师的教学需求。这一原则强调通过多元化的资源整合，为幼儿提供丰富、立体、多层次的学习体验，促进其全面发展。

第一，资源类型的多元化。课程资源的类型应涵盖多个维度，既包括传统的教材、教具等实物资源，也包括现代化的多媒体资源、网络资源、社区资源、实践资源等。

(1)多媒体资源：如电子课件、互动白板等，能够以直观、动态的方式呈现知识；

(2)网络资源：如在线教育平台、虚拟博物馆等，为幼儿提供更广阔的学习空间；

(3)社区资源：如当地的文化场馆、自然景观等，帮助幼儿将学习与生活实际相结合；

（4）实践资源：如手工材料、实验工具等，支持幼儿通过动手操作深化认知。

这些不同类型的资源相互补充，共同构建起一个立体化、多层次的课程资源体系，为幼儿的学习提供全面支持。

第二，资源内容的多元化。课程资源的内容应覆盖广泛的知识领域和学科范畴，包括自然科学、社会科学、文学艺术、体育健康等多个方面。

（1）自然科学：通过观察植物生长、天气变化等，激发幼儿对自然现象的好奇心；

（2）社会科学：通过角色扮演、社区参观等活动，帮助幼儿了解社会规则和文化传统；

（3）文学艺术：通过绘本阅读、音乐欣赏、绘画创作等，培养幼儿的审美能力和创造力；

（4）体育健康：通过游戏、运动等活动，促进幼儿身体协调性的增强和健康意识的提升。

多元化的内容设计不仅能够拓宽幼儿的知识面，还能为其提供多样化的学习体验，帮助他们在探索中发现兴趣、发展潜能。

第三，资源形式的多元化。课程资源的表现形式应丰富多样，包括文字、图片、音频、视频、动画等多种媒介。

（1）文字与图片：适合用于传递基础知识和概念，如图书、海报等；

（2）音频与视频：能够以生动的方式呈现动态内容，如儿歌、科普短片等；

（3）动画与互动程序：通过趣味性和互动性激发幼儿的学习兴趣，如教育类 APP、互动游戏等。

多样化的资源形式不仅能够吸引幼儿的注意力，还能满足幼儿不同学习风格的需求。例如，视觉型学习者可能更倾向于通过图片和视频获取信息，而动觉型学习者则可能更喜欢通过动手操作来学习。通过多元化的形式设计，可以更好地激发幼儿的学习兴趣，提升学习效果。

多元化原则的实施有助于打破传统课程资源的单一性和局限性，为幼儿提供更加开放、灵活的学习环境。它不仅能够满足幼儿的个性化学习需求，还能促进教师在教学中创新方法、丰富手段。同时，多元化的课程资源还能够帮助幼儿建立跨学科的知识联系，培养其综合思维能力和解决问题的能力，为其终身学习奠定坚实基础。

（二）课程资源挖掘的方法

课程资源的挖掘是幼儿园课程建设的重要环节，科学有效的挖掘方法能够帮助教师充分利用各类资源，为幼儿提供丰富多样的学习体验。以下是两种常用的课程资源挖掘方法。

1. 广泛挖掘

广泛挖掘强调从空间范围和资源类型上全面拓展课程资源的来源，注重资源的系统性和可利用性。第一步，以幼儿园为中心，向周边3公里范围内的区域进行资源普查，涵盖自然环境、社区设施、文化场所、商业资源等。通过实地考察、访谈、资料收集等方式，全面了解可用资源的分布情况。第二步，在普查的基础上，对园所内外环境进行改造和优化，使资源更符合幼儿的发展需求。例如，将社区公园的自然景观与园内活动相结合，或将博物馆的文化资源引入课程设计。同时，注重环境创设与幼儿发展的关系，确保资源能够支持幼儿的游戏和学习。第三步，将普查结果可视化，初步绘制园外资源分布图和园外资源地图。资源地图应包含资源的具体位置和范围、适合访问的时间段、联系方式和预约方式、每次活动可容纳的人数、资源对幼儿发展的支持领域等。第四步，将资源地图制作成纸质版，张贴在幼儿园的公共区域，方便教师和家长查阅；也可以制作成电子版，便于教师随时提取和利用。通过资源地图，教师能够快速定位可用资源，设计出更贴近幼儿生活的课程活动。

2. 主题化挖掘

主题化挖掘强调以幼儿的真实生活为切入点，围绕特定主题系统性地搜集和整合资源，使资源更加聚焦和集中。

首先，根据幼儿的兴趣、生活经验和学习需求，选择贴近其生活的主题。例如自然主题、文化主题、科学技术主题等。其次，将主题进一步细化为具体的内容模块。以文化主题为例，可以细化为衣、食、住、行、用等。然后，围绕主题，系统性地搜集相关资源，包括实物资源、影像资料、社区资源等。例如，在开展"传统节日"主题时，可以邀请家长分享节日习俗，或组织幼儿参观文化展览。接着，在主题化挖掘过程中，应注重资源的多样性和有效性。例如，在"自然主题"中，可以结合户外观察、科学实验、艺术创作等多种形式，使幼儿从不同角度感知和理解自然现象。同时，要确保资源能够切实支持幼儿的学习和发展，避免无效劳动。最后，通过主题化挖掘，将零散的资源整合为系统的资源体系，为课程设计提供有力支持。例如，围绕"科学技术主题"，可以建立包括实验工具、科普图书、专家讲座等在内的资源库，为幼儿提供丰富的学习材料。

广泛挖掘和主题化挖掘是课程资源挖掘的两种重要方法，二者相辅相成。广泛挖掘注重资源的全面性和系统性，为主题化挖掘提供基础；主题化挖掘则强调资源的聚焦性和有效性，使资源更好地服务于课程目标。在实际操作中，教师可以根据具体需求灵活运用这两种方法，为幼儿创造丰富、有趣、有意义的学习环境。

二、课程资源的筛选

筛选课程资源是在广泛挖掘的基础上，根据教育和幼儿发展需求，从众多潜在资源中优选出一段时期内具有开发利用价值的课程资源的过程。[①]

（一）课程资源筛选的原则

面对收集到的课程资源，幼儿园可以根据园本课程目标、幼儿发展需求、幼儿兴趣、幼儿园特色课程以及节日等因素，制定明确的筛选原则。如何进行有效筛选是关键环节，以确保资源的针对性和实用性。因此，幼儿园需要制定明确的筛选原则。

1. 时代性原则

在筛选课程资源时，我们必须坚守时代性原则，确保所选资源既能有效传承地域文化的精髓，又能紧密贴合时代的发展步伐。课程资源中必不可少的重要内容，就是承载着丰厚的历史积淀和特色的地域文化。然而，有些文化所展现的生活背景和内容可能与现代儿童的实际生活存在一定的距离，这就要求教师在选择课程资源时，不仅要深入挖掘地域文化的内涵，还要进行适当的筛选

---

① 范兆雄. 课程资源的层面与开发[J]. 教育评论，2002（4）：74-76.

和创新，巧妙融入现代元素，使课程资源更加贴近儿童的生活实际，激发他们的学习兴趣和热情。

同时，筛选课程资源时要紧跟当代社会的发展趋势，确保课程资源能够体现社会发展需求，也能够为教育指明前进的方向。随着科学技术的飞速发展和社会的不断进步，现代社会对人才的需求也在持续变化。因此，课程资源的筛选必须紧跟时代潮流，践行社会主义核心价值观，不断更新和完善，以满足现代社会对人才所需的知识、技能和素质的要求。这要求教师具备敏锐的洞察力和前瞻性，能够及时捕捉社会发展的新趋势和新动向，并将其融入课程资源中，从而为儿童的成长和发展提供有力支持。

2. 生活化原则

孩子的人生阅历是开发课程资源的坚实基础。当教育活动围绕儿童熟悉的事物展开时，这些活动不仅易于被儿童理解和接纳，还能丰富他们已有的知识经验。通过这一过程，儿童能够获得更为丰富的社会情感体验，从而促进他们在认知、情感与社交等多方面的协调发展。因此，在开发课程资源时，我们应当从儿童的实际生活中细致筛选各类文化资源，确保这些资源紧密贴合儿童多样化的生活经验。同时，通过家庭与社区的互动融合，进一步拓宽视野、加深理解，为幼儿提供更加全面、生动、有意义的学习体验。因此，我们要高度重视并充分利用好家庭与社区这两个不可或缺的教育资源宝库。

3. 因地制宜原则

可供开发利用的课程资源，因地区、幼儿园、教师和幼儿的不同而呈现出显著的差异性和多样性。因此，我们必须紧密结合实际，因地制宜、因材施教，扬长避短，使每一所幼儿园在筛选课程资源的过程中，都能彰显与众不同的个性与特色。幼儿园应从多元角度出发，积极挖掘和利用当地的文化资源，深入挖掘并充分结合自身的历史积淀和现实条件，将其转化为幼儿教育的重要组成部分。这些本土文化资源应能够真实反映地方的民风民俗，传承地域文化精髓，使幼儿在潜移默化中感受文化的魅力，从而在幼儿教育中充分发挥"文化育人"的深远价值。通过这样的方式，不仅能够丰富幼儿园的教育内容，提升教育品质，还能帮助幼儿在成长的道路上更好地认同和传承本土文化，为其全面发展奠定坚实的基础。

（二）课程资源筛选的方法

在明确筛选原则的基础上，幼儿园还需采用有效的课程资源筛选方法，并规范资源筛选的流程。面对丰富的资源，在普遍认知的基础上，需要从年龄段、幼儿的阅历和兴趣、幼儿园课程发展背景、区域文化等多个维度进行筛选，挖掘当前课程实施中的优势资源，加以开发利用和分类整理，使园本课程能够有针对性地融入其中，做到目标明确、重点突出。具体而言，首先应在园级层面进行集体审议，对课程资源进行系统化的分类整理、挖掘归纳和分析筛选。例如，幼儿园可以将幼儿生活中的文化资源按照物质文化和精神文化两大类进行简单分类，进一步细分为衣食住用、风俗习惯、语言习惯、价值判断等类别。其次，依据《3-6岁儿童学习与发展指南》中幼儿发展的关键经验，对资源清单进行系统梳理，从资源名称、资源概况、活动价值、幼儿发展价值等方面对课程资源进行详细梳理，确保资源与幼儿的学习需求有效衔接。

三、课程资源的利用

课程资源建设不仅仅是单纯地绘制资源地图，而是挖掘出课程资源的教育教学价值，因而，课程资源的根本价值在于有效利用。[1] 首先，应根据课程建设的需要，梳理和开发适合幼儿园课程的资源利用流程，从而提升课程资源的适用性，促进幼儿在资源构建和利用过程中的整体发展。其次，聚焦教育价值，将园内外及生活中的各类人、事、物转化为一系列有价值的课程内容。课程资源利用的过程应贯穿于课程活动之中，而非活动之前或之后。资源的利用方向主要有两个方面：一是以幼儿的兴趣和经验为依据，从幼儿感兴趣的话题、偶发的事件、已有经验的迁移中加以判断，选择合适的资源，生成各种活动，从而引导幼儿主动获取经验；二是从课程目标出发，以园本课程的活动开展为基础，通过加入或替换原有活动，使课程活动更加丰富、扎实且富有生命力，使园本课程的主题活动内容更加充实、贴近实际。

① 许娟. 对幼儿园课程资源库建设的几点思考[J]. 华人时刊(校长)，2023(10)：30-31.

（一）课程资源利用的原则

1. 发展性原则

有效利用课程资源应遵循着眼于未来、有利于孩子长远发展和持续发展的原则，最终要落实到促进孩子的全面发展上。在实施过程中，应关注孩子的个体差异和学习需求，提供多样化的学习资源和路径。同时，要注重培养孩子的创新精神和实践能力，确保他们在知识、技能和综合素质上的均衡发展。

2. 简化原则

实施简化原则，是为了使转化后的课程内容更易于实施，便于幼儿自主、自发地学习。在转化利用课程资源时，应充分考虑幼儿的年龄特点，注重课程资源的直观性、情境性和活动性，简化资源设计，使幼儿在"做中学""玩中学""生活中学"。通过直接感知、操作和体验，幼儿将学习内容转化为直接经验，从而达到寓教于乐的目的，使幼儿在学习中能够真正做到学以致用。

3. 适宜性原则

在开发利用本土文化资源作为课程资源时，不仅要考虑群体的共性，还要从个体的认知发展水平、经验背景和情感态度出发，选择健康、有趣的资源，取其精华、去其糟粕，确保每个孩子都能得到充分发展。课程资源的开发首先要符合孩子的身心发展规律和学习特点，其次要契合孩子的生活环境和文化背景。以我园为例，龙岗地区有着深厚的客家文化底蕴，但深圳作为一座开放包容的城市，汇聚了来自五湖四海的人群。我园的许多孩子及其家庭来自不同地域，并非客家人，对客家文化缺乏了解和兴趣。因此，在课程设计中，我们需充分考虑孩子文化背景的不同和个体差异性。一方面，通过开展风俗体验活动和综合实践活动，为孩子们提供直接感知和亲身体验客家文化的机会，激发他们的兴趣和认同感；另一方面，拓展文化资源的外延，将更广泛的地域文化纳入课程中，丰富孩子的文化视野。

此外，要善于把握教育时机。当孩子对某一事物或现象产生浓厚兴趣和探索欲望时，强烈的内在动机会驱使他们进一步深入探索。此时，我们可以顺势而为，根据课程资源设计相关活动，自然而然地引导孩子进行探索和学习。这种基于孩子兴趣和内在动机的教育方式，不仅能够激发他们的学习热情，还能帮助他们将探索欲望转化为实际的学习经验，从而实现更好的教育效果。

（二）课程资源转化的策略

只有将课程资源有效转化为适合教学的内容，才能使其真正融入教学活动，充分发挥其教育价值。

1. 增强资源利用意识

课程资源的有效开发与利用在很大程度上依赖于教师的课程资源意识。如果教师缺乏这种意识，即使课程创生资源丰富，也可能被忽视，甚至抱怨幼儿园经费不足、玩教具匮乏等问题。因此，首先，园长、管理层和教师都需充分认识到合理开发利用课程创生资源的重要性。其次，要转变对课程资源的传统认知，树立课程创新的资源意识，摒弃消极依赖和被动等待的思维模式。最后，通过建立相关规章制度，从体制上激励教师开发课程资源。例如，对积极开发课程资源的教师给予鼓励，对长期未开发或怕麻烦的教师进行批评和指导，帮助其增强资源开发意识与能力。

2. 整合各类资源

（1）拓展自然资源。"天人合一"思想体现了人与自然和谐共生的理念，是中国文化的精髓。自然不仅是孩子们了解世界的窗口，也是科学探究的天然课堂。充分利用当地自然资源，不仅能增添课程的乡土气息，还能丰富课程内容。例如，在"树"的主题活动中，从孩子们的问题出发（如"为什么树会开花？""为什么叶子会变黄？"），引导他们探究树的结构、生长变化及其与自然和生活的联系，并结合编织、木工等传统技艺，生成项目活动，深化学习体验。

（2）巧用人力资源。人力资源不仅是课程资源的重要组成部分，也是课程建设的支持性条件。灵活利用教职工、家长、社区人士等人力资源，可以弥补班级教育资源的不足。例如，在"夯土墙"项目活动中，邀请退伍老兵讲解土墙的结构与工艺。这些做法丰富了教育内容，拓展了教育范围，使课程更加生动、具体、生活化。

（3）重视文化资源。文化资源的有效利用需要将其与课程实施方法有机结合，探索资源的多样性特征。一方面，重视幼儿的生活经历，对资源进行重新组织；另一方面，注重资源的深度开发，将资源与环境、活动有机整合。例如，在传统节日活动中，融入民俗文化设计游戏，让幼儿在体验中感受传统文化的魅力。

(4)结合现代人文资源。社区中的现代设施设备(如地铁、科普活动室、图书馆等)是重要的课程资源,可与文化资源、自然资源互为补充。幼儿园应与社区建立合作关系,通过亲子活动、社区实践活动等,促进家、园、社协同育人,为幼儿提供更丰富的学习空间。

3. 提高资源利用效率

(1)合理配置与优化组合。课程资源的配置应根据实际需求合理规划,避免资源浪费。例如,多媒体教学手段并非每项活动都需使用,传统资源的合理利用同样重要。

(2)及时补充与动态建设。课程资源的开发与利用应保持开放性和动态性,随着时间、空间和主体的变化不断调整和优化,确保资源的丰富性和适用性。

(3)变废为宝,勤俭办园。幼儿园应注重挖掘和利用废旧物资,如石子、沙子、瓶盖等,既节约资金,又培养幼儿的创造力和节约意识。这些低成本、富有地方特色的材料可作为课程资源,达到良好的创生效果。

4. 形成基于资源的课程活动形态

(1)课程资源融入节庆活动。传统节日(如春节、端午节、中秋节等)蕴含丰富的民俗文化,具有很高的教育价值。教师可借助节日契机,设计生活化游戏,让幼儿在体验中学习传统文化。例如,在春节活动中,制作客家年味美食、舞麒麟、挂红灯笼等。

(2)课程资源融入主题探究活动。幼儿园应立足本地资源,以主题活动和游戏为主要方式,激发幼儿的探究热情。[①] 例如,围绕幼儿熟悉的生活事物设计主题活动,涵盖幼儿园教育的五大领域(健康、语言、社会、科学、艺术),推动探究式学习,促进幼儿全面发展。

(3)在大型活动中整合民间资源。一方面,挖掘民间游戏资源,根据幼儿年龄特点开展活动(如小班的夹尾巴游戏、中班的跳皮筋、大班的竹竿舞等);另一方面,在课程活动中融入本土资源,打造富有地方特色的区角,支持幼儿自主游戏,潜移默化地接受文化熏陶。

---

① 陈大琴. 基于本土资源的园本课程开发[J]. 学前教育研究,2016(8):61-63.

第三节　课程资源库的建设

根据建构主义的观点，课程即体验，学习即活动，教学是教师通过与外界的操作、探究、对话和体验等互动，帮助幼儿获得有益于身心健康发展的经验，并构建其认知体系，为孩子提供丰富而适宜的情境或环境。从这个观点来看，课程资源库就是能使幼儿获得有益经验的各种人、事、物等资源的集合。

一、课程资源库建设的意义

课程资源库的建设旨在实现课程资源的分类、共享、管理和再利用，从而有效避免资源浪费和条块分割等问题。幼儿园建设课程资源库，意义非凡。

（一）促进幼儿的学习与发展

幼儿在与环境的互动中学习，这种学习方式极大地丰富了他们的学习模式和内容。通过广泛挖掘和利用各类课程资源，教师能够为幼儿创设多样化的学习情境，激发他们的探索兴趣和创造力。这种基于环境交互的学习不仅有助于幼儿认知能力的提升，还能促进其情感、社会性和实践能力的全面发展，为他们的成长奠定坚实基础。

（二）推动教师的专业发展

建设课程资源库为教师提供了便捷、优质的课程资源支持，不仅拓宽了他们的教学视野和思路，还为教学活动的设计与实施提供了丰富的素材和灵感。在此过程中，教师通过资源的共享与利用，能够加强彼此间的交流与沟通，促进教学反思与合作，进一步提升资源建设与活动设计的能力。这种协同发展的模式不仅优化了教学实践，还推动了教师的专业化成长，为其职业发展奠定了坚实基础。

（三）支持课程发展

课程资源是园本课程建设的重要组成部分，而建设课程资源库是确保课程质量的重要途径。课程资源库的建立不仅能够增强课程活动的丰富性和多样性，还能通过整合园内外各类课程资源，为教学提供坚实的支持。通过梳理优质的教学资源，课程资源库为教师提供了更多课程设计的选择空间，同时也有助于积累和传承课程成果，从而全面提升园本课程的质量与效果。

二、课程资源库的分类

根据不同的分类标准，对丰富多样的课程资源进行系统梳理和分类，构建与之相适应的课程资源库。

（一）基于不同分布空间的资源库

基于不同的分布空间，园内和园外的课程资源库都可以进行建设。通过建设园内和园外课程资源库，能够有效整合园内外各类资源。这种整合不仅可以拓宽幼儿的视野，拓展幼儿的学习空间，还能提高幼儿的综合实践能力。园内资源包括幼儿园内的设施、设备等，便于日常教学使用；园外资源包括社区资源、家长资源、社会机构等，能为课程教学提供更广阔的视野。

（二）基于不同形式的资源库

根据不同的资源形式，又可分为两大类：实物资源库和数字资源库。

图书资料库、教具管理室是幼儿园常见的实物资源库。幼儿园设置专门的资料库，将各种设备设施、各类教育教学资料集中存放，为全园的教育教学提供最直接有效的资源。除此之外，年级和班级也可以设置实物资源库，根据实物资源的大小、材质、用途等进行分类存放。

在当今信息技术飞速发展的时代，国家正积极推进教育数字化战略，以此引领教育领域的深刻变革，并大力推动课程资源库的数字化转型。具体措施包括：通过网络广泛搜集电子期刊、学术论文等各类资源，并利用计算机和网络技术进行系统化的收集、整理、存储与共享，将传统的纸质资料转化为电子格式，构建起庞大的电子资源库。此外，还可以建立数字教育资源共享平台，该平台依托现代信息技术，凭借其便捷性、易存储性、易分享性以及高效性等显著优势，汇聚海量的教学资源。平台支持智能检索与精准定位，能够促进资源的广泛共享与深度交流，从而有效满足多样化的教学需求。

（三）基于不同类型的资源库

根据资源的类型，课程资源库可以划分为以下几类：

自然资源：包括动植物、山川河流、季节变化等，为幼儿提供探索自然的直接经验。

文化资源：如传统节日、民俗文化、历史遗迹等，帮助幼儿感受和传承文化精髓。

人力资源：如教师、家长、社区人士等，为课程实施提供多样化的支持。

物质资源：如教具、玩具、图书、多媒体设备等，为教学活动提供物质保障。

社会资源：如博物馆、科技馆、图书馆、社区设施等，拓展幼儿的学习空间。

（四）基于不同功能的资源库

根据资源的功能，课程资源库可以分为：

认知发展资源：如科学实验、数学游戏、语言学习等，促进幼儿认知能力的提升。

情感发展资源：如情感故事、角色扮演、团队合作等，支持幼儿情感与社会性发展。

实践能力资源：如手工制作、生活技能、社会实践等，培养幼儿的动手能力。

创造力资源：如艺术创作、建构游戏、创新实验等，激发幼儿的创造力。

通过科学分类和系统化管理，课程资源库能够为教师提供清晰、全面的资源支持，为幼儿创设丰富多样的学习情境。无论是自然资源、文化资源，还是人力资源、社会资源，都可以通过合理的分类与整合，成为幼儿学习与发展的有力支撑。构建科学分类的课程资源库，不仅是提升教育质量的有效途径，更是支持幼儿全面发展的关键路径。

三、课程资源库的建设路径与策略

通过系统化的资源整合与管理，教师能够高效地组织课程资源，确保其丰富性、多样性和时代性。同时，幼儿园积极促进资源共享与交流，鼓励教师之间的协作与创新，提升教学质量，为幼儿的全面发展提供坚实的资源基础。

（一）原则

1. 以幼儿为中心的原则

在建设课程资源库的过程中，要深入挖掘资源的教育价值，基于幼儿的认知发展水平和发展经验开展活动，密切联系幼儿的生活，盘活资源。同时，资源库的建设是一个伴随儿童活动动态创生的过程，教师在使用资源时，应观察幼儿的兴趣、态度及其表现，了解他们如何整合资源并建构经验。基于此，教师需不断甄选、调整和丰富资源库的内容，资源库才能真正为幼儿的学习提供支持。

2. 园本化原则

每所幼儿园的环境和条件都不同，因此在课程资源的挖掘上会有不同的特点，形成不同的资源结构，进而发展出不同的课程体系、活动体系以及课程资源库体系。为此，幼儿园要有意识地挖掘符合自身特色的优质资源，并加以科学利用。面对优质资源，要考虑资源挖掘的深度与广度，同时关注幼儿的成长变化，确保能够构建可持续的资源供给系统。进而在充分尊重儿童的基础上，构建既体现儿童特点又彰显"园本化"的课程资源库体系，不断丰富课程内容。

3. 整合性原则

在幼儿园课程资源库的建设过程中，应注重系统性、全面性的课程资源库构建。课程资源库的建设遵循整合性原则，涵盖幼儿园内外部资源的协同整合、各类资源的高效利用以及课程体系的有机融合，其核心在于建立课程资源与课程体系之间的紧密联系。通过资源整合，幼儿园能够更科学地管理各类资源，充分发挥资源的整体功能，提升资源利用效率，最终实现资源体系的整体性建构。

4. 开放共享原则

在课程资源库建设过程中，开放共享原则应重点关注资源的生成与共享。生成是指根据幼儿园课程发展的需求，在资源配置、更新和升级方面进行动态调整，使资源能够及时适应课程变革和幼儿学习的需求，从而最大化资源的效益。共享作为课程资源库的核心功能之一，需在标准化建设的基础上，进一步完善资源共享的制度、组织与平台，打破时间、空间等限制，实现个体间及园际间的资源互补与协同发展。通过开放共享，不仅能够优化资源配置，还能促进教育资源的广泛流通与高效利用，推动幼儿园课程质量的整体提升。

（二）路径与策略

在幼儿园课程资源体系的构建与持续优化进程中，可以通过规范标准、体系构建、教研赋能、管理保障等策略，实现幼儿园对课程资源开发与管理的全方位支持和持续深化建构。

1. 统一规范和标准

完善顶层设计可以促进课程资源的高效利用，幼儿园可以采用"三级管理模式"，形成一个立体式的管理团队。第一层级为园部管理，主要负责统筹周边资源和协调园内资源。第二层级为骨干管理，主要负责审议周边资源的特点、价值和手续等。第三层级为专科管理，主要负责资源的使用、完善、修复和登记等。各层级之间应加强联动，教师要主动反馈课程开展中幼儿的所需所求，及时捕捉有效资源。管理人员也要及时了解课程资源的利用情况，鼓励教师积极分享开发经验，并通过多种培训方式全方位、多主体地为教师提供支持。专科管理人员应形成资源统计、资源评估、资源更新常态化，共同协力完善课程资源库。

此外，幼儿园可以制定"教具资源库借用和归还制度""资源库共建制度"，由教学部门和后勤部门统筹管理，并设置专门的管理员负责资源室管理工作。

2. 搭建资源库框架体系

从课程活动实施的过程性视角出发，按照教与学的逻辑搭建课程资源库整体框架。横向涵盖学科活动、项目活动、家园共育活动、大型活动、自主游戏等课程内容和实施领域，纵向涵盖教案资源、教学实施过程资源、教学案例成果资源等学习过程指导和评价环节。

教师可结合各年龄段幼儿的学习与发展目标，确定可利用的资源和可开展的活动，构建分级分类的课程资源库体系。特别是对主题课程进行详细记录，包括目标、内容、组织实施、评价等要素，以及时间脉络、活动计划、主题网络图、环创设计等，汇编成册并保存电子档和纸质档，纳入资源库体系。

3. 提高教师的资源建设能力

教师是课程资源建设的主体，在课程资源库建设中应积极主动地参与进来。课程资源库并非固定不变，而是处于不断更新和完善的状态。教师在教育教学中，能够充分挖掘和整合家长、社区及自然等多方面的资源，以服务于教学，这无疑会使课程资源库更加丰富。同时，逐步增强教师的资源意识，使其能够根据幼儿园课程建设的需求，灵活筛选有价值的课程资源，并对这些资源进行系统化管理。通过立体化的信息载体展示资源的基本概况、开发建议和利用案例，帮助教师更好地理解和使用资源。此外，提升教师的信息素养，使教师掌握必要的现代教育技术手段，可以更好地开发利用网络资源，也可以丰富教学实践，提升课程资源质量。

4. 助力资源库建设

管理资源与资源建设需同步推进。比如，在教具资源室，增加标识、图示、领用说明等，帮助教师自主整理、快速搜索和正确使用资源；建设电子资源库，绘制资源库整体结构图，帮助教师快速了解资源内容和分布位置，便于层级检索；同时，在每一个三级资源包内放置资源存档说明，便于教师查阅，确保文本资料梳理规范、存档有序。

注重过程管理，以终为始，以用促建。在学期初，明确资源使用要求；在学期中，定期盘点实物资源库，跟进电子资源整理；在学期末，积累课程故事、观察记录、活动方案等教学资源，筛选优质资源分类上存电子资源库，为后续活动提供参考；盘点班级的区域操作材料和环境装饰材料，调换、规整后存放在资源室，以便再次利用。

通过课程资源库的建设和有效管理，不仅提高了资源使用效率，还拓宽了课程资源共享渠道，为园内外课程建设成果的推广与应用奠定坚实基础。

第三章
课程资源的审议

　　在迈入中国式现代化建设新征程之际，党的二十大明确提出了加快建设高质量教育体系的目标，为新时代教育事业的发展指明了方向。儿童全面发展是教育研究中的核心命题，教育部发布的《幼儿园工作规程》详细规定了幼儿园的任务、适龄要求、入园条件、安全管理、教学安排等方面的内容。在课程资源的审议和管理方面，《幼儿园工作规程》强调幼儿园应遵循幼儿的身心发展特点和规律，实施德、智、体、美等方面全面发展的教育。此外，幼儿园需建立教研制度，深入研究和解决保教工作中的实际问题，为课程资源的审议和优化提供指导。

　　高质量的学前教育离不开高质量的课程建设，而课程资源的审议则是提升幼儿园课程质量的关键环节。为了提高课程资源的有效性，帮助教师解决课程资源实施中的诸多问题，本章聚焦于幼儿园课程资源的审议方法，从多角度深入探讨课程资源审议的作用、流程、策略和制度建设。同时，针对审议过程中常见的问题提出解决思路，力求为构建科学的课程资源审议体系提供实用的指导。

第一节　课程资源审议的概念

　　课程资源审议是指在课程开发、实施与评价过程中，对所选用或开发的资源进行系统化分析与评价的动态过程。其核心目标是通过审查资源的适宜性、有效性和教育价值，确保资源能够有效支持教学目标的达成和幼儿的发展需要。课程资源审议贯穿于课程设计的各个阶段，包括前期资源的选择与开发，中期资源的应用与调整，以及后期资源的总结与反思。通过反复讨论和权衡资源开发利用的问题，提出相应的策略并达成一致性理解。课程资源审议不仅是实现课程资源高效利用的重要保障，更是推动教师专业能力提升的重要途径。

构建课程资源审议制度，不仅为审议工作提供了科学机制和专业支持，还帮助教师认识到课程资源审议既是自身的权利与义务，也是促进课程资源最大程度服务幼儿成长的重要方式，最终为幼儿的全面发展提供有力保障。

一、课程审议的定义

课程审议这一概念最早由美国教育学者约瑟夫·施瓦布（Joseph Schwab）在其课程理论中提出。他认为，课程开发不仅仅是理论专家的专属领域，还需要教学实践者的广泛参与和深入对话，方能在复杂多变的教育情境中提出有效的解决方案。施瓦布强调，课程开发者应在反复协商与多次对话的过程中，针对具体教育问题进行探讨和调整，以逐步达成共识，从而促进课程的有效实施。

在幼儿教育领域，虞永平进一步发展了这一理论，提出幼儿园课程审议应经历"明确问题—分析问题—制定策略"的系统过程。① 这种审议不仅仅是对现有课程的简单反思，更是通过问题的深度剖析和多方协作，寻找最优的课程改进路径。

结合实践，我们认为课程审议具有以下显著特征：问题导向、群策群力、平等对话和共识达成。课程审议以实际问题为出发点，聚焦幼儿在学习活动中的需求、兴趣和困难，教育者通过审议能够发现教育资源的适切性或不足，并作出相应调整。同时，课程审议是一个多主体协同合作的过程，教育管理者、教师、家长及专家等通力合作，通过多方智慧和经验的融合，使审议结果更加全面、科学，确保课程资源的开发和使用更具系统性。在此过程中，平等对话尤为关键，所有参与者都拥有课程决策权，其思想具有平等价值。通过对话和协商，共同探讨资源改进策略，不仅能充分调动每位成员的专业视角，积累实践经验，还能有效促进教师的专业成长。最终，参与者通过对问题的深入分析和反复讨论，达成一致性理解与共识，制定出更加科学的解决方案，将审议成果转化为具体的课程资源和实施方案，从而保障课程资源更有效地支持幼儿的学习与发展。

① 虞永平. 再论幼儿园课程审议[J]. 幼儿教育（教育教学），2008(11)：4-6.

二、幼儿园课程审议的主体

幼儿园课程审议的主体不仅仅是课程开发者，而是一个多方协同的教育共同体。《幼儿园教育指导纲要（试行）》指出，幼儿园应与家庭、社区密切合作，综合利用各种教育资源，共同为幼儿的发展创造良好的条件。幼儿园课程审议的主体一般包括教师、园长、家长、专家、社区人员等，其中教师是主要力量。这种多主体参与的审议模式，使幼儿园能够全面、深入地考虑课程资源的各个方面，从而提升课程建设质量，优化课程实施和课程管理。

以年级课程审议为例，参与者包括班级教师、年级组长和教学管理人员，不同的人员在活动中有不同的角色定位。教师作为活动的参与者，是课程实施的主体。他们深入分析课程内容或实施过程中的实际问题，结合相关文件、课程资源、具体活动目标及幼儿的兴趣等，对课程进行审议与调整。年级组长作为活动的组织者，在课程审议中扮演着桥梁与纽带的角色。他们不仅负责协调审议的各项工作，还承担执行落实、引领示范的多重职责，确保课程审议活动的有序开展。教学管理人员作为审议活动的推动者，则负责整合和调动各类资源。他们的专业素养对提升课程审议的整体质量、推动课程建设的持续发展起着关键作用。通过这种多维度的协同审议机制，幼儿园课程不仅能够更好地满足幼儿的实际发展需求，还能在教育实践中实现持续改进与创新，为幼儿教育提供更科学、系统的支持。

三、课程资源审议的作用

幼儿园课程资源审议旨在通过多方参与，对课程资源的有效性和适用性进行综合评价，确保所选资源能够科学地支持幼儿的学习与全面发展。这一过程不仅是对课程资源的质量评估，更是对课程设计与教学效果的有力保障。其具体作用如下：

（一）基于儿童发展，确保资源的适宜性

课程资源审议通过系统化的评估，深入分析资源与幼儿发展需求、兴趣点和学习特点的契合度，确保所选资源能够准确契合幼儿的实际需求。通过这一过程，教育者能够甄别哪些资源能更好地促进幼儿的认知、情感和社会性发

展，从而有效提升课程的针对性和适切性，确保每个孩子都能在适宜的教育环境中得到充分发展。

(二)保障课程质量，评估资源的持续性

在课程资源审议中，教育者从多角度对资源的使用效果进行反思与评估，不仅关注资源本身的价值，还关注其在实践中的适用性和潜在影响。通过这一反思过程，教育者能够发现资源在内容、形式或实施中的不足之处，并提出切实可行的改进建议，从而实现资源的迭代优化，提升课程内容的质量，使资源真正成为服务幼儿发展的有效工具。

(三)促进教师发展，注重审议的实效性

课程资源审议不仅是对资源和教学效果的评估过程，更是教师提升自身专业能力的实践平台。在审议过程中，教师通过与同伴、专家以及家长的协作与讨论，不断反思自身的教育理念和实践方法，从而提升专业判断力和决策能力。这一过程能够帮助教师在理论与实践的结合中深化对课程资源的理解，逐步成长为具有更高专业素养的教育者，为未来的教育工作奠定更加扎实的基础。

(四)突显幼儿园文化，关注资源的独特价值

《幼儿园教育指导纲要(试行)》指出：教师根据本园条件以及幼儿发展水平生成课程方案。不同幼儿园理念下的课程资源审议孕育了独具特色的园本课程体系。在课程资源审议的过程中，参与者会基于幼儿园文化与理念，对资源的选择、运用及评价展开深入讨论，这一过程既是提升课程质量的关键，也是幼儿园文化得以传承与创新的契机。例如，具有传统文化特色的幼儿园可以在审议中融入地域文化资源，而注重创新实践的幼儿园可以优先选择与科学探究相关的资源。这种差异化的选择不仅体现了幼儿园文化的独特性，也在课程实施中赋予了教育实践更多的深度与内涵。

四、课程资源的审议原则

在幼儿园课程资源审议的过程中，确保资源能够有效且适切地支持幼儿的发展是关键任务。课程资源审议不仅对资源的开发、利用和评价具有指导作

用，还为幼儿园课程建设提供了一个质性的评价框架。通过这一框架，幼儿园和教师可以评估课程资源的实施效果，针对存在的问题进行分析和改进，从而不断优化资源的应用。为了实现这些目标，课程资源审议需遵循一系列基本原则，以确保资源的选择和运用符合幼儿教育的要求，并为幼儿提供丰富而有意义的学习体验。以下是几项核心原则。

（一）以幼儿为中心的原则

课程资源审议应高度关注幼儿的身心发展特点及其年龄特征，始终以幼儿的全面成长为导向。资源的选择应聚焦于幼儿经验的积累与发展。教师在审议过程中需树立"以幼儿为中心"的理念，确保资源真正服务于幼儿的学习和成长。同时，应鼓励幼儿通过自主探究和动手操作的方式，在与周围环境的互动中获得知识，增强实践性，提升参与感。以课程审议的思维来审视幼儿园课程编制与开发，就是要坚守儿童立场并从源头上梳理课程开发的目标以及课程资源的价值特征，最大限度地挖掘课程资源的教育价值来支持幼儿的学习与发展。①

（二）系统性原则

课程资源的审议应高度重视内容的系统化与整体性。幼儿的经验和能力水平各不相同，因而资源的系统性至关重要。系统性强的资源不仅能够有效支持幼儿的学习进程，还能帮助他们在不断的探索中逐步构建知识体系，提升学习能力与自信心。通过对资源进行系统化的审议，可以确保不同类型的资源相互协调、相互作用，从而实现资源的合理配置与优化使用，使幼儿能够在丰富多样的学习环境中获得全面的支持与成长。

（三）科学性与客观性原则

课程资源的审议必须坚持科学性和客观性的原则。只有科学严谨的资源才能为幼儿提供正确的知识和信息，并符合幼儿的认知特点和发展规律。审议过程中，应确保资源能够满足幼儿的操作需求，支持其自主构建知识和经验，从而促进教学活动的有效开展。

---

① 樊丰富.幼儿园课程审议：误区、本质与时代转向[J].湖北师范大学学报（哲学社会科学版），2020，40（4）：108-111.

(四)多样性原则

课程资源应具备多样性，以满足不同幼儿的兴趣和学习需求。审议时，应鼓励教师根据教学的实际情况和幼儿的特点，灵活选择多种类型的资源，如文字、图片、音频、视频等。通过提供多样化的资源，可以更好地激发幼儿的学习兴趣，促进其全面而多元的发展。

第二节　课程资源审议的流程

课程资源审议的核心目的是提升课程资源的质量，确保其适宜性和科学性，以更好地服务于幼儿的成长与发展。通过对幼儿园课程资源审议方法的深入探讨，我们构建了科学完善的审议制度，制定了具体的审议标准，并深度挖掘课程资源的潜力。通过多层级、多主体的协同参与，逐步提升幼儿园课程资源的整体质量，为幼儿提供更有价值的学习支持。

我们的审议流程采用了"班级—年级—园级"三级审核小组的组织形式，确保覆盖全面、层层落实。根据问题的类型和实际需求，审议路径分为"自上而下"和"自下而上"两种方式，通过灵活调整以实现多样化的审议目标。"自上而下"的路径旨在从整体方向出发，规范和指导课程资源的设计与实施；而"自下而上"的路径则聚焦于教学一线的实际需求和具体问题的反馈，为课程资源的优化和完善提供现实依据。

整个审议过程严格按照"班级—年级—园级"三个层次逐步推进，既注重整体方向性，又兼顾局部灵活性。在这一双向互动的审议机制中，"自上而下"保障了课程资源开发的宏观指导与一致性，而"自下而上"则促进了教学实践中的问题发现与资源改进。这种相辅相成的机制使得幼儿园课程资源的审议能够既立足当前又着眼长远，不仅有效提升了资源的使用效率，还持续推动了资源的优化升级，最终实现课程品质的整体提升和教学效果的不断改进。

一、自上而下：课程资源问题梳理与整改方案落实

"自上而下"的审议路径，是针对幼儿园园本课程在落地实施中所面临的

核心问题展开的。通过园务管理者在日常教研和管理中对教学实践进行系统性观察与分析，汇总并梳理出课程资源在实施教学过程中所暴露的共性问题。这些问题可能包括课程目标偏离、资源配置不足或教学策略不当等，园务组据此制定针对性的整改方案和改进措施，并确保这些方案能够有效传达并落实到班级层面。

这种"自上而下"的审议路径，不仅强调对课程资源审议的大方向和整体框架的把控，还注重政策性理念指标的贯彻与落实，力求从宏观层面对课程实施进行有效指导和规范。《幼儿园教育指导纲要（试行）》明确指出，教师是课程实施的核心力量，同时也是课程建设的参与者和创造者。因此，教师在课程资源审议和改进过程中发挥着至关重要的作用。他们既拥有参与幼儿园课程建设的权利，也承担着推进课程发展的义务。通过这种审议路径，管理者可以在宏观层面保障课程实施的科学性和规范性，而教师则在微观层面推动课程的创造性落地，从而形成宏微结合的良性循环，为园本课程的持续优化与发展提供强有力的支持。

二、自下而上：从实践反馈到策略制定的层级协作机制

"自下而上"的审议线路，指的是在班级实际活动开展过程中，当遇到无法解决的具体问题或迫切需要支持的情况时，班级将这些问题反馈给年级组，甚至进一步上报到园务组。园务组在收到反馈后，通过集体审议、深度探讨，制定出行之有效的解决策略，必要时再将问题反馈至年级组，形成上下联动的反馈机制。这一审议线路的核心在于保障信息流通的畅通无阻，确保问题能够从基层及时、准确地传达到决策层，从而为实际问题的解决提供多角度的支持和指导。园级审议侧重于明确总体方向和战略规划，年级组审议则更注重从系统化的角度进行深思熟虑的方案设计，而班级审议则强调具体的操作安排和细致的执行落实。通过这一"自下而上"的审议机制，可以确保问题得到及时响应、有效处理，同时提升整个园区教育活动的执行力和提高其响应速度。

第三节　课程资源审议的类型

根据审议的内容和性质，我们将幼儿园课程审议分为三类：前审议（适宜性审议）、中审议（调整性审议）和后审议（评价性审议）。各类审议的侧重点不同，但目标一致，即优化课程资源的应用与效果（见图3-1）。

图3-1　课程资源审议的类型

前审议（适宜性审议）主要侧重于课程资源的适宜性审核，包括资源与教学活动的匹配度、资源过程性的表达方式等方面。通过前期的审议，确保所选资源适合幼儿发展需求，从而制定有效的课程方案。中审议（调整性审议）聚焦于课程实施过程中的资源利用效果。在课程实践中，教育者对前期资源的应用情况进行审查，并评估其对教学目标的达成效果。根据审议结果，适时调整后续资源的选择和使用，以确保课程方案的灵活性和有效性。后审议（评价性审议）侧重于对整个课程活动中所用资源的效果和经验进行总结。通过对课程资源的整体评估，确定其在支持幼儿学习与发展方面的有效性。同时，基于评价结果，对课程资源库进行优化和完善，以提升未来教学的资源质量。这三类审议环环相扣，从课程设计、实施到最终评价，确保资源的科学性和适切性，不断提升幼儿园课程的整体质量与实施效果。

审议在课程资源的开发与利用中发挥着关键作用，有效的审议能够帮助教师解决课程资源研究中的诸多实际问题。本章以"幼儿园的树"这一主题为切入点，将资源审议作为园本教研的核心内容，旨在通过系统的资源研究，引导教师不断探索与改进，从而促进课程资源的有效开发与应用。通过这一过程，不仅能提升教师的专业能力，也能推动幼儿教育的深度发展，确保课程内容更加契合幼儿的学习需求。

一、前审议阶段：课程资源运用前的适宜性审议

前审议是指主题或者活动开展之前，对现有的可利用的资源进行盘点、评估与规划的过程。其主要目的是帮助教师清晰地识别和理解可供开发和利用的资源，明确资源的实际价值与潜在作用，从而形成系统、科学的资源开发与利用策略，确保活动顺利进行并达到预期效果。前审议不仅仅是对资源的简单罗列，而是一个分析和优化的过程，这一过程可以帮助教师在活动设计和实施中做到有的放矢，提高资源使用的效率和增强资源使用的效果。

（一）资源盘点

在资源盘点的过程中，结合《深圳市幼儿园课程建设指引（试行）》文件的要求，我们从资源分布空间的角度，将课程资源划分为园内资源、园外资源和信息网络资源。其中，园内和园外资源进一步细分为人力资源、物质资源和文化资源，而信息网络资源则从可使用的工具、可下载的资源以及幼儿可使用的新技术三个维度来考虑。

例如在主题活动"幼儿园的树"开展之前，我们可以通过以下几种方式进行资源的盘点与利用。

1. 利用网络资源

教师可以搜索与树相关的图片、视频、音频等多媒体资源，这些内容不仅能丰富主题活动的表现形式，也能有效提高幼儿的参与兴趣。

2. 实地考察与采集

组织幼儿进行实地考察，例如参观公园、植物园等，让幼儿亲身体验大自然，收集树叶、树枝等自然材料，进一步增强他们对主题的理解与感受。

3. 家庭资源合作

鼓励家长参与到资源的收集与制作中，如和孩子共同制作树叶标本或树根艺术品等，这不仅能增进亲子关系，还能使收集到的资源更加丰富多样，进一步提升课程的互动性和多元性。

（二）价值评估

在幼儿教育中，资源的选择和利用对于支持幼儿的学习和发展至关重要。

为了确保所选资源能够有效促进幼儿主题经验的积累和课程的实施，我们首先需要对资源的价值进行细致的评估。这一过程不仅涉及对资源的价值评估，还包括对幼儿的兴趣和已有经验的深入了解。

在具体操作中，我们会在活动开始前发放亲子问卷调查表，以此收集孩子们的兴趣点和已有知识。例如，在"幼儿园的树"这一主题活动中，通过分析调查问卷，我们发现孩子们对树木的认识已经相当丰富。他们注意到树木不仅遍布于小区、公园和道路旁，而且每棵树都有其独特的外形特征，如有的树高大挺拔，有的则弯曲多姿。孩子们还观察到，树木不仅为他们提供了玩耍的阴凉之地，而且树木的产物如家具、书本和筷子等，都是日常生活中不可或缺的部分。这些观察使孩子们认识到了树木作为自然资源的重要价值。

此外，孩子们还了解到，为了维护树木的健康和生态功能，需要园艺工人进行定期的修剪、施肥和害虫防治。社区也会通过组织植树造林和绿化美化活动，来提高城市的绿化覆盖率，从而改善居民的生活环境。这些信息不仅丰富了孩子们对树木功能的认识，也让他们理解到人与自然的互动关系。

基于这些发现，我们将孩子们的兴趣和经验与资源图谱中的自然资源、人力资源和文化资源进行了关联分析（见表3-1）。结合主题的教育目标和价值，我们绘制了一张资源价值分析表（见表3-2），以确保所选资源既能满足教育需求，又能高效地支持课程的开发与实施。这一过程不仅提高了资源的适用性，也增强了教育活动的整体效果。

表 3-1 关联资源分析表

资源类型	资源分析
自然资源	幼儿园内的树木、花坛、草坪等自然环境是开展树木主题活动的天然资源。树木种类丰富，有芒果树、枇杷树、荔枝树、橘子树、糖胶树、桂花树、菜豆树、黄葛树、榕树、樟树等，可以利用幼儿园内的树木进行实地观察、测量、绘画等活动
人力资源	教师要进行主题的预设生成，适时根据主题进程制订相应的计划。同时，有经验的教师也可以成为相应的主题资源。教师需具备丰富的自然科学知识，能为幼儿介绍树木的种类、生长特点、作用；在主题教学中准备教学材料，如树木的图片、模型、书籍、视频等。根据主题需要可以寻求社区树木养护人员的协助，为孩子讲解如何养护树木，树木对环境的重要性，如净化空气、提供氧气、防止水土流失等知识。家长可以帮助收集各种形

资源类型	资源分析
人力资源	态的树叶、树枝、果实等自然材料，用于幼儿园的展示、观察和手工制作；可以提供绘本、图片、视频等电子资源，丰富幼儿对树木的认知；在家与孩子一起种植树木、观察树木生长，在日常生活中，引导孩子节约用水、用纸
文化资源	树是大自然的重要元素，象征着和谐、平静与生命力。这些文化象征可以融入活动中，让孩子们了解树的文化意义。 故事与诗歌：关于树的故事、传说、诗歌等文学作品，可以丰富孩子们对树的认识，激发他们的想象力和创造力。 艺术与审美：树木的形态、纹理、色彩等充满了艺术感，可以作为艺术创作的灵感来源。通过绘画、手工制作等方式，让孩子们表达对树木的理解和感受。 邀请家长走进幼儿园讲述与树相关的故事，让孩子们在故事中感受树木的文化魅力，邀请社区内的植物养护人员，为孩子们开展关于树木的讲座，让幼儿了解树木的生长习性、生态作用等。联合社区开展植树节活动、以树为主题的故事会等，让孩子们在活动中感受树的文化和内涵

表 3-2　资源价值分析表

资源名称	资源概括	幼儿发展价值
幼儿园的树	幼儿园有各种树木，包括不同种类、形态、年龄的树木，可供孩子们观察和触摸。幼儿园附近有八仙岭公园、嶂背郊野公园、龙潭公园、宝龙一路社区公园、南联社区公园等，这些地方的树木种类丰富多样，有乔木类、灌木类，是就近可获取到的资源	关键经验：树木是自然界的一部分，幼儿可以更好地理解和亲近大自然。同时树木是生态系统的重要组成部分，可以培养他们的生态意识。 艺术创作：树木蕴藏着丰富的创作灵感，如树木的生长过程、年轮的印记等，都能成为艺术创作的源泉，激发幼儿的想象力和创造力。 文化：树木在许多文化中都有特殊的象征意义，孩子们可以了解和传承这些文化

（三）规划利用

《幼儿园教育指导纲要（试行）》中指出："充分利用自然环境和社区的教育资源，扩展幼儿生活和学习的空间。"教育资源是学前教育顺利实施的重要保障，合理且适宜的资源能够支持各类活动的有效开展，从而更好地促进幼儿的全面发展。基于资源盘点和价值评估的结果，我们需要科学规划资源的利用方式，包括资源的引入方式、活动设计、环境创设等，以确保资源能够被有效利用，并逐步形成初步的资源库。

在具体实施过程中，我们结合主题框架以及幼儿园五大领域(健康、语言、社会、科学、艺术)的要求，对资源进行最大限度的分解和整合，将资源转化为具体的活动。这一过程不仅要保证资源覆盖的全面性，还要充分考虑活动的多样性和适宜性。例如，在"幼儿园的树"主题中，我们可以设计以下活动形式。

(1)区域活动：在科学区，提供树叶、树皮、果实等实物，引导幼儿观察和分类；在艺术区，鼓励幼儿用树叶拓印或制作树木主题的手工；在语言区，分享与树木相关的绘本或故事，激发幼儿的表达兴趣。

(2)亲子活动：组织家长和幼儿一起参与"寻找身边的树"户外探索活动，记录不同树木的特征，或者共同制作"树木的成长日记"，在增进亲子互动的同时，深化幼儿对树木的认知。

(3)户外活动：带领幼儿到幼儿园或社区中观察树木，开展"树木医生"角色扮演游戏，模拟园艺工人的工作，如修剪树枝、浇水等，让幼儿在实践中理解树木的养护过程。

通过这些多样化的活动形式，我们不仅能够充分利用资源，还能满足幼儿在不同领域的发展需求。同时，这些活动将被系统整理并纳入课程资源库，为课程的进一步开发和实施提供依据和支持。

最终，通过科学的资源规划和活动设计，我们能够构建一个内容丰富、形式多样的教育资源体系，为幼儿的全面发展提供坚实的保障，同时也为教师的教学实践提供有力的支持。

二、中审议阶段：课程资源运用中的调整性审议

中审议是指在活动实施过程中，对资源运用中存在的疑惑点进行适时的调整与优化，并对活动资源后期的利用合理性与价值展开剖析。其目的是帮助教师挖掘资源的核心价值，梳理活动线索，从而提升幼儿的经验和增强其学习效果。中审议的实施分为两个步骤：计划审议和活动审议。

（一）计划审议

对基于资源制订的教学活动计划（如周计划、日计划等）进行审议，是确保资源科学、适切和高效利用的重要环节。通过对周计划、日计划开展层级审议，引导全体教师从计划制订的角度展开研讨，剖析资源与活动的关系、资源特性与幼儿核心经验的关系，从而提升教师在资源运用、活动设计与实施中的科学性、专业性，并确保其可行性。

审核周计划时，教师要关注两个方面。首先，深入分析资源的教育价值，明确其如何与主题目标相连接，如何促进幼儿的发展。例如，在"幼儿园的树"主题中，树叶作为一种常见的自然资源，可以用于观察、分类、艺术创作等多种活动，而且每种活动都有不同的教育目标，能促进幼儿不同方面的发展。其次，挖掘资源的多元利用方式，一种资源往往可以有多种利用方式，教师要善于挖掘这些方式，使资源得到最大化利用。例如，树枝可以用来搭建树屋模型，也可以在亲子活动中用来制作树枝画，还可以在教学活动中作为自然测量的工具。

审核日计划时教师也要关注两个方面。首先，要注重资源的整合与融合，将不同类型的资源相互结合，形成更加完整、系统的主题课程资源。例如，可以将图片、视频、实物等资源相结合，共同构建一个立体的主题学习环境。其次，要关注资源的利用效果，比如教师间的配合、活动开展中环境的打造、师幼互动等，都是增强资源利用效果的重要因素。

（二）活动审议

活动审议是通过组织开展审议活动，邀请班级教师分享前期利用资源开展活动的案例，并组织全体教师进行研讨，全面了解幼儿与资源的互动状态，审议资源利用的适宜性。教师可以通过走进幼儿活动现场或观摩活动视频，观察其他教师如何运用课程资源进行教学活动，包括课程资源在现场的呈现方式、与幼儿的互动情况以及资源的使用效果等。同时，教师需要深入现场，记录幼儿在活动中的学习状态、兴趣及积极性，分析幼儿对课程资源的反应和互动频率，评估资源利用的实际效果。

在活动审议中，教师需要重点关注以下几个方面：第一，教师对资源的整合与创新能力。观察教师如何整合课程资源，是否能够灵活运用资源设计活动，是否在活动中体现出创新实践和深入思考。第二，幼儿与资源的互动状态。分析幼儿对资源的反应，包括他们的兴趣、参与度、互动频率以及活动中表现出的学习状态。第三，活动氛围与资源利用效果。评估活动氛围是否积极、资源是否有效支持了幼儿的学习与发展，以及资源利用的实际效果是否符合预期目标。

以大（2）班教学活动"树的秘密"资源审议为例。在"树的秘密"主题活动中，班级和年级审议后初步确定了活动线索，并预设了周计划与日计划的内容和实施过程。然而，在实施过程中，班级教师发现第一周预设的活动重点"通过持续的观察、比较发现树木的生长变化"并不适宜，因为树木在一周内发生的变化不明显，无法让幼儿形成直观感受。因而如何基于树木资源的特性推进活动，成为需要解决的关键问题。

为此，我们组织开展了"树的秘密"审议活动，邀请班级教师分享前期针对树木特性开展活动的案例，并组织全体教师进行研讨，对资源利用进行进一步审议。在分享中，幼儿提出的几个问题引起了教师的共鸣："为什么有的树叶是绿的，有的树叶已经黄了？""为什么有的树叶大，有的树叶小？""为什么一样的树，有的树会长包包，有的树不长？"这些问题恰恰反映了树木的生长特性，而这些特性背后蕴含着丰富的学习价值。例如，树叶颜色和大小的差异可以引导幼儿探究植物的生长条件与环境的关系；树木长"包包"的现象可以培养幼儿对植物病虫害的初步认知。基于这些问题，教师们展开了新一轮的研讨，并对"树的秘密"主题的推进提出了合理化建议：围绕"植物的向光性""环境、气温、光照对植物的影响"等核心经验预设活动内容，帮助幼儿理解树木生长的科学原理。通过实验、观察、记录等方式，引导幼儿探究树木的生长特性。例如，设计"树叶变色实验"或"树木生长条件对比观察"等活动，让幼儿在实践中发现问题、解决问题。

通过活动审议，教师不仅能够灵活调整课程实施过程，还能深入挖掘资源的教育价值，设计出更符合幼儿兴趣和发展需求的活动。这一过程不仅提升了教师的专业能力，也为幼儿的深度学习提供了有力支持。同时，审议中形成的经验和反思，也为后续课程的生发和实施提供了宝贵的依据。

三、后审议阶段：课程资源运用后的评价性审议

后审议是指对已使用的资源进行评估与分析，以确认其利用效率、效果及合理性。后审议的流程分为两个步骤：首先进行资源评价，以衡量资源在实际教学中的支持效果；其次，对资源库进行优化，将有效资源保留并整合，淘汰不适用的资源，从而提升资源库的整体质量。

（一）资源评价

评审小组可以采用多种方法相结合的方式开展评估，包括设计调查问卷、建立儿童活动档案、进行访谈和调研等。评估应从儿童收获、教师成长和家长参与等多个维度进行有效性评价。具体来说，评估应关注以下几个方面：儿童在资源运用过程中是否获得了相关经验与发展；教师是否通过资源运用在专业上有所成长，是否在资源管理与开发中采取了促进资源价值发挥的行动；家长在资源运用中的参与度及互动方式等。通过多种形式的结合，评审小组可以收集资源运用过程中的经验以及有待改进的方面，进行反思评价。在此阶段，评审小组可以选择典型的资源运用案例进行深入分析，开展个案研究，总结课程资源利用的成功经验和存在的问题，为后续的资源管理提供评估依据。

在"幼儿园的树"主题实施的后期，教师组织幼儿参与活动复盘，通过"主题表征""主题画展""主题故事会"等形式引导幼儿回顾活动。教师通过一对一倾听，与幼儿讨论，帮助他们总结活动经验和问题，开展自我评价。在回顾过程中，树资源的充分利用引发了幼儿对树特性的深层探究，幼儿能够清晰描述树的生长特性及其与周边环境的关系，并对植物生长有了新的体验。同时，幼儿在活动回顾中提出了"我们要保护树木"等倡议，进一步融入了环保理念。这种由幼儿参与的资源后审议不仅是对前期活动的经验梳理，还能推动资源的后续延展，促进资源的再利用和深度开发。

此外，教师通过"主题分享会"梳理资源运用的典型案例，复盘资源运用的经验和成效，反思资源利用的合理性、自身教育行为的适切性、活动内容的适宜性以及幼儿学习的整合性等，为后续课程开展提供有益经验。例如，在"探秘树"主题的复盘中，教师通过对资源价值的分析、活动计划的制订与实施、幼儿概念的建构和探究能力的发展等方面进行分享与交流，回顾了幼儿探

究过程所引发的树资源深层次价值分析。教师认识到，课程资源的运用不仅要关注资源本身的特质，更要关注幼儿的问题和经验，挖掘资源对幼儿发展的独特价值，从而对资源运用有更深的理解。

同时，通过亲子活动、家长会、家长开放日等形式，教师可以了解家长对课程资源在家庭环境中的实际应用效果，以及对幼儿学习的影响。在"幼儿园的树"主题中，家长们反馈这一主题资源非常丰富，不仅让幼儿亲近自然，还通过了解树木的生态作用、参与植树造林或树木保护活动，帮助孩子们认识到保护自然环境的重要性。在日常生活中，孩子们积极践行节能减排、垃圾分类等环保行为，共同为地球的可持续发展贡献力量。

(二)资源库的优化

在一轮资源使用结束后，幼儿园应根据资源的实际运用情况及时进行筛选，并对资源库的信息进行更新、替换和增减。为了确保资源库的全面性和实用性，幼儿园应尽可能广泛地收集与资源相关的各类信息，包括资源本身的基本信息、相关的活动方案、资源运用过程中开展的活动记录、儿童的表征作品、调研信息表格、家园社联动的活动记录以及活动反思评价等。这些信息应形成一个完整的资源链，并被有序地纳入资源库中。

资源库的管理应当是动态的，幼儿园需要根据儿童、教师、家长以及社区的实际情况，做出有针对性的选择与判断。同时，幼儿园应制定适宜的管理制度架构，确保资源库的高效运作。资源库的建设最终是为课程服务的，旨在为教师和儿童提供有价值的参考信息，支持课程的开发与实施。通过科学的资源管理，幼儿园能够更好地满足教育需求，促进资源的有效利用与持续优化。

第四节 课程资源审议机制的优化

虞永平教授在《论幼儿园课程审议》中指出："幼儿园课程开发的过程，就是一个不断尝试和实践的过程，需要课程实施者进行深入的探索。"[1]因此，要想有效地开展课程审议工作，完善和优化幼儿园课程审议机制是必不可少的关

---

① 虞永平. 论幼儿园课程审议[J]. 学前教育研究，2005(1)：11-13.

键环节。这不仅是提升课程质量的基础保障，更是推动幼儿园教育体系科学化、规范化的重要举措。

一、动态循环审议模式：优化资源，支持幼儿发展

在前、中、后审议的过程中，我们采用了一种循环模式，这一模式贯穿于课程设计与实施的各个阶段，充分体现了系统性与动态性的特点。该模式的实施包括以下核心环节。首先，教师进行现场勘察，通过组织教师深入实地走访、观察和分析资源，围绕资源的特性与潜力展开讨论，挖掘资源在教育活动中可能带来的生长点。这一环节帮助教师从实际环境中发现资源的教育价值，为后续的课程设计奠定基础。接着，教师团队展开深度对话，多角度剖析每种资源的独特教育价值，评估其分布状况与可获取性。通过这一环节，教师能够为资源的合理配置提供科学依据，确保资源在课程中的有效利用。随后，教师引导幼儿走进现场，与资源进行自然互动，并通过观察幼儿的兴趣点、行为模式，评价幼儿的发展需求，为后续的资源优化提供真实的数据支撑。这一环节强调以幼儿为中心，关注他们在与资源互动中的真实表现，为课程调整提供重要参考。最后，教师团队通过集中教研，观看幼儿游戏视频，深入分析幼儿的行为、语言表达和互动模式。结合教研团队的集体智慧，教师反思并重新规划资源的利用方式，确保资源能够更好地支持幼儿的学习与探索。这一环节不仅促进了教师的专业成长，也为资源的持续优化提供了实践依据。

这一循环模式并非静态或单一的过程，而是一个充满动态调整与持续优化的实践系统。教师在这一过程中需要不断评估资源的适用性与教育潜力，反思实际教学中的应用效果，并灵活调整资源的使用策略。通过这样的循环，教师不仅能够更加深入地理解资源的教育价值，还能够在观察与实践中提升自身的专业能力和教学敏感度，以更加精准和有效的方式支持幼儿的学习、发展和个性化成长。这一模式真正实现了从资源到实践、从反思到提升的有机融合，为幼儿教育的高质量发展奠定了坚实基础。它不仅帮助教师更好地利用资源，还促进了幼儿在探索中学习与成长，实现了教育资源与教育实践的双向优化。

二、以问题为导向：强化审议目的，提升审议价值

课程资源审议是一个动态且持续优化的过程，贯穿于资源开发、选择、运

用及评估的各个环节。其核心目标是通过系统性审视和科学化研判，更准确地鉴别各类资源的教育价值，同时优化资源的开发和使用过程，以确保课程资源能够更真实、有效地满足幼儿多元化的学习需求和发展目标。因此，课程资源审议必须始终坚持以问题为导向，明确审议的目标性和针对性，着力解决资源适配性和实际应用中的关键问题，使开发出的课程资源不仅具有理论上的合理性，更能在实践中凸显教育效能。

作为一项复杂的系统工程，课程资源审议不仅需要建立在正确的资源审议意识和科学的价值取向基础上，还应依托系统化的审议机制，将资源审议融入日常教学与课程开发的全过程。在这一过程中，幼儿园教师应进一步关注资源审议的内在价值，以提升其在教育实践中的适用性与创造性价值。教师需要具备敏锐的问题意识，善于发现资源在开发和使用过程中存在的隐性问题，同时通过不断提升自身的专业素养，将学术知识与审议实践结合起来，实现理论与实践的相互促进与平衡。更为重要的是，教师应在课程资源的教育价值与幼儿的实际发展需要之间建立起有效连接，使资源的设计与应用能够充分服务于幼儿的兴趣、需求。

通过这样的审议过程，课程资源不再是静态的教育工具，而是转变为服务幼儿学习与发展的有机载体，融入幼儿的生活，真正落实课程资源服务于儿童、促进儿童全面发展的目标。在这个过程中，资源的优化不仅推动了教师专业能力的持续提升，也增强了课程体系的科学性和适应性，从而实现课程资源的价值最大化，助力幼儿教育迈向高质量发展的新阶段。

第四章
课程资源有效利用的教师支持路径

当前，幼儿园课程资源的有效利用已成为提升教育质量、促进幼儿全面发展的重要因素。课程资源不仅是教学活动的基础，更是教师专业成长和幼儿个性发展的宝贵土壤。为了高效利用课程资源，教师需要积极承担起课程资源开发者与利用者的责任。为此，幼儿园应为教师提供专业发展机会，深化他们对课程资源的认识，提升他们的开发与利用能力，从而最大化课程资源的价值，营造出高效、生动且富有创造性的教育环境。

从新的课程资源观来看，教师本身也是一种至关重要的课程资源，同时具备素材性资源和条件性资源的双重特性。教师的生活经验、知识背景、价值观念等，都是潜在的教学元素，对幼儿的发展影响深远。而教师自身的素质则决定了课程资源的识别、开发与利用的范围和程度，以及效益的发挥水平。[①] 在推动课程资源有效利用的过程中，教师作为直接的参与者，其角色已从传统的知识传授者转变为资源的挖掘者和创造者。同时，在实践探索中，幼儿园的有效组织与支持，教师资源的挖掘与运用，以及课程资源的建设与利用等多方面相互关联、相互促进，共同构成了一个系统性的支持体系。这一体系整体提升了教师对课程资源的利用能力，实现了课程、教师、幼儿的共同发展。

第一节　基于幼儿园课程资源体系开展的整体性支持

在学前教育领域中，课程资源的有效利用对于幼儿的全面发展至关重要。幼儿园不仅需为教师提供全面而精准的支持，还需从整体性角度出发，确保支持措施的系统性和连贯性。基于幼儿园课程资源体系，整体性支持可以从专业的支持、资源的支持、情感的支持、个性化支持等多方面展开。通过多维度、

---

① 吴刚平，李茂森，闫艳. 课程资源论[M]. 北京：北京师范大学出版社，2014：7.

多层次的支持策略，幼儿园能够为教师创造有利的专业发展环境，助力教师高效开发与利用课程资源。

一、教师的专业支持

在课程资源的开发与利用中，教师的专业素养是关键因素，因此，幼儿园应当为教师提供专业支持，如幼儿园的内部教研、外部培训和互学共长等形式。

（一）内部教研

幼儿园内部的教研活动是教师专业成长的主要抓手，园本教研能为教师提供广阔的成长平台，除提供各类学习资源和机会之外，教师也能够通过担任教研活动的主持者得到充分展示与锻炼自我的机会。[①] 幼儿园通过定期组织教师开展课程资源开发与利用的专题教研活动，针对资源的收集和筛选、转化和整理过程中的一些问题有针对性地进行研讨和交流。例如：开展"如何挖掘社区资源融入课程"的教研活动，教师们可以分享各自在社区资源利用方面的经验和困惑，通过内部教研的方式去解决问题。教师们可以在这种互相学习、互相启发、互相促进的环境中不断提升自己的资源开发能力和教学水平。在教研活动中，幼儿园可以邀请园内的骨干教师和有相关经验的教师进行专题讲座，传授在课程资源开发方面的成功经验和实用策略，为其他教师提供借鉴和示范。同时，鼓励教师积极参与教研讨论，提出自己的见解和想法，形成良好的教研氛围，促进教师团队的共同成长。

（二）外部培训

拓宽教师的视野，让他们接触到更前沿的教育理念和更先进的实践经验，是幼儿园支持教师专业发展的重要途径。幼儿园应积极选派教师参加各类与课程资源开发相关的培训课程、研讨会、学术讲座等活动。这些外部培训活动通常由资深的教育专家、学者或教育工作室组织，能够为教师们带来国内外最新的教育动态和研究成果，同时分享其他优秀幼儿园在课程资源利用方面的成功

---

① 何红漫，王微丽. 幼儿园项目式园本教研活动设计与实例：支架教师的专业成长[M]. 北京：中国轻工业出版社，2022：5.

经验和创新做法。教师通过参加这些培训活动，不仅能学习到新的理论知识和实践方法，还能与来自不同国家和地区的教育同行进行交流互动，了解教育领域的最新发展趋势，为自己的课程开发工作注入新的活力，带来新的灵感。

幼儿园在选派教师参加外部培训时，应根据教师的专业发展需求和幼儿园的课程建设方向，实现精准培训。同时，幼儿园鼓励教师在培训结束后，将所学知识和经验带回幼儿园，与其他教师进行分享和交流。通过二次培训、教研活动等多种方式，实现培训效益的最大化，潜移默化地带动整个幼儿园教师队伍的专业发展。

（三）互学共长

专业学习共同体是以教师专业发展为根本目标，紧紧围绕学生的学习需求和教学的实际困难与问题，使教师形成共同的理念与目标，并承担责任、相互支持、共享经验、协同学习的组织。为了全面提升教师的专业能力，幼儿园应支持教师走出幼儿园，与其他幼儿园教师进行交流互动和观摩学习，这是一种有效的专业支持方法。幼儿园可以鼓励教师参加园际交流活动，实地参访其他幼儿园的课程资源建设成果展示，观摩优秀教师的示范课例、资源分享案例等，并与其他幼儿园的教师进行面对面的交流和分享。在这一过程中，教师们能够了解不同幼儿园在课程资源开发和利用方面的优势和特色，发现自身的不足之处，激发自己的反思意识和创新思维。同时，与其他幼儿园教师合作还可以整合教育资源，为后续的工作提供更多的机会和平台。幼儿园在组织园外学习活动时，应有针对性地做好顶层规划，明确学习的目标和方向，赋能教师聚焦问题交流，提高学习的针对性和实效性。学习结束后，鼓励教师撰写学习心得和总结报告，将所学所思转化为实际的教学实践，切实提升自身的课程资源开发能力和教学水平。

二、教师的资源支持

幼儿园应为教师提供充足的资源支持，建立课程资源管理数据库，拓宽校内外课程资源及其研究成果的分享渠道，提高使用效率，完善课程资源的信息支持，确保教师顺利实施课程。①

（一）建立信息资源平台

幼儿园可以整合园内外的各类课程资源，搭建一个综合性的资源共享平台。这个平台不仅包括前面提到的经过筛选和整理的各类课程资源，还可以提供丰富的教育教学信息，如最新的教育政策法规、教育研究报告、优秀教学案例等，为教师的教学工作提供全方位的信息支持。平台应具备便捷的搜索功能和用户交互功能，教师可以根据关键词、资源类型、适用年龄等条件快速查找所需资源，并可以在平台上与其他教师进行资源评价、推荐、讨论等互动交流活动，实现资源的共建共享，提高资源的利用效率和效益。通过建设资源平台，将分散的资源集中起来，形成一个有机的整体，为教师提供一站式的资源服务，方便教师获取和使用各种课程资源，促进教师之间的资源交流和合作，推动幼儿园课程资源建设的整体发展。

（二）提供信息资源平台

除了建立综合性的资源平台外，教师还可以在平台上上传和下载课程资源，包括教学课件，活动方案，视频、音频资料等。此外，幼儿园还可以为教师提供访问外部教育资源网站的权限，如专业的教育数据库、在线教育论坛等，方便教师获取最新的教育资讯、优秀的教学案例和前沿的教育研究成果，为资源开发提供丰富的信息参考。

三、教师的情感支持

教师在资源开发的过程中可能会遇到一些困难，承受一些压力，幼儿园应充分地给予教师情感上的支持，激励教师不断地突破困境。

（一）认可与鼓励

幼儿园管理层应及时认可教师在资源开发中做出的努力和取得的成绩。例如：在教师成功开发一套具有特色的文化课程资源后，幼儿园可在全体教师会议上进行表彰和奖励；同时，利用教研活动展示其成果，增强教师的成就感和

---

① 吴刚平，李茂森，闫艳. 课程资源论[M]. 北京：北京师范大学出版社，2014：7.

自信心，激励教师们继续积极投入开发活动。

（二）倾听与沟通

幼儿园管理人员要定期与教师进行沟通交流，倾听他们在资源开发过程中遇到的问题和困惑，如资源收集困难、家长对新资源运用的不理解等各种问题，幼儿园管理人员需要及时给予关心和支持，共同探讨解决方案，让教师感受到幼儿园的关怀，营造一个积极向上、团结协作的和谐工作氛围。

四、教师的个性化支持

不同教师在资源开发能力、经验和需求等方面存在差异，幼儿园应提供个性化的支持策略。

（一）新手教师帮扶

对于新入职的教师，幼儿园应安排经验丰富的骨干教师与其结成师徒对子。骨干教师能在资源收集、资源筛选、资源转化等方面给予新手教师手把手的指导。例如，帮助新手教师学习如何从社区中挖掘适合幼儿的教育资源，如何根据幼儿年龄特点设计简单易行的教学活动。通过这种师徒结对的方式，新手教师能够快速适应工作，掌握资源开发的基本技能。

（二）成熟教师提升

对于有一定经验的成熟教师，幼儿园应为其提供更多的自主发展空间和挑战性任务。例如，鼓励他们开展课题研究，探索创新型的课程资源开发模式，如利用现代信息技术开发线上线下融合的课程资源，或者深入挖掘家长资源开展家园共育特色课程等。同时，幼儿园可以组织经验分享会，让成熟教师的经验和成果得到推广，进一步提升其在资源开发领域的专业影响力，同时也带动整个幼儿园教师队伍的发展。

幼儿园通过专业支持、资源支持、情感支持和个性化支持等全方位的举措，能够为教师的资源开发工作提供有力保障。这些举措不仅帮助教师不断提升资源开发能力，优化课程资源，还为幼儿的成长和发展奠定了坚实基础，推动幼儿园教育教学质量迈向新的台阶。

第二节　基于年级教育活动推进过程的针对性支持

在幼儿园教育教学实践中，教育活动是推进幼儿全面发展的关键环节。不同年级的教育活动各具特点，为了更有效地利用课程资源，支持幼儿园年级教育活动的顺利推进，教师必须深入了解幼儿的发展特点，结合不同年级（或年龄段）的教育目标，实施有针对性的支持策略，以保障课程资源得以充分、高效利用，促进教师的专业发展。

一、明确年级发展目标与活动主题

在幼儿园教育活动中，明确年级发展目标与活动主题是首要步骤。这不仅需要遵循教育政策制订教学教研计划，如《幼儿园教育指导纲要（试行）》《3-6岁儿童学习与发展指南》和《幼儿园保育教育质量评估指南》，还需结合幼儿园的具体情况和幼儿的发展需求，制订相应的教学计划。制订时应从园级教学计划到班级学期教学计划，再到月计划和周计划，层层细化，确保教育活动有步骤、有针对性地开展。同时，教师应根据幼儿的兴趣和需求，及时调整和设计主题活动，确保活动内容与幼儿的生活经验紧密相关，促进幼儿的全面发展。

（一）深入研读教育政策

教师需要全面理解和把握《幼儿园教育指导纲要（试行）》《3-6岁儿童学习与发展指南》和《幼儿园保育教育质量评估指南》等教育政策文件的精神实质，明确幼儿园教育的总体目标和具体要求。这些政策文件不仅为幼儿园教育提供了宏观指导，还规定了具体的教育内容和教学方法，是教师制定年级发展目标与活动主题的重要依据。在研读政策文件的过程中，教师应注重理论与实践的结合，将政策要求转化为具体可操作的教育目标。同时，教师还应关注政策文件的更新和变化，及时调整教育策略，确保教育活动始终符合国家和地方的教育要求。

（二）制订详细教学计划

在落实教育政策的基础上，教师需要制订详细的教学计划，包括园级教学计划、班级学期教学计划、月计划和周计划等。这些计划应层层细化，确保教育活动既有宏观指导又有具体落实。园级教学计划是幼儿园教育的总体框架，规定了各年级的教育目标和教学内容；班级学期教学计划则结合班级实际情况和教师的教育方法，制订更为具体的教学目标和活动安排；月计划和周计划则进一步分解学期计划，具体到每一月、每一周、每一天的教学活动，确保教育目标的逐步实现。

在制订教学计划的过程中，教师应注重计划的可行性和可操作性。计划应具有一定的弹性，能够根据实际情况进行调整和修改。同时，计划应能具体指导教师的教学行为，确保教育活动的顺利开展。

（三）灵活调整主题活动

主题活动是幼儿园教育的重要组成部分，通过围绕一个大主题展开一系列子活动，促进幼儿的全面发展。因此，教师需要根据幼儿的兴趣、需求及生活经验，及时调整和设计主题活动。在设计主题活动时，教师应注重活动的趣味性和探索性，激发幼儿的参与积极性和潜能。同时，活动内容应与幼儿的生活经验紧密相连，使幼儿能够在活动中获得真实的体验和感受。

此外，教师还应关注主题活动资源的整合与运用。不同主题活动需要不同类别的资源支持，教师应善于挖掘和利用各类资源，确保活动的丰富性和有效性。主题活动之间应相互关联、相互补充，形成一个完整的教育体系。这样不仅能够推进主题活动的灵活开展，也能促进教师在资源运用和开发方面的能力提升，从而更好地满足幼儿的发展需求。

通过明确年级发展目标与活动主题，教师能够更有针对性地设计和实施教育活动，确保课程资源的高效利用，促进幼儿的全面发展，同时推动教师专业能力的持续提升。

二、寻找与年级主题匹配的有效资源

在明确了年级发展目标与活动主题后，寻找与之匹配的有效资源成为关键。资源是教育活动的载体和支撑，决定了教育活动的丰富性和多样性。因此，教师需要全面梳理资源，构建资源地图，并生成实践活动，以确保教育活动的顺利进行。

（一）引导教师全面梳理资源

教师应充分利用园内资源和园外资源，形成丰富的资源库。园内资源包括教职工、幼儿、教育环境等，它们是教育活动的基础和保障；园外资源则包括社会文化资源、自然资源、家长资源等，这些资源能够为教育活动提供更广阔的视野和更丰富的实践经验。在梳理资源的过程中，教师应注重资源的多样性和互补性，确保不同类别的资源相互支持、相互补充，形成一个完整的资源体系。同时，教师还应关注资源的可持续性和更新性，确保资源库的动态性和有效性。

（二）支持教师构建资源地图

幼儿园应支持教师对资源进行调查分析、分类整理，构建资源地图。教师需要对收集到的资源进行分析和评估，确定其教育价值和用途，并根据资源的性质和特点进行分类整理，形成便于查找和使用的资源地图。资源地图不仅能够帮助教师更好地梳理和完善课程资源，还能支持幼儿的探索活动。幼儿可以在资源地图的指引下自主选择感兴趣的资源进行学习和探索，从而培养他们的自主学习能力和探究精神。

（三）推动教师设计实践活动

在课程资源的实践中，教师应顺应幼儿的问题和兴趣，设计并实施园内外实践活动，以深化主题内容，增强教育活动的实践性和趣味性。通过园内外教研培训、外出参观学习等方式，教师可以结合班级主题、幼儿兴趣或家长资源，设计相应的实践活动。这些活动可以包括实验、参观、调查、访问、劳动、游戏、资料收集等多种形式。实践活动不仅能够使幼儿获得直观、生动的经验，还能培养他们的观察力、思考力和实践能力。同时，实践活动也为幼儿提供了与家长、教师和同伴交流、互动的机会，进一步培养幼儿的社交能力和团队协作精神。

三、利用资源实施年级特色教育活动

丰富多彩的课程资源能够使教师在组织、选择、加工教学内容时具有更大的灵活性和弹性空间。① 如何有效利用这些资源实施年级特色教育活动成为关键。这要求教师具备较高的教学能力和创新能力，能够综合运用多种途径和手段实现教育目标。

(一)综合运用多种途径

教师需要将教学活动、游戏活动、生活活动、环境创设、社区活动、家园合作等多种途径相结合，形成教育合力。教学活动是幼儿园教育的主要形式之一，能够通过教师的讲解和示范帮助幼儿掌握知识和技能；游戏活动则是幼儿自主学习和探索的重要方式，能够激发幼儿的兴趣和创造力；生活活动是幼儿日常生活的重要组成部分，能够帮助幼儿培养良好的生活习惯和自理能力；环境创设是幼儿园教育的重要支撑点，能够营造积极向上的教育氛围；社区活动能够提高幼儿园教育的实践性和开放性，为幼儿的健康成长创造更好的环境；家园合作则是幼儿园教育的重要补充和延伸，能够增进家长与教师之间的沟通与合作，共同促进幼儿的成长和发展。在综合运用多种途径的过程中，教师应注重途径之间的协调与配合，形成一个循环支持路径。

(二)满足个体差异需求

每个幼儿都是独一无二的个体，他们有着不同的个性、兴趣、需求和能力水平。因此，教师需要尊重并接纳幼儿的个体差异，在教育活动中引导他们主动学习，发挥潜能，为他们提供适当的教育资源和支持，帮助他们实现自我价值。集体活动、小组活动和个别活动相结合是实现这一目标的有效途径。集体活动能够培养幼儿的集体意识和协作精神；小组活动则能够照顾到不同幼儿的兴趣和能力水平，使他们在小组内得到更好的发展；个别活动则能够针对幼儿的个别需求进行有针对性的指导和帮助。在实施个性化教育的过程中，教师应注重观察和解读幼儿的行为表现，及时给予回应和鼓励，增强幼儿的自信心和提高幼儿的积极性，促进幼儿个性和谐全面发展。

(三)整合教育形式与手段

教师需要整合多种教育形式与手段，使一日生活的各环节紧密围绕主题展

---

① 吴刚平，李茂森，闫艳. 课程资源论[M]. 北京：北京师范大学出版社，2014：7.

开，丰富幼儿的经验。调查、参观、实践、评价等教育形式与手段都是幼儿园教育中常用的方法。在实践中，教师应通过整合教育形式与手段，开展丰富多样的活动，激发幼儿的兴趣和好奇心，使他们获得丰富的经验。同时，教师应在多元的教育形式中不断运用资源支持，适时调整和创新，使教育活动更加科学、适宜、有效地支持幼儿的发展。

（四）推动教师加强观察与评估

推动教师加强观察与评估是提升教育质量的关键环节。通过细致入微的观察，教师能够深入了解幼儿的行为习惯、学习特点和发展需求，进而为每位幼儿提供个性化的指导和支持。同时，科学的评估机制有助于教师客观、全面地衡量幼儿的学习成果和成长进步，为及时调整教育策略、优化教学方法提供有力依据。因此，教师应不断提升自身的观察与评估能力，以更加专业、细致的态度投入到教育工作中，共同促进幼儿的健康成长和全面发展。

第三节　基于教师个人特长爱好实施个性化支持

每位教师都有自己的特长和爱好，这些特长和爱好可以为课程资源利用提供新的思路和方向。幼儿园应鼓励教师结合自己的特长和爱好挖掘和运用课程资源。例如，擅长绘画的教师可以利用艺术能力为幼儿设计精美的教具和教学活动材料；擅长音乐的教师可以组织幼儿进行音乐欣赏和艺术表演；对自然科学有兴趣的教师可带领幼儿进行户外探究和实验活动。结合教师的特长和爱好整合课程资源，不仅可以提高资源的利用率和增强资源的利用效果，还能激发教师的工作热情和创造力。同时，这种个性化的资源利用方式也有助于满足幼儿多样化的学习需求，促进他们的全面发展。

一、挖掘教师的个人特长与爱好

深入挖掘教师的个人特长和爱好，并将其转化为课程资源，不仅能够丰富教学内容，提升教学质量，还能激发教师的工作热情和创造力，为幼儿创造一个更加多元、有趣、富有启发性的学习环境。这种个性化的资源利用方式，无疑将为幼儿的全面发展注入新的活力。

（一）问卷调查

通过问卷调查全面了解教师的兴趣需求、专业特长以及专业发展方向。同时，结合访谈等形式深入挖掘教师的潜在需求。例如，有的教师对音乐有浓厚兴趣，希望将奥尔夫音乐等艺术元素融入课程资源中；有的教师擅长手工，希望有机会继续提升手工课程的教学能力。

（二）面谈交流

在问卷调查的基础上，管理人员应深入一线与教师进行面对面的深入交流。通过面谈，可以更详细地了解教师的个人想法和需求，挖掘问卷中未涉及的详细信息。例如，教师可能在问卷中表示对美术有兴趣，但在面谈中可以进一步了解到他们对特定绘画风格（如国画、油画）或美术教学方法（如创意美术、写生、水粉教学）的兴趣，以及他们希望如何将这些元素融入课程资源中。

（三）观察分析

在日常教学观察中，留意教师的教学风格和教学方法，分析他们在课程资源利用中展现出的个人特色。此外，对教师的教学课例（如教案、教具制作等）进行分析，了解他们的优势所在。例如，观察到某位教师在手工教具制作方面富有创意，这表明该教师在手工领域有特长，可以为其进一步发展提供支持。

二、个性化培训与提升计划

根据教师的实际情况和发展需求，制定个性化的培训方案，确保每位教师都能得到有针对性的指导和支持。这些举措不仅能提升教师的专业能力，促进教师专业成长，还能为幼儿的学习和发展提供更好的指导与支持，推动教育改革与创新，助力构建高效、优质的教育体系。

（一）支持个性需求的学习资源

丰富各类资源，提供个性化学习平台，教师可以根据自身的专业发展需求和兴趣爱好，精准找到适合自己的学习资源。例如，为喜欢阅读的教师提供丰富的文学作品资源、阅读教学方法研究资料等；为对体育活动有特殊爱好的教师提供幼儿体育课程设计案例集、体育游戏观摩课例资源等，支持他们在感兴趣的领域深入学习和实践。

(二)针对特长爱好的专业学习

根据教师的个性化需求，提供相应的学习机会。例如，为对音乐有浓厚兴趣的教师提供音乐教育理论与实践相结合的培训；为有文学特长的教师提供儿童文学创作与教学方法沙龙活动；为美术特长的教师提供实地参访机会等。

(三)多种途径支持个性化教师

利用园内外资源支持教师专业发展。例如，园内可开设与教师特长相关的课程，同时邀请园外专家开设培训并提供专业指导。鼓励教师参加相关比赛（如青年教师基本功比赛、美育比赛等），这不仅能支持教师提升专业能力，还能增强他们的自信心和成就感。

三、开展各类活动，推动教师专业发展

搭建展示平台、促进教师发展是实施个性化支持的重要一环。通过园内技能展示活动和对外交流与分享，教师们不仅能够展示自己的特长和成果，还能在相互学习和交流中不断成长和进步。这既有助于提升教师的专业素养和教学能力，也能为幼儿园带来更多的课程资源利用思路和方法，从而推动个性化教学的深入发展。

(一)举办技能展示活动

定期举办园内教师技能展示活动，如教师音乐艺术节、手工作品展览、优质课例展示等。通过这些活动，教师可以展示自己在课程资源利用方面的成果，同时可以从其他教师那里获得反馈和建议，进一步改进教学实践。

(二)开展对外交流分享活动

充分利用各类资源，积极开展对外交流分享活动，鼓励教师参加教育领域的研讨会、工作坊等，并在活动中分享基于个人特长爱好的成果，不断反思与学习，提高专业能力，从而拓宽教师的视野，提升专业素养。

四、建立长效化支持体系

基于教师的个人特长爱好实施个性化支持并利用资源落地，是一项需要多方协作的系统工程。学校要全方位摸底教师的个人特长，对内盘活、对外拓展，整合出丰富且适配的个性化资源；对教师资源的管理，需始终保持高度关注，关注教师个体与群体在不同阶段、不同节点上的发展需求，精准投放个性化学习支持。[①] 在此助力下，进一步推动教师专业进阶，鼓励教师结合特长打磨园本课程。未来，建立长效化的个性化支持体系，以制度稳资源、档案记成长、文化促交流，最大程度激发教师内驱力、创新力，促使其不断突破自我、持续提升专业素养。

---

① 朱旭东，宋萑. 新时代中国教师队伍建设的顶层设计[J]. 儿童发展研究，2018(4)：76.

第五章
不同形态课程资源的有效实施策略

　　课程资源作为教学活动开展的重要基础，其形态丰富多样，对幼儿园保教质量的提升和幼儿的全面发展起着关键作用。然而，课程资源的构成十分复杂，按照不同的分类标准，可以把课程资源划分为不同的类型。本章主要依据幼儿园课程实施过程中常接触到的资源类型进行划分，包括场馆资源、自然资源、人力资源、信息资源和文化资源。从蕴含知识的文化资源，到充满科学价值的自然资源；从形象直观的场馆资源，再到便捷高效的信息资源，每一种形态都独具魅力与价值。如何将这些不同形态的课程资源有效实施，充分发挥它们的优势，是本章探讨的重点。

第一节　场馆资源的有效实施策略

　　幼儿园场馆资源是课程资源的重要组成部分，是教育教学活动资源的拓展和延伸。教师根据幼儿园所处的特定地域的社会、经济、科技、文化发展等因素，有目的、有计划地引导幼儿走进园内外的各种场馆，通过观察、体验等方式促进幼儿的主动发展。场馆学习不仅是幼儿学习的方式，也是充实和丰富园本课程的途径，同时对儿童的发展、彰显幼儿园特色、促进幼儿园内涵式发展具有重要意义。

一、场馆资源在园本课程建设中的价值与意义

　　场馆资源蕴含丰富多样的内容，能吸引家长、社区人员参与课程资源的收集与分享，为园本课程注入多元素材，助力家、园、社共同丰富课程内容。借助场馆开展活动，为家、园、社三方提供互动交流平台，增进彼此了解与信任，有助于幼儿社会实践的开展，拓展幼儿的认知。各方共同围绕场馆资源融

入课程这一目标，教师充分利用家长自身的职业优势、社区的场地等资源，同时教师提升自身的专业素质，使家、园、社形成强大的教育合力，共同推动园本课程的完善与发展。

（一）实现家、园、社合力

场馆打破了传统幼儿园教室的局限，将学习空间拓展到广阔的社会中，让园本课程不再局限于园内，构建起大学习环境。科技馆、博物馆、艺术馆等场馆拥有丰富且独特的实物展品、场景还原、专业讲解等资源，能很好地拓展课程实施的多元空间。场馆资源在课程发展的进程中也扮演着不可或缺的角色，它以丰富的资源、多元的空间、全面的素养提升以及紧密的文化联结等价值与意义，为家、园、社协同育人开辟广阔的道路，值得幼教教育工作者深入探索与充分利用。

（二）实现"社会即学校"

场馆提供了大量实践操作、亲身体验的机会，在场馆资源的环境刺激下，幼儿的认知能够得到拓展。如在自然博物馆中，幼儿可以讨论恐龙化石的样子，分享自己的想法，学会倾听他人的观点，从而提升语言表达能力和社会交往能力。"社会即学校"是陶行知提出的教育理念，主张打破传统学校教育的局限，让社会的各个角落都成为学习的场所。场馆资源拓展了教育的空间与范围，强调教育与社会生活紧密相连，幼儿可从中获取知识、锻炼能力、培养品德。

（三）做时代新教师

在场馆资源的利用过程中，教师的知识结构能够得到优化。例如在科技馆里，教师可以接触到前沿的科技展示内容，如人工智能在生活中的应用展示，这使教师能获取新的知识，加深对跨学科知识的理解，拓宽自己的知识面，从而在教学中可以有更多元的知识传授给幼儿。场馆资源能激发教师的教育创新意识。当教师看到场馆中新颖的教育活动形式，如观看互动实验小课堂，可以设计出更具创意的教学活动。此外，场馆资源能让教师更好地适应社会发展对幼儿教育的新需求，比如利用数字展览馆资源开展线上线下结合的课程活动，使教师在课程建设中更灵活地应对变化，成为紧跟时代步伐的新教师。

二、场馆资源的有效实施策略

场馆资源的有效实施策略主要是指充分利用场馆内的各种资源（如场馆内的互动设施等），根据幼儿的特点和需求确定参观的主题，把场馆资源与幼儿教育、社区活动等结合起来，拓展资源利用形式，促进幼儿园课程的推进和幼儿的全面发展。

（一）场馆选择策略

场馆选择策略是指在特定教育目的下，如举办艺术节、美食烹饪活动、科技节等，根据地理位置、场馆设施条件、幼儿年龄特点等一系列背景因素，挑选最适合场馆的方法。

1. 选择设施完善的场馆

选择设施完善的场馆，确保活动顺利进行。例如，烹饪活动应选择安全且卫生的烹饪场馆，如幼儿园的生活体验室或园外专用的烹饪教室，准备适合幼儿操作的简单食材和安全的烹饪工具（如图5-1）。

图5-1　在烹饪馆做美食

2. 选择交通便利的场馆

选择交通便利的场馆，确保活动安全举行。幼儿园应优先选择周边5公里内的场馆，如科技馆、艺术馆、体育馆等，确保活动安全、便捷。

3. 选择适合儿童年龄特点的场馆

选择适合儿童年龄特点的场馆，确保活动有效开展。例如，读书月活动可以选择儿童绘本馆，组织阅读、故事表演等活动，增强活动效果。

4. 选择课程需要的场馆

选择课程需要的场馆，满足活动需求。例如，南京某幼儿园开设昆虫博物馆，养殖蚂蚁、蜥蜴、蝴蝶等，开发系列项目活动，丰富课程内容。

场馆的选择对活动的成功举办至关重要。一个合适的场馆不仅能为活动营造恰当的氛围，还能从多个方面突破空间限制，有效拓展幼儿的视野，丰富他们的感官体验，从而促进认知能力的发展。

(二)前期准备策略

充分利用场馆资源的最大挑战在于充分的前期准备。做好场馆资源利用的前期准备是开展游戏项目、教育活动或任务的重要前提。为了达到最佳效果，必须进行合理规划和统一安排。例如，在参观博物馆时，需要提前确定展示日期、熟悉场地、规划布局、设置参观路线等。

(1)充分了解场馆资源背景。提前熟悉场馆资源，能让工作人员深入了解场馆内的设施和空间布局。例如，在博物馆中，如果能清楚掌握每件文物的历史背景、价值及相关故事，就能在向幼儿讲解时信手拈来。这种准备不仅能提升活动的专业性，还能增强幼儿的学习体验。

(2)提前设计参观路线。根据场馆的主题和资源分布，设计合理的参观路线至关重要。这不仅能避免幼儿、教师和家长走回头路或错过重要展示内容，还能提高活动的效率。此外，安全保障是前期准备的重中之重，合理的路线设计也能为紧急情况下的疏散提供便利。

(3)对场馆的安全进行调查。重点检查消防设备、紧急疏散通道等关键设施，能够有效预防安全事故的发生。

例如参观科技馆，需要提前做好以下准备：

(1)场地联系与安排。提前联系活动地点，确定场地、路线、使用时间及相关事宜，并安排好交通工具。

(2)物资准备。准备幼儿的午餐、饮用水、零食(注意食品卫生与安全)，以及野餐垫、垃圾袋等用品。

(3)着装要求。通知家长为幼儿穿着舒适的运动服装和运动鞋，并携带轻便的背包。

(4)医疗保障。准备急救药品与器材，安排随队医生或具有急救知识的老师，以应对突发情况。

（5）活动设计。设计适合幼儿的户外活动游戏与任务卡片，如"寻找秋天的颜色"（让幼儿收集不同颜色的树叶）、"秋天的果实"等，并准备相应的小奖品。

（6）安全教育。对幼儿进行安全教育，告知他们遵守活动秩序，不随意离开队伍，不追逐打闹。

（7）人员安排。安排足够数量的老师，确保每位幼儿都在老师的监管之下，特别是在自由活动期间，老师需密切关注幼儿的行动。

（8）场地勘察。提前勘察活动场地，排除安全隐患，如检查游乐设施是否完好、河边是否有防护设施等。

（三）强化互动策略

强化互动策略是一种通过多种方式增强幼儿与场馆内容之间互动交流与反馈的方法，旨在提升幼儿的参与度、体验感和增强幼儿的学习效果。在场馆教学场景中，教师可以通过开展主题活动、小组游戏、讨论及问答等方式强化互动。例如，在参观博物馆时，可以设计有奖问答环节，或举办古代手工艺制作体验活动，如传统剪纸、陶艺等。这些活动不仅能激发幼儿的学习兴趣，还能加深他们对博物馆历史文物的了解，显著提高他们的参与度。强化互动在场馆活动中具有多方面的重要意义和价值，能够使幼儿在互动中学习、在体验中成长。

1. 强化幼儿的体验感

角色扮演是一种让幼儿"身体在场"的互动策略，通过精心设计的情境，让幼儿成为故事的主角，全身心投入到角色之中。当幼儿开始扮演角色时，他们的身体和心灵都沉浸在创设的情境中，使他们从被动的倾听者转变为主动的创造者与演绎者。在角色扮演中，幼儿能够感受角色的喜怒哀乐，用自己的理解和想象塑造故事的走向，在充满奇幻与探索的故事世界中，留下独一无二的深刻印记。这种体验不仅充分激发了幼儿的创造力，培养了幼儿的情感认知能力，还为他们开启了一段段充满惊喜与成长的旅程。

在启梦大剧院中，教师可以根据绘本内容或故事主题设定场景，让幼儿自主选择道具和服装，并共同商讨表演情节。例如，在表演《愚公移山》和《西游记》时，幼儿可以讨论谁来扮演老爷爷、谁扮演孙悟空等角色。在这个过程中，幼儿会各抒己见，表达自己想扮演的角色及理由，同时倾听他人的想法，尝试说服别人或接受他人的建议。这种互动不仅锻炼了幼儿的沟通与协调能力，还增强了他们的团队合作意识(见图5-2、图5-3)。

图5-2　幼儿表演《愚公移山》　　　　图5-3　幼儿表演《西游记》

2. 强化幼儿的操作感

当幼儿进入科技馆，通过亲手操作仪器感受光、电等科学现象，能够极大地提高他们的参与度和激发他们的学习兴趣。例如，在科技展览活动中，设置互动体验装置，让幼儿亲手操作展品，不仅能帮助他们更深入地了解展品的功能和特点，还能避免走马观花式的被动观看。这种操作感让幼儿在实践中学习，激发他们的好奇心和探索欲。

3. 强化幼儿的互动感

身临其境的互动体验能够给幼儿留下深刻的印象，使活动更加有趣且富有价值。强化互动不仅能提高幼儿的参与度，还有助于营造活跃的活动氛围。以体育场馆为例，通过啦啦队与观众互动、现场大屏幕抽奖等方式，可以充分调动幼儿的情绪，使整个场馆充满活力，从而让活动更加成功。这种互动形式不仅增强了活动的趣味性，还促进了幼儿之间的交流与合作。

4. 强化环境的带入感

巧妙构建沉浸式的环境空间，能够让幼儿仿佛踏入一个个奇妙的世界。当他们步入其中，便能尽情欣赏风格迥异、独具魅力的情景画卷。在这一过程中，幼儿的感官被充分调动：细腻的触觉让他们真切感知环境的绚丽多彩，视觉盛宴不断冲击他们的视野，丰富多元的声音从四面八方涌入耳中。这种全方位、多层次的感官体验，使幼儿与环境积极互动，沉浸于无尽的探索与发现之中(见图5-4、图5-5)。

图 5-4　灯光剧《彩虹色的花》　　　　图 5-5　幼儿自由表演

通过让幼儿参与丰富多样的表演活动，并在各个环节引导幼儿积极参与、互动交流，能够有效培养他们的社会交往能力。例如，在灯光剧《彩虹色的花》中，幼儿通过角色扮演和互动表演，不仅锻炼了表达能力，还学会了倾听与合作。这种互动形式帮助幼儿更好地融入集体，适应社会生活，为他们的全面发展奠定基础。

（四）资源拓展及整合策略

资源拓展及整合策略是指将分散的人力、物力、财力、信息等资源进行有机组合和优化配置，或在现有资源基础上，通过多种途径获取新资源，使其相互协作，发挥最大效益。通过资源整合，可以避免重复利用和浪费，打造更丰富、多元的教育活动，为幼儿提供更优质的学习体验。

1. 系统整合人力资源：　发挥专业优势

通过系统整合人力资源，充分发掘并利用场馆工作人员的专业优势，将其在各自领域所具备的知识与技能发挥到极致。例如，场馆工作人员可以为幼儿活动提供全面、深入且专业的讲解服务，帮助幼儿更好地理解活动内涵与特色。这种专业支持不仅能提升活动的整体品质与影响力，还能促进活动的顺利开展。

2. 全面整合环境资源：　实现优势互补

将幼儿园充满童趣与教育意义的环境与场馆独特的资源有机结合，实现两者的优势互补与相互延伸。幼儿园自然、灵动、富有创意的空间氛围可以在场馆中得以延续和拓展，而场馆的专业设施、特色场景等资源则为幼儿园环境注入新元素。这种整合形成了一种全新的、丰富多元的资源体系，为幼儿教育与活动开展提供更广阔的空间与更有力的支持，相互弥补各自的局限性，共同促进幼儿的全面发展与成长体验的提升。

3. 深度整合材料资源：搭建教师交流平台

充分挖掘场馆资源的潜在价值并加以高效利用，能够为教师搭建更广阔的交流平台。在场馆丰富多样的材料资源背景下，教师可以围绕教学实践、课程设计及幼儿发展等方面展开探讨与合作，分享对不同材料运用的见解和经验。例如，在艺术馆中，多个幼儿园可以合作展示不同形式和风格的作品，如水墨画、泥塑、版画等（见图5-6、图5-7）。幼儿通过参与这些活动，不仅能了解不同艺术作品的创作特点，还能感受传统民俗文化的魅力，拓宽对祖国多元文化的认知范围。

图5-6　室内拓印活动　　　　图5-7　大型水墨画创作活动

4. 教师协作：共同规划与实施

资源整合往往需要教师共同参与决策和实施。不同幼儿园的教师可以一起规划如何更好地利用园内外的场馆资源，协商共享教学成果等。这种协作不仅有助于加强教师之间的沟通与合作，还能形成一个更加紧密的教育团队，进一步提升教育活动的质量与增强教育活动的效果。

资源拓展与整合策略通过优化资源配置，充分发挥人力、环境、材料等资源的潜力，为幼儿教育提供更丰富、多元的支持。系统整合人力资源、全面整合环境资源、深度整合材料资源以及教师协作，不仅提升了教育活动的品质与影响力，还为幼儿的全面发展创造了更广阔的空间。这种策略为幼儿教育与活动开展注入了新的活力，实现了资源的最大化利用与教育成效的全面提升。

三、场馆资源与幼儿园课程的有效衔接

场馆资源为幼儿园课程发展提供了丰富多样的支持与拓展空间，是推动幼儿园课程走向多元、深入与特色化的重要助力。不同的场馆有着独特的空间布

局与设施配备，能为幼儿创造出多元化的学习情境，为课程实施提供灵活多样的教学场地。

例如，2024 年深圳市龙岗区龙城街道第五学区 11 所幼儿园联合举办了一场以"爱"为主题的艺术展，展示了 1629 名毕业生对爱的表达和理解。通过教学与场馆结合的创新方式，学区内的幼儿园更加紧密团结在一起，将美育与爱国主义教育以及项目学习巧妙融合，让儿童在跨领域学习中得到全面发展。

场馆资源与幼儿园活动的结合，不仅拓宽了一线教师的教学思路，还为幼儿园教育活动的落实与发展提供了有力支持。通过"做中学"理论指导，将场馆资源应用于幼儿园课程活动中，有利于培养幼儿的动手能力和合作能力，同时激发教师使用场馆资源的意识，为一线教师提供教学案例参考。

总之，场馆资源是幼儿园课程发展的重要助力，通过科学规划与有效实施，能够为幼儿的全面发展提供丰富的学习体验，同时推动教师专业能力的提升和幼儿园教育质量的提高。

第二节　自然资源的有效实施策略

随着教育理念的不断发展，基于自然资源的教育方式正逐渐成为幼儿教育的重要组成部分。作为幼教工作者，我们鼓励儿童在自然中学习与游戏，丰富的自然资源不仅能激发幼儿的探索欲、创造力和培养幼儿的团队精神，还能促进教师的专业成长与教育理念的更新。基于此，本节将从自然资源在幼儿教育中的发展价值与教师专业成长的意义出发，结合幼儿园实际案例，提出一系列具体的实施策略，为自然资源的有效利用提供实践指导。

一、自然资源在幼儿教育中的价值与意义

在现代教育理念的不断推进下，将自然资源纳入幼儿教育已成为一项重要的实践。这种以自然为中心的教育方式，不仅能激发儿童的好奇心、创造力和培养儿童的团队合作精神，还能促进教师专业发展的多样性和创新性。

（一）自然资源在园本课程中的价值与意义

自然资源在园本课程中具有重要的教育价值和意义，其真实性、动态性、

生命性以及环境特性为课程提供了独特的素材。

（1）自然资源的真实性允许幼儿直接体验自然现象和生命过程。例如观察蝴蝶的生长过程，这激发了幼儿的好奇心和对生命的敬畏感，从而深刻影响了他们的情感和认知，这种体验是其他资源无法替代的（图5-8、图5-9）。

图5-8　蝴蝶观察区　　　　　　　　图5-9　幼儿正在观察蝴蝶

（2）自然资源的动态性赋予课程开放性和灵活性。通过带领孩子进行户外观察，如记录春季的季节变化，课程能增强幼儿的观察力与适应能力，使他们获得静态资源无法提供的学习体验。

（3）自然资源促进生态教育，帮助幼儿理解生命之间的联系。例如，通过观察荷花池中的蜜蜂与荷花互动，幼儿能认识到生态系统的相互依赖，并增强环保责任感。这种对生态关系的深刻理解是人工模拟无法实现的。

（4）自然资源的动态性和开放性使课程内容能够灵活生成。如幼儿发现昆虫栖息地后，可能会自发地为昆虫搭建住处（图5-10、图5-11）。这种偶然的兴趣点可以被纳入课程，使其更贴近幼儿的需求。

图5-10　幼儿制作昆虫旅馆　　　　　图5-11　幼儿安装昆虫旅馆

（5）幼儿通过与自然的情感联结，理解自然的复杂和美丽。例如，通过与昆虫的互动，孩子们不仅观察昆虫的行为，还尝试保护这些生物，从而增强人与自然的归属感。

自然资源通过多维度的应用，拓展了园本课程的广度和深度。它们不仅促进了幼儿在感知、认知和情感层面的发展，还培养了幼儿的责任感、探究精神和生态意识。整合自然资源，不仅丰富了课程内容，还为幼儿在现实世界中寻求归属感和意义提供了宝贵机会。这种与自然的亲密接触，为幼儿的全面发展创造了无可替代的学习环境。

（二）自然资源对儿童全面发展的价值与意义

自然资源，凭借其真实性、动态性和生命性，为幼儿提供了无法替代的学习与成长环境，对儿童的全面发展具有重要作用，具体体现在以下五个方面。

1. 促进身体发展

开放和动态的自然活动场景显著促进幼儿的身体发展。在森林中爬树、踩水坑、奔跑和观鸟等活动，让幼儿在不规则、复杂的自然环境中锻炼协调性、平衡感和力量。这些活动场景丰富多样，帮助幼儿适应多变的地形和条件，从而增强体能和健康意识（见图 5-12、图 5-13）。

图 5-12　探索水的流动方向　　　　图 5-13　体验泥水里的感觉

2. 唤醒环境责任感

自然资源能够唤醒幼儿的环境责任感。通过直接体验，自然的生命性和生态特性促使幼儿自发地产生对环境保护的责任感。例如，发现被破坏的小鸟栖息地后，幼儿在教师指导下讨论并实践环境保护措施。这种实践促使幼儿在情感上内化环境责任，是间接学习无法有效实现的。

3. 培养问题解决能力

自然资源为幼儿提供了解决实际问题的机会，培养了问题解决能力。自然资源的开放性和不可预测性给幼儿带来了应对未知挑战的机会，如处理如何安全归位掉落鸟巢的问题，帮助幼儿锻炼思维灵活性、独立性和激发创造力。

4. 支持情绪与心理发展

自然环境的接触有利于幼儿的情绪与心理发展。在自然的广袤与宁静中，幼儿可以释放情绪、调节心态。例如，在池塘边缅怀小乌龟让孩子们释怀，再次投入到其他活动中。自然环境的舒缓声音与柔和景色，提供了情绪调节的理想场所，是人造环境难以替代的（见图5-14、图5-15）。

图 5-14　即将孵化的小乌龟　　　　图 5-15　为小乌龟举行葬礼

5. 形成时间概念

自然资源帮助幼儿形成时间概念。通过观察植物随季节的变化，幼儿感受到了四季交替和时间流逝。这种基于真实时空的经验，不仅加深了他们对季节变化的理解，还帮助他们认识到生命与环境的节奏，是静态资源或短期活动无法提供的。

自然资源在幼儿的全面发展中扮演了重要角色，促进了幼儿的身体、认知、情感和时间感知等多方面的成长。

（三）自然资源对教师专业发展的价值与意义

自然资源的开放性、动态性与多样性为教师的教育实践提供了丰富的灵感，并在教育哲学、团队合作和儿童发展的理解上为教师提供了深刻的启发。以下五个方面体现了自然资源对教师专业发展的独特价值与意义。

1. 提升环境创设能力

自然资源为教师提供了丰富的环境素材，使其能够利用自然元素来创建沉浸式学习空间。这种能力在传统室内教学中较难培养。例如，教师可以通过在园区空地上用树枝摆出"自然迷宫"（见图5-16），帮助幼儿体验路径和方向概念，从而增强教师利用自然材料构建教育场景的能力。

图 5-16　用树枝摆迷宫

2. 深化对生态教育的理解

自然资源促使教师反思人与自然的关系，将可持续发展的理念融入教育中。这种理解需要通过实际体验获得，而非仅依靠教材。例如，教师可以在观察落叶时，带领幼儿将树叶制成"堆肥"，在此过程中，教师对生态理念的理解也进一步深化。

3. 提高感官教学能力

自然环境提供了多感官的教学素材，让教师设计听觉、触觉、视觉等活动，提升教学效果。例如，雨后散步时，幼儿在自然环境中触摸泥土、闻植物的香气，教师通过观察这些反应，逐渐学会在课程中融入自然的感官体验。

4. 培养观察与记录能力

自然资源中的变化为教师提供科学观察与记录的素材，增强其在教学中关注细节的能力。例如，教师带领幼儿记录一株花从开放到凋谢的过程，这既提升了教师自身的观察与记录能力，也教会了孩子科学记录自然现象的方法。

5. 促进个人哲学反思

自然资源促使教师思考教育的本质与意义，帮助他们重构"教育即生活"的理念，获得新的职业动力。例如，通过观察孩子照顾动植物的过程，教师感受到教育不仅是知识的传递，更是生活态度和价值观的培养（见图 5-17、图5-18）。

图 5-17　孩子们在喂小鸭子

图 5-18　第一次堆肥成功了

以上五个领域从环境创设、生态教育、感官教学、科学探究和教育哲学反思等方面揭示了自然资源对教师发展的独特价值与意义。

二、自然资源在课程中的实施策略

自然资源在幼儿教育中扮演了独特且不可替代的角色，因其周期性、多感官性、生态性和真实性，为幼儿的学习与发展提供了丰富的支持。以下将从周期性感知、多感官参与、情绪调节与情感发展、课程整合以及问题导向等五个方面的策略出发，为教师如何将自然资源有效融入课程提供实践指导。

（一）周期性感知策略：感受春夏秋冬的自然律动

自然资源的周期性为幼儿提供了感知时间流逝和自然规律的重要机会。在这四季的轮回中，孩子们能够以最直观的方式感受大自然的魅力，逐渐建立起对时间、变化的敏锐感知，以及培养对世界的认知与观察能力。

春天，是生命复苏的季节。我们可以带领孩子们踏入公园或植物园，让他们用放大镜探寻植物新芽的奥秘，感受生命破土而出的力量；组织"聆听大自然"活动，让孩子们在户外静坐，倾听鸟鸣、虫吟和春风的低语，增强他们的听觉感知；为孩子们提供在春雨中踩水坑的机会，让他们亲身感受雨水的滋润，同时可以用简易装置测量降雨量，了解天气的变化；指导孩子们种植豌豆等易于生长的植物，每日观察记录其生长变化，培养持续观察力；还可以举办"春天的绘画"活动，让孩子们用画笔描绘出他们眼中的春天，激发创造力（见图 5-19、图 5-20）。

图 5-19　孩子们雨天踩水坑

图 5-20　感受泥与颜色艺术

夏天，是热情洋溢的季节。我们可以开展"色彩狩猎"活动，让孩子们在大自然中寻找代表夏天的缤纷色彩，并通过绘画创作来表达自己的感受；设计丰富多样的水上游戏，让孩子们在清凉的水中尽情嬉戏，同时利用简单的科学工具进行水的实验，探索水的奥秘；引导孩子们观察阳光与影子的变化，开展有趣的影子游戏，让他们学会根据影子的变化判断时间；组织自然徒步或野餐活动，让孩子们在探索中增强体能，感受大自然的美好；此外，还可以举办夏日音乐会，让孩子们用各种自然材料制作乐器，演奏出属于夏天的旋律（见图5-21、图5-22）。

图 5-21　自制小船试航

图 5-22　影子的变化

秋天，是丰收与多彩的季节。我们可以带领孩子们收集落叶，观察落叶的形状、颜色和纹理的变化，并用落叶进行艺术创作，表达对季节变化的独特理解；组织孩子们参观果园，亲身体验采摘水果的乐趣，了解水果的生长和收获过程；利用秋季的自然材料，如树枝、松果、干草等，进行手工制作，锻炼孩子们的创造力和动手能力；开展季节性故事与节日活动，讲述与秋天相关的传统故事，庆祝丰收节等节日，加深孩子们对秋季文化的理解；还可以组织孩子们进行秋日摄影活动，让他们用相机记录下秋天的美景，培养审美能力（见图

5-23、图 5-24）。

图 5-23　各种方法摘果子　　　　　图 5-24　幼儿园芒果丰收

　　冬天，是静谧与温暖的季节。我们可以组织孩子们观察霜和雪的形态，用画笔或文字记录下它们的美丽，培养孩子们的观察力和表达能力；开展滑雪、堆雪人、打雪仗等雪上活动，让孩子们在欢乐中增强身体协调性；组织孩子们制作热饮或保暖小手工品，如手套、围巾等，让他们在实践中体会温暖的含义，同时讨论保暖的重要性；结合科技工具，如天气预报软件等，帮助孩子们认识冬季的气候特征；此外，还可以举办冬日童话会，让孩子们在温暖的室内聆听与冬天有关的童话故事，感受冬日的温馨。

　　通过这些丰富多彩的活动，孩子们能够更加深入地了解四季的变化，感受大自然的神奇与美好，从而在心灵深处种下热爱自然、尊重生命的种子。

（二）多感官参与策略：让幼儿全面体验自然

　　自然资源激发了幼儿的多种感官参与，提供了丰富的学习体验。这种多感官的刺激既促进了幼儿的认知发展，也激发了他们的好奇心和探索精神。

　　在视觉方面，我们可以引导幼儿观察花朵的娇艳色彩、树叶的多样形态以及昆虫的奇妙模样。比如，带领他们走进花园，观察各种花卉的颜色差异和花瓣形状；在树林中，让他们比较不同树叶的轮廓和纹理；在草丛间，仔细观察昆虫的身体结构和行为习性。通过这些活动，能够提升幼儿的观察能力和细致描述的能力。

听觉体验同样丰富多彩。开展"自然声音采集"活动，鼓励幼儿用心倾听自然界的各种声音，如鸟鸣、风声、雨声等，并将这些声音记录下来。随后，引导他们利用这些声音素材制作"自然音效故事"，在增强听觉鉴赏能力的同时，发挥他们的想象力和创造力。

触觉的感知也不容忽视。让幼儿触摸不同的物体，如粗糙的树皮、松软的泥土、光滑的石头等，感受它们的质地和温度差异。可以组织孩子们在沙坑中玩耍，感受沙子的细腻；在树林里触摸树干，了解树木的质感（见图5-25、图5-26）。

图5-25 树皮泥巴艺术　　　　图5-26 孩子感受泥的质地

嗅觉方面，设计一些有趣的游戏，让幼儿辨别各种植物的独特气味。例如，在花园中蒙住幼儿的眼睛，让他们通过闻花香来识别不同的花卉；在草地上，让他们嗅出青草的清新气息。

味觉的体验可以在可控范围内进行。安排幼儿品尝一些当季的水果，如甜蜜的草莓、多汁的橙子等，让他们亲身感受自然中的美味。同时，引导他们描述水果的味道特点，丰富味觉感知。

自然资源所带来的真实触感、独特气味和动态变化，是任何教具和人造资源都无法替代的。它为幼儿提供了最直接、最生动的学习素材，让幼儿能够全身心地投入到对自然的探索和感知中。

（三）情绪调节与情感发展策略：在自然中找到情绪的平衡

自然资源的平静与和谐可以帮助幼儿缓解情绪波动，幼儿在与自然互动时可以培养积极情感与同理心。

在宁静的自然环境中,我们可以引导幼儿进行自然静谧冥想。让他们静下心来,专注于倾听自然的声音,如微风拂过树叶的沙沙声、鸟儿的鸣叫声、溪水的潺潺声,感受大自然的宁静,从而舒缓情绪。

组织自然探险和观测活动,为幼儿设定特定的探险任务。在观察和记录自然现象的过程中,幼儿的注意力得到转移,情绪逐渐平复,同时也加强了他们与自然的联系。

鼓励幼儿利用自然材料进行艺术创作,这便是自然艺术平静法。树枝、树叶、石头等都可以成为创作的素材,幼儿可以将自己的情感融入其中,通过艺术表达内心的感受。

自然音乐调节法也别具特色。我们可以带领幼儿收集自然声音,如雨声、风声、海浪声等,将这些声音进行整合,为幼儿提供一种新颖的情绪表达和调节方式。

我们还可以使用自然色彩疗法。带领幼儿走进大自然,观察不同季节的色彩变化。春天的嫩绿、夏天的翠绿、秋天的金黄、冬天的雪白,让幼儿感受大自然的色彩之美。也可以让幼儿用彩色画笔描绘出他们眼中的自然色彩,通过色彩表达自己的情绪和感受。

除此之外,自然触感安抚法也是非常具有实用性的方法。我们为幼儿提供一些柔软的自然材料,如棉花、干草等,让他们用手触摸、揉搓,感受材料的质感和温度,从而获得一种安全感和舒适感,缓解紧张情绪。

这些策略不仅能帮助幼儿调节情绪,也能增强他们的自然感知力和创造力,促进他们的情感健康发展。

(四)课程整合策略:让自然成为学习的中心

自然资源可以融入课程的各个领域,使其成为综合学习的主题和素材,通过在课程中融入自然,能够提供真实而丰富的学习情境。

在科学领域,我们可以开展昆虫观察日志活动,让幼儿仔细观察昆虫的生活习性并记录下来,提升他们的科学探究能力;可以进行植物生长实验,对比植物在不同条件下的生长变化,培养幼儿的实验设计能力;还可以利用自制气象站开展气候与环境实验,帮助幼儿了解气象数据与环境的关系,提高幼儿的分析能力。

　　艺术领域同样能与自然紧密结合。比如，让幼儿利用自然材料进行创作，激发他们的艺术创作灵感（见图5-27、图5-28）；开展自然主题戏剧活动，鼓励幼儿结合自然主题创作剧情并进行角色扮演，增强艺术表达能力；组织幼儿到户外采集自然声音，用于音乐创作，设计背景音乐并进行即兴舞蹈。

图5-27　板栗自然物创作

图5-28　"板栗刺猬"

　　语言领域中，自然观察日记是个不错的选择，幼儿通过记录观察内容并绘制插图，能够提升书写和语言表达能力；此外，还可以鼓励幼儿编写自然主题故事并进行分享，以此发展他们的想象力和口语交流能力。

　　在数学领域，让幼儿利用自然物品进行计数和排序练习，提升数学思维；组织幼儿对自然物品进行排序和分类，提高他们的逻辑推理能力；引导幼儿观察自然中的对称性图案，增强他们对几何的认识能力（见图5-29、图5-30）。

图5-29　花朵与数字

图5-30　泥蛋糕平均分

　　在社会领域，组织幼儿进行小组活动，如共同收集自然材料（树叶、树枝、石头等）来搭建一个小型的自然景观。在这个过程中，幼儿需要相互合作、交流想法，共同完成任务。这不仅能培养他们的合作能力，还能让他们学会分享资源和成果。我们还可以组织幼儿参与社区的环保活动，培养他们的环保意识和社会责任感；开展与自然相关的团队游戏，让幼儿在游戏中学会团队合作和沟通交流(图 5-31、图 5-32)。

图 5-31　面包窑最后封窑　　　　图 5-32　合作自制陶器煮茶

通过将自然资源融入课程的各个领域,幼儿能够在真实而丰富的学习情境中获得全面的发展。这种融合不仅让幼儿在科学、艺术、语言、数学和社会等领域中获得了知识和技能,更培养了他们对自然的热爱和尊重,以及解决问题的能力和团队合作精神。

(五)问题导向策略:在自然中学会思考和实践

自然资源的多样性为幼儿提供了丰富的问题情境,能够引导他们在自然环境中观察、分析和解决问题,从而提升逻辑思维和实践能力。

多样的自然资源是培养幼儿思考和实践能力的绝佳素材,我们可以通过多种策略来实现这一目标。

首先,创设丰富的问题情境,如在森林中模拟迷路、在河边探讨物体漂浮以及如何建桥过河等。接着,鼓励幼儿细致观察自然现象,如动植物的生长变化、季节对自然的影响等,并引导他们分析问题,如植物开花与结果的季节差异、河流水位变化的原因等。然后,提供实践机会,如组织种植活动,让幼儿亲身体验挖土、播种、浇水等过程,解决种植中的难题;或带领幼儿野外探险,学会使用地图和指南针。再者,安排小组合作任务,如寻找特定动植物并记录其特征和生活环境,培养团队协作与沟通能力。最后,在问题解决后,引导幼儿反思总结,回顾过程,思考方法的有效性和改进之处,积累经验。此外,还可开展自然实验活动,让幼儿通过实验探究自然规律,进一步提升他们的思考和实践能力。

通过以上多种策略,充分利用自然资源的多样性,让幼儿在自然中探索、思考和实践。这样的培养方式不仅能够提升幼儿的思考和实践能力,还能让他们更加亲近自然、热爱自然，培养他们对环境的保护意识。相信在这样的教育下，幼儿们将在自然的怀抱中茁壮成长，为未来的发展奠定坚实的基础。

通过将自然资源融入课程，幼儿不仅能够在真实而丰富的学习情境中获得全面的发展，还能培养对自然的热爱和尊重。这种教育模式不仅提升了幼儿的认知能力、情感表达和社会交往能力，还激发了他们的生态意识和环境保护责任感。自然资源作为教育情境的重要组成部分，不仅是课程的补充，更是提升教育质量的关键要素。在日常教学中，教师可以通过有效利用自然资源，设计出贴近幼儿生活、富有趣味且具挑战性的学习活动。这种以自然为载体的教育模式，为培养具有生态素养、创新精神和社会责任感的未来公民奠定了坚实基础。相信在这样的教育下，幼儿们将在自然的怀抱中茁壮成长，为未来的发展注入无限潜能。

第三节　人力资源的有效实施策略

幼儿园利用幼儿园、家庭、社区等人力资源开展教育，是指整合家庭、社区以及幼儿园内部等各类人力资源中蕴含的丰富教育资源，对幼儿实施有助于其身心发展的教育活动。国内外众多研究表明，幼儿园、家庭和社区中蕴含着大量可供幼儿教育利用的人力资源。例如，幼儿园内部各岗位人员（如教师、保育员、后勤人员等）以及幼儿园外各行各业的从业人员（如家长、社区志愿者、专业人士等）。充分挖掘和利用这些资源，能够丰富幼儿的情感体验，激发幼儿的探究行为，陶冶幼儿的社会情操，提升幼儿的社会交往能力，从而促进幼儿的全面发展。

一、人力资源在幼儿教育中的价值与意义

（一）丰富教育内容与形式

1. 多元化的知识与经验输入

幼儿园内部的教师、保育员等专业人员，以及家庭和社区中的家长、志愿者、专业人士等，都具有不同的知识背景和生活经验。这些人力资源为幼儿教

育提供了丰富的素材。例如，家长中的医生可以讲解健康知识，工程师可以介绍简单的机械原理，艺术家可以带领幼儿进行创意绘画。这种多元化的知识输入，能够拓宽幼儿的认知边界，激发他们对世界的探索欲望。

2. 多样化的教育形式

人力资源的多样性也带来了教育形式的多样化。幼儿园内部的集体教学、小组活动和个别指导是常见的教育形式，而家庭和社区则可以提供更灵活的教育场景。例如，亲子活动可以增强亲子关系，社区的节日庆典可以让孩子感受传统文化，户外探索活动可以培养孩子的实践能力。这种多样化的教育形式能够满足不同幼儿的学习风格和兴趣需求。

（二）促进幼儿社会性发展

1. 拓展社会交往范围

幼儿园、家庭和社区中的人力资源为幼儿提供了广泛的社会交往机会。在幼儿园，幼儿与教师、同伴互动；在家庭，幼儿与父母、亲戚相处；在社区，幼儿与邻居、志愿者接触。这些不同的交往对象和场景，能够帮助幼儿学会与不同年龄、职业、性格的人相处，培养他们的社交能力和合作能力。

2. 培养社会情感能力

人力资源在幼儿教育中的参与，能够为幼儿提供丰富的情感支持和榜样示范。例如，教师的耐心引导、家长的温暖陪伴、社区志愿者的无私奉献，都能让幼儿感受到爱与关怀，学会关心他人、尊重他人。这种情感的传递和学习，有助于幼儿培养积极的社会情感和价值观。

3. 增强社会适应能力

通过与家庭、社区中的人力资源互动，幼儿能够提前接触社会生活的各个方面。例如，参与社区的公益活动可以让幼儿了解社会责任，参与社区的节日活动可以让幼儿感受社会文化的多样性。这种早期的社会化体验，能够帮助幼儿更好地适应未来复杂的社会环境。

（三）提升教育质量与专业性

1. 专业互补与协同合作

幼儿园内部的教师和保育员具有专业的教育背景和丰富的教学经验，而家庭和社区中的人力资源则可以提供不同的专业视角。例如，家长中的专业人士可以为幼儿园的课程设计提供咨询，社区志愿者可以协助开展户外活动。这种专业互补和协同合作，能够提升幼儿教育的专业性和科学性。

2. 个性化教育的实现

人力资源的多样性使得幼儿教育能够更好地满足每个孩子的个性化需求。教师可以根据幼儿的个体差异因材施教，家长可以根据孩子的兴趣和特点提供家庭教育资源，社区可以根据当地的特色文化开展主题活动。这种多元化的教育支持，能够帮助每个幼儿在最适合自己的环境中成长。

（四）增强家、园、社合作的紧密性

1. 形成教育合力

家庭、幼儿园和社区是幼儿成长的三大重要环境。通过整合人力资源，能够使这三者形成紧密的教育合力。例如，家长参与幼儿园的教育活动，能够更好地理解幼儿园的教育理念和方法；幼儿园与社区合作开展主题活动，能够丰富家庭教育资源。这种合力能够为幼儿提供更一致、更全面的教育支持。

2. 营造良好的教育生态

人力资源的有效利用能够营造一个良好的幼儿教育生态。幼儿园、家庭和社区之间的互动与合作，能够形成一个支持幼儿成长的社会网络。在这个网络中，每个参与者都能发挥自己的优势，共同为幼儿的全面发展提供支持。这种良好的教育生态，不仅有利于幼儿的成长，也有利于家庭、幼儿园和社区的共同发展。

（五）促进幼儿情感与心理健康

1. 提供情感支持

幼儿在成长过程中需要来自不同人群的情感支持。教师的关爱、家长的陪伴、社区志愿者的鼓励，都能让幼儿感受到温暖和安全感。这种情感支持能够帮助幼儿建立自信，形成积极的自我认知，为他们的心理健康奠定基础。

2. 培养积极的人际关系

通过与家庭、社区中的人力资源互动，幼儿能够学会建立和维护良好的人际关系。例如，与家长的亲子互动能够培养亲子依恋，与社区志愿者的合作活动能够培养团队精神。这种积极的人际关系能够帮助幼儿在情感上获得满足，减少孤独感和焦虑感。

3. 增强心理韧性

幼儿在与不同人群的互动中会遇到各种挑战和困难。例如，在幼儿园的集体活动中，幼儿需要学会与同伴合作；在社区的活动中，幼儿需要适应不同的环境和规则。这些经历能够帮助幼儿学会应对挫折，增强心理韧性，为他们未来面对复杂的社会生活做好准备。

人力资源在幼儿教育中具有极其重要的价值和意义。它不仅丰富了教育内容和形式，促进了幼儿的社会性发展，提升了教育质量与专业性，还加强了家园社合作的紧密性，促进了幼儿的情感与心理健康。通过充分利用幼儿园、家庭和社区中的人力资源，能够为幼儿提供一个全面、多元、和谐的成长环境，为他们的未来发展奠定坚实的基础。

二、园内外人力资源的有效实施策略

幼儿园内外人力资源的有效实施策略，旨在通过整合园内教职工的专业力量，并合理引入园外的人力资源，提升教育教学活动的质量。具体而言，首先需全面了解家长的职业背景、兴趣爱好等信息，进而根据这些信息邀请不同专业的家长入园参与活动并提供专业指导。例如，邀请消防员家长开展消防安全知识讲解和演练活动。此外，应将家长志愿者活动常态化，鼓励家长积极参与幼儿园的日常管理，深入了解幼儿园的教育理念与目标，并学习科学的教育方法。通过共同参与教育教学活动，家长能够更好地理解孩子成长的需求。同时，幼儿园还可邀请社区中的手工艺人等具有特殊技能的人士，为幼儿传授特色知识与技能，进一步丰富教育资源，促进幼儿全面发展。

（一）专业性策略

专业性策略在幼儿园教育教学工作中具有至关重要的意义，为提升教育教学质量提供了坚实保障。幼儿教师的精力和知识储备是有限的，而幼儿教育活动的开展往往需要丰富的环境资源支持。幼儿园的全面发展离不开他人（包括同伴和成人，尤其是成人）与幼儿的互动和共同建构。家庭和社区作为幼儿生活和学习的重要场所，其中各职业的专业人士自然成为教师开展幼儿教育的重要支持者和合作者。

园领导和管理层可以通过日常观察教师表现、收集家长职业信息等方式，建立幼儿园特长资源库。例如，通过调查问卷了解园内教师的特殊技能和园外家长的专业特长，进一步与教师及家长沟通交流，深入了解他们的特长，并不断完善资源库。这样可以为幼儿园教育教学活动提供多样化的支持。例如，园内有苗族教师，可安排其承担苗族舞蹈特色教学课程，负责教授幼儿唱歌、简单乐器演奏等内容；邀请牙医家长入园为幼儿讲解护牙知识，丰富幼儿园的特色活动内容，为幼儿提供多样化的学习体验（见图5-33、图5-34）。

图5-33　苗族教师带领幼儿跳苗族舞蹈

图5-34　牙科专业人员入园宣传护牙知识

在大型活动中，家长的助力也能显著增强活动特色，提升活动质量。例如，在幼儿园举办节日庆祝活动与主题教育活动（如儿童节、读书月等）时，可发动家长帮忙布置场地、准备道具，有专业特长的家长还可以参与节目表演，与幼儿一起参加活动，增强活动氛围。在科技节中，邀请化学老师进园进行实验表演；在读书月中，邀请擅长讲故事的家长开展草坪故事会，为幼儿创造生动有趣的学习环境。

通过这些专业性策略，幼儿园能够充分利用家庭和社区的资源，为幼儿提供更丰富、多元化的教育体验，促进其全面发展。

（二）目标一致性策略

目标一致性策略是一种具有明确导向性的规划与行动方针，旨在通过幼儿园、家长及社区等多方的协同合作，高效达成特定的预期教育目标。在制定目标一致性策略时，首先需确保其具有可达成性、相关性与时效性。家庭、幼儿园和社区在教育目标上应协同配合，根据不同领域与情境，结合各自的优势和侧重点，有针对性地制定策略。同时，目标一致性策略需要持续的监测与评估，依据实际情况及时调整优化，以适应不断变化的环境与条件，确保目标的顺利实现。

目标一致性策略的意义主要体现在以下几个方面。

第一，促进幼儿全面发展。目标一致性策略能够为幼儿提供连贯、系统的成长引导。家庭侧重于情感关怀和基本生活习惯的培养，幼儿园注重学习游戏和集体生活体验，社区则提供社会实践机会。三者目标一致，能够让孩子在各方面获得全面且系统的发展。例如，幼儿园开展"幼小衔接"主题活动时，邀请专业人员进行家长培训；邀请消防员为幼儿讲解消防知识并展示消防器材的使用（见图5-35），增强幼儿的安全意识和自我保护能力；社区医院则为幼儿提供了解医疗设施和就医流程的机会，让教学内容更生动、丰富。

图5-35　消防员进园演练

第二，提升家庭教育能力。目标一致性策略能够帮助家长提升教育能力。当家庭与幼儿园、社区的目标一致时，家长不仅能获得科学的教育理念和方法，还能在共同参与教育活动的过程中，加深对孩子成长需求的理解。例如，通过参与幼儿园组织的家长培训和社区活动，家长可以学习到更多科学的育儿知识，更好地支持孩子的成长。

第三，优化幼儿园教育效果。目标一致性策略有利于幼儿园优化教育效果。幼儿园可以根据主题活动，邀请相关家长和社区人员参与教育教学活动。例如，在环保教育中，幼儿园开展环保主题课程，组织幼儿到社区了解环卫工人的工作情况和社区工作站的活动（见图5-36），强化幼儿的环保意识。这种多方合作的方式不仅丰富了教学内容，还提升了教育的实效性。

第四，构建良好的社区环境。目标一致性策略有助于构建良好的社区环境。家庭和幼儿园积极配合社区目标，能够使社区的文化建设、社会服务等活动更好地开展，达成共建美好社区的愿景。例如，通过幼儿园与社区的联动，幼儿可以参与社区的环保活动，了解环卫工人的工作，增强环保意识，同时也为社区文化建设贡献力量。

图5-36　采访环卫工人

（三）特长性策略

特长性策略是指通过发挥个人或组织的特长来实现教育目标的方法。从丰富教育资源的角度来看，家长资源中的特长性策略具有重要的意义。

首先，在知识拓展方面，家长的特长能够为幼儿提供生动、丰富的学习体验。例如，当家长是一位川剧表演者时，他们可以为幼儿带来传统音乐和艺术领域的熏陶。教师可以邀请这位家长到园内表演变脸，这种专业展示远比普通教材内容更具吸引力和教育价值，能够显著增强孩子们的活动参与效果。其次，在技能培养方面，家长的特长也能发挥重要作用。如果某位家长是一位手工艺人，擅长造纸技艺，教师可以安排专门的活动，邀请家长来园教授幼儿制作纸张。这样的活动不仅锻炼了孩子们的动手能力，还像打开了一扇通往知识宝库的大门，极大地丰富了幼儿园的教育资源，使课程内容更加多元化，弥补了教师在专业知识上的局限性。

从家园合作的角度来看，特长性策略是一种高效的家园共育方式。当幼儿园邀请家长发挥特长参与教学活动时，家长能够更深入地了解幼儿园的教育理念和教学过程，从而增强对幼儿园教育的认同感。同时，这也为家长提供了一个参与幼儿教育的平台，使他们能够更积极主动地配合幼儿园的工作，加强家园之间的联系和沟通，形成良好的教育合力。这种合作方式不仅能助力幼儿园形成独特的办园特色，还能创设更多富有特色的课程。

例如，通过调查发现有家长擅长传统手工艺后，幼儿园可以在六一儿童节邀请其为幼儿表演川剧变脸（见图5-37）。同时，了解造纸技艺的家长可以带领幼儿探索传统手工艺的奥秘，感受传统文化的魅力（见图5-38）。这种基于特长的合作方式，不仅丰富了幼儿的学习体验，也为家园共育提供了新的思路和方法。

图 5-37　家长为幼儿表演川剧变脸　　　图 5-38　探索造纸技艺

在幼儿园教育改革的进程中，教育工作者不断对课程内容进行调整与优化，并逐渐意识到拓展和开发家庭及社区等人力资源的重要性。这些资源已成为幼儿成长不可或缺的重要支撑。幼儿正处于发展的初级阶段，需要不断接触新事物，提升认知能力，从而有效促进其综合素养的全面发展。通过上述策略，幼儿园能够充分挖掘和利用周边社区资源，拓展幼儿的学习空间，丰富其生活体验，进而更好地促进幼儿的全面发展。作为幼儿学习的引导者，教师应积极探寻和整合各种人力资源，不断丰富幼儿园的教学内容，为幼儿提供更加多元化的学习体验。

第四节　信息资源的有效实施策略

自《教育信息化 2.0 行动计划》全面推行与实施以来，信息技术如何与教育事业进行完美融合成为一大热门话题。在信息技术普遍应用的今天，幼儿园课程形式也迎来了改革，将多种形式的信息技术手段融入幼儿园课程，改变传统的教学方式，推动教育理念更新，提升幼儿园教育质量成为今天学前教育发展的必行趋势。

幼儿园课程信息化教育资源是一个综合性的概念，它融合了现代信息技术与幼儿教育内容，旨在通过数字化的手段增强幼儿园课程的教学效果和优化幼儿的学习体验。本节所指的幼儿园课程信息资源是指运用信息技术手段，将教育内容以数字化、网络化、智能化的形式展现，并整合到幼儿园课程体系中的各类教育资源。这些资源包括信息资料、教学软件、数字设备、网络平台等，它们共同支持幼儿园课程的实施，促进幼儿全面发展。幼儿园作为儿童启蒙教育的起点，其课程实施中信息资源的有效整合与应用，不仅关乎教育质量的提升，更关乎幼儿全面素养的培育。信息资源不仅包括信息内容本身，还包括与之相关的信息技术、人员和服务等要素。李燕等人认为，所谓信息技术与幼儿园课程整合是把课程与信息技术融为一体。① 信息技术作为工具融入课程教育教学体系的每个要素之中，使之成为教师开展教学和儿童探索的工具，成为教材的重要形态以及主要的教学媒体。②

一、信息化教育资源的特点

幼儿园作为孩子们接触知识、探索世界的起点，其课程内容的丰富性、教学方法的多样性以及教学过程的互动性显得尤为重要。而信息化教育资源的融入，不仅打破了传统教育资源的局限，还为教师和幼儿提供了更多元化的教学

---

① 李燕，骆丹丹，吴丹，等. 儿童视角下信息技术与幼儿园课程整合的形态与实践路向[J]. 学前教育研究，2023(8)：83-86.
② 向天鸽. "互联网+"背景下信息技术与幼儿园课程整合的透视与思考[J]. 教育导刊，2020(8)：37-41.

方式和学习途径，其独特的资源优势，为幼儿园的课程实施带来了新的机遇。

（一）数字化

数字化使得教育资源的获取、存储和传播变得前所未有的高效和便捷。教师能够迅速整合网络上的优质教育资源，为孩子们呈现更加丰富多彩的学习内容。同时，数字化的教学工具也为孩子们提供了更多元化的学习方式，如通过电子绘本、互动游戏等，使学习过程更加生动有趣。

（二）多样性

多样性的信息资源能满足不同年龄段和不同兴趣爱好的幼儿的学习需求。从自然科学到社会科学，从艺术创作到语言发展，丰富的信息资源为孩子们打开了通往知识世界的大门，让他们在多样化的学习环境中全面发展。

（三）互动性

互动性是信息资源的一大亮点，它极大地丰富了幼儿的学习感受。通过在线平台，孩子们能投身互动游戏，与虚拟角色交流，完成在线挑战，这些活动不仅激发了他们的学习热情，还助推了认知发展、语言能力和社交技能的提升。

（四）便捷性

便捷性的特点让信息资源能够随时随地供人使用，家长和教师无论身处家中还是工作场所，都能轻松获取这些资源，为孩子们提供个性化的学习指导和帮助。这种灵活多变的学习方式既为家长减轻了压力，又提升了教育的精确度和实效性。

（五）时效性

时效性保证了信息资源的更新与时代发展同步。随着科技的进步和社会的发展，新的教育理念、教学方法和课程内容不断涌现。幼儿园可以通过信息资源及时了解和引入这些新元素，为孩子们提供更加前沿和实用的学习内容，培养他们的创新意识和未来竞争力。

二、幼儿园课程中常见的信息资源

随着信息技术的飞速发展，各种各样的信息化教育资源不断涌现。丰富多样的信息化教育资源为幼儿教育注入蓬勃活力，极大地拓展了教学边界。在教学活动中，信息技术巧妙融入教师的教学手段，幼儿也能借助现代化、科技化乃至智能化的资源进行探索。这些信息化教育资源为幼儿提供了情境学习和个性化学习路径，充分激发幼儿的探索欲望，为幼儿的成长和学习带来了全新的机遇与广阔的空间。

（一）多媒体课件

多媒体课件是辅助教师和孩子教与学的重要工具，常用于集体教学活动，它能让学习者通过视觉和听觉两个感官同时接受信息，从而增强学习效果。其中，PPT 课件（用 PowerPoint 制作的幻灯片）可让教师将教学内容以图文并茂、色彩丰富的幻灯片形式呈现，如讲解动物主题时展示动物图片和介绍生活习性，还能添加动画和声音元素，增加趣味性与吸引力。Flash（动画制作软件）课件则能制作出更加生动、形象的动画效果，讲述童话故事时以动画呈现情节，让幼儿身临其境，从而更好地理解和感受故事内容，为教学带来更多活力与趣味。

（二）电子白板

电子白板，特别是交互式电子白板，颠覆了传统黑板的单一书写功能和有限的展示形式，在幼儿园教学中的应用日益广泛。它不仅可以作为一块大触摸屏，方便教师和幼儿进行直观的操作和互动，还可以连接电脑和其他多媒体设备，从而能够展示丰富多彩的图片、生动有趣的视频以及形象逼真的动画等，极大地促进孩子直观思维的发展，让孩子们通过更加生动、形象的方式去理解和认知事物，帮助他们更好地参与到各种教育活动当中。

（三）教育软件

教育软件是专为教育目的而设计的应用程序和软件，通常包含丰富的课程内容和互动功能。在领域教学、主题教学、区角游戏等活动中发挥重要作用。通过教育软件可以实现为幼儿提供个性化的学习计划、互动的学习体验和便捷的学习资源，这些软件通常以游戏的形式呈现，让幼儿在玩游戏的过程中提高认知水平。

手机软件和微信小程序的出现也为教学提供了便利。例如，幼儿可以通过简单易用的小程序自主查阅各种知识，满足他们的好奇心。教师可以利用小程序收集数据，进行分析，生成可视化的报告，从而了解幼儿的学习进度和发展状况，及时调整教学策略。

（四）音频设备

音频设备在幼儿园中普适性最强，多用于语言、音乐及日常活动环节。教师可以使用点读机、小音箱等设备播放儿歌、音乐、故事音频，幼儿通过听的方式学习语言、培养乐感，特定的音乐可以成为一种信号，让生活环节的转换更加自然流畅。语音录制功能则很好地刺激幼儿口语表达的欲望，如朗读儿歌、讲故事等，然后播放给其他幼儿听，既可以锻炼幼儿的语言表达能力，又能增强他们的自信心。

（五）视频设备

视频设备涵盖了投影仪、电视机、平板电脑、手机以及各类专业视频播放终端等多样化工具。在教学过程中，教师可通过适时暂停视频播放，结合提问引导幼儿进行思考和讨论，这不仅有助于加深他们对视频内容的理解，还能有效呈现课堂上难以模拟的场景和操作，提升教学效果。此外，录像机作为一种便捷的观察工具，能够帮助教师有计划地录制幼儿的活动片段。这些录像既可用于幼儿回顾自身的学习过程，也为教师提供了分析幼儿游戏发展水平的依据，从而制定更具针对性的指导策略。同时，录像机还可作为幼儿角色扮演的道具，或用于录制学习成果展示的素材。例如，在幼儿进行科学实验时，教师可通过录像记录其探究过程，便于后续分享与展示创意成果，进一步激发幼儿的学习兴趣与创造力。

（六）人工智能

人工智能作为科技进步的重要成果，能够作为教学助手融入幼儿教育，帮助缓解幼儿的孤独感，并支持其自主学习。在编程启蒙领域，教师可以通过在科学课程中引入编程机器人、编程积木等工具，让幼儿在动手操作中学习编程基础知识，例如顺序、循环等核心概念。此外，教师还可以组织编程小组活动，促进幼儿在团队协作中提升沟通能力和解决问题的能力。在互动陪伴方面，教师可以引导幼儿与人工智能设备进行互动，激发他们的好奇心和探索欲。同时，人工智能能够支持个性化教学，根据幼儿的学习进度和需求提供个性化的学习内容，从而更好地满足每个幼儿的发展需求，助力其全面成长。

（七）虚拟现实（VR）和增强现实（AR）技术

虚拟现实（VR）和增强现实（AR）技术是通过特殊设备构建虚拟或增强现实环境的前沿科技。由于其设备功能先进且成本较高，这类技术更适合应用于高端幼儿园。VR技术能够为幼儿提供沉浸式的学习体验。例如，幼儿戴上VR头盔后，可以仿佛置身于海底世界、太空等场景中，近距离观察海洋生物、星球等，从而激发他们的探索欲望和学习兴趣。AR技术则通过将虚拟信息与现实场景相结合，为幼儿创造更加生动的学习体验。例如，利用AR技术，幼儿的教材上可以呈现出立体的动物形象或建筑物，使幼儿能够在现实环境中与虚拟元素互动，进一步提升学习效果。

（八）其他教育科技产品

其他教育科技产品包括光影探索桌、显微镜、电子积木、电子绘画板、3D打印笔及有声读物等，旨在促进幼儿学习与发展。这些产品不仅融合了现代科技元素，还充分考虑了幼儿认知发展特点和教育需求，涵盖了观察探索、动手实践、创意激发等多个维度。将教育科技产品融入课程实施，关键在于设计跨学科、具有创意性与互动性的学习活动，激发幼儿的学习兴趣和探索欲。教师可根据幼儿兴趣、能力和需求，提供个性化学习资源，并利用科技产品的互动性，将学习体验延伸至家庭。

三、信息资源在幼儿园课程中的应用优势

信息化教育教学形式为幼儿园教育的发展和改革提供了全新的教育平台。通过将信息化教育资源与幼儿园课程深度融合，教师不仅在教学手段上引入了新媒体和新技术，更在教学内容和教学形式上实现了对传统课堂的拓展与深化，同时为幼儿打开了全新的视野，有效地提升了教学质量。在幼儿园的日常

教学中，信息技术的应用展现出了诸多优势。

（一）增强学习的趣味性，激发幼儿的学习兴趣

在幼儿园教学中融入信息资源，不仅显著提升了学习的趣味性，还有效激发了幼儿的学习热情。教师通过精心挑选互动性强、生动有趣的数字化内容，结合教育软件和电子教材，以新颖有趣的方式开展教学活动，鼓励幼儿积极参与，让他们感受到学习是一件充满乐趣的事情，并将课堂活动视为一次令人期待的探索之旅。例如，教师利用数字化的故事讲述方式，让幼儿在虚拟场景中穿梭于不同的世界，与故事中的角色互动，这种沉浸式的学习体验更容易激发幼儿的学习兴趣和探索欲望。此外，信息技术还为幼儿提供了互动性极强的学习工具，使他们能够以更具探索精神的方式学习，从而培养创造性思维和创新能力。幼儿可以自由表达自己的想法和创意，在学习过程中展现个性。这种互动性强的学习体验不仅让幼儿更加投入，还促进了他们与学习内容的情感互动。由此可见，信息技术的融入不仅为幼儿带来了更加趣味盎然的学习经历，也为他们的全面发展提供了有力支持。[①]

（二）迎合个体的发展需求，提供个性化学习辅导

在幼儿园教学中运用信息技术，有助于教师根据幼儿的个体需求和能力差异调整学习难度，为幼儿提供量身定制的教学指导。传统的幼儿教育方式往往采用较为单一的教学方法，容易忽视幼儿的独特性和差异性。而信息技术则能够将幼儿的学习过程智能化，根据幼儿的学习进度和能力水平，灵活调整学习难度和教学内容，更加具有针对性和灵活性。幼儿在适合自己的环境中学习，达到个性化的学习体验，避免产生挫败感或感到过于轻松，更好地增强了幼儿的学习效果和提升了幼儿的学习满意度。同时，信息技术还为幼儿提供了丰富多样的学习资源和工具，让幼儿能够根据自己的兴趣和偏好选择内容和材料，这有助于增强幼儿主动学习的动力。此外，信息技术还允许教师根据幼儿的具体需求，为幼儿提供更加精准的学习材料和反馈，从而更好地满足幼儿的发展需求。

---

① 吴丹. 信息技术在幼儿园教学中的应用路径研究[J]. 教师，2024(4)：78-80.

（三）丰富课程学习资源，培养幼儿的信息化素养

信息资源在幼儿园教学中的巧妙应用，极大地丰富了幼儿的学习资源。这些资源涵盖了图书、视频、音频以及互动应用等多种形式，能够满足幼儿多样化的学习需求。幼儿可以在早期就开始接触和使用各种数字工具，通过阅读电子图书，幼儿可以接触到丰富的故事情节和精美的插图，培养阅读兴趣；观看教育视频，则能直观地理解复杂的概念，拓宽视野；而互动应用更是寓教于乐，让幼儿在游戏中学习，激发学习兴趣和好奇心。更重要的是，这些多样化的学习资源不仅丰富了幼儿的学习内容，还在潜移默化中培养了其重要的信息素养，包括获取、理解和利用信息的能力，还包括批判性思维、创新能力等。这些技能对于幼儿未来的成长和发展至关重要，将帮助他们更好地适应信息化社会的挑战。

四、提升信息技术应用效果的有效途径

在探讨信息技术如何有效融入并促进课程实施的过程中，我们不得不认识到，信息技术作为现代教育的核心驱动力，其有效整合与应用是提升教学质量、丰富教学手段、促进教育公平的重要途径。为了确保信息技术能够全面融入并深刻影响教学的每一个环节，我们尝试从环境建设、资源共享、教学模式创新以及教师培训等多个维度出发，详细阐述提升信息技术应用效果的途径，以期为课程实施注入新的活力与动力。

（一）打造信息化教育环境

对于当代幼儿来说，信息技术并非遥不可及的新奇事物，而是他们生活中自然而然的组成部分，早已融入日常生活的方方面面。借助信息化资源构建智慧型学习环境，不仅能够推动幼儿园教育向科学化、现代化方向迈进，还能显著提升教育质量和效率。通过将信息技术与教学实践深度融合，幼儿园可以为幼儿提供更加丰富、互动性强的学习体验，激发他们的学习兴趣和探索欲望，同时为教师提供更多元化的教学工具和方法，助力幼儿全面成长。这种智慧型学习环境的创设，既是教育发展的必然趋势，也是实现教育现代化的重要途径。

1. 硬件设施建设

在当今数字时代，幼儿从出生起便生活在一个被信息技术包围的环境中。智能玩具、电子书、数字电视、移动设备等高科技产品已成为他们日常生活的一部分。对这些孩子来说，这些设备不仅仅是"玩具"，更是他们认知世界、探索学习的自然工具。因此，幼儿园应进一步完善和丰富信息化基础设施建设，配备电脑、触摸一体机、投影仪等现代化设备，为幼儿提供多样化的学习资源。以信息技术为核心，幼儿园应营造良好的数字化教育氛围，构建以网络资源开发利用为特色的信息化教育环境。例如，教师可以支持幼儿与电脑等设备进行互动，激发他们对电子设备的兴趣；鼓励幼儿借助网络查询信息，培养其自主学习能力；同时，为幼儿提供自由探索的空间，支持他们在操作科学材料的过程中，逐步了解现代化工具的功能与用途。通过这样的环境创设和活动引导，不仅能够增进幼儿对现代科技工具的认知，还能逐步培养幼儿的信息化意识，形成良好的信息素养，为其未来的学习和生活奠定坚实基础。这种以信息技术为支撑的教育模式，不仅顺应了时代发展的需求，也为幼儿的全面发展提供了有力支持。[①]

2. 软件平台应用

随着教育技术的不断发展，多样化的信息资源正逐步融入学前教育领域。充足且优质的信息化设备和软件不仅为教师开发利用信息资源提供了坚实的物质基础，也为幼儿创造了自主探索信息资源的广阔空间。

引入专为幼儿设计的在线学习软件平台，对优化教学资源的分配与利用具有重要意义。这些平台通常集成了丰富的课程资源，涵盖健康、语言、社会、科学、艺术等五大领域，能够满足不同年龄段和不同兴趣爱好的幼儿需求。通过平台或网络的互动学习，幼儿可以随时随地获取新知识，拓宽视野，逐步培养自主学习的能力。此外，个性化的学习工具能够根据幼儿的兴趣点和学习进度，智能推荐适合的学习内容，为幼儿的个性化发展提供有效支持。这种以信息技术为依托的教育模式，不仅提升了教学效率，还为幼儿的全面成长创造了更多可能性。

---

① 李献媛. "互联网+"背景下幼儿园网络资源的开发利用研究[D]. 济南：山东师范大学，2017.

(二)搭建数字化教育资源共享平台

教育资源分配不均衡是当前教育领域面临的主要挑战之一，而数字化教育资源共享平台的出现为这一问题的解决提供了有效途径。这类平台能够突破地域限制，实现教育资源的优化配置，让更多幼儿享受到优质的教育资源。同样，幼儿园搭建数字化教育资源共享平台，也是整合内部教育资源、提升教学质量、推动教学内容创新的重要举措。

1. 建立教育资源库

幼儿园教育课程资源库是幼儿园课程开发的重要支撑平台，它不仅为教师提供了可获取、可分享的课程资源，还为课程开发提供了丰富的经验和材料保障。目前，越来越多的幼儿园开始尝试将信息技术融入课程资源库的建设中。这一趋势要求我们对现有教育资源进行全面梳理、整合与数字化改造。例如，幼儿园可以广泛搜集适合幼儿年龄特点和认知水平的教育资源，包括儿歌、故事、教学视频、手工教程、课件 PPT 等多样化内容。随后，通过专业技术手段对这些资源进行数字化处理，并建立科学的分类体系，对资源进行细致分类与标签化管理，以便教师能够快速检索和高效利用。此外，资源库平台应支持资源的上传与分享功能，鼓励幼儿园、教师及家长共同参与资源建设，形成开放、共享的资源生态。

2. 优化与更新资源

幼儿园数字化教育资源共享平台需要建立一套持续性的管理机制。鉴于幼儿教育的快速发展和不断变化，平台应定期评估现有资源的质量与适用性，及时补充新资源，剔除过时或不符合要求的内容，以确保资源库的动态更新和时效性。例如，可以对教师组织过的课程进行系统化整理，筛选出精品课程和优质课程，提升其在幼儿园中的使用率；同时，将教学活动中常用的教学视频、教学资料等进行数字化归档，方便教师高效检索和利用。通过不断优化资源内容、提升共享体验，幼儿园数字化教育资源共享平台将能够更好地满足教学需求，为教师提供强有力的支持，同时为幼儿的全面发展创造更加丰富的学习环境。

(三)创新教学模式与教学方法

传统教学模式通常以教师为中心，主要依赖讲授与示范的方式，容易忽视幼儿的主动性和创造性。而信息化资源的引入，打破了这种传统教学模式的局限。新颖的教学方式不仅增强了学习的趣味性，还有效解决了传统教学模式下难以兼顾个体差异的问题，使每个孩子都能在数字化环境中获得个性化的关注与成长机会。

1. 融合式教学

在教学实践中，将传统教学与丰富的信息资源有机结合，并借助信息技术全面辅助教师教学，不仅能够丰富教学手段和方式，实现教学过程的可视化与互动化，还能有效激发幼儿的学习兴趣。例如，利用多媒体展示、虚拟现实（VR）、增强现实（AR）等前沿技术，构建生动逼真的教学情境，可以让幼儿在沉浸式体验中更直观地理解和掌握知识。为了进一步激发幼儿的主动学习与探索精神，教师可以提供多样化的工具（如电子白板、计算机、iPad 等），鼓励幼儿进行人机互动。这种合作式学习方式不仅增强了活动的趣味性和互动性，还培养了幼儿操作的独立性和探索能力。

2. 个性化支持

我们深刻认识到，每个幼儿的学习需求和发展特点各不相同。因此，教师应根据个体差异，采用灵活多样的教学策略和方法，并充分利用信息技术手段为每位幼儿提供精准的指导与支持。具体而言，可以鼓励幼儿使用人工智能产品（如小度、天猫精灵等）解决一些低难度问题，通过简单的语音指令和功能键操作，引导幼儿与人工智能进行互动。这种直观且充满趣味性的互动方式，不仅能够激发幼儿的学习主动性，推动个性化学习的有效实施，还为幼儿信息化素养的初步培养奠定基础。此外，借助大数据和人工智能技术，教师可以对幼儿的学习行为和能力水平进行精准分析，从而为他们量身定制个性化的学习路径和资源推荐。这种基于数据的科学化支持策略，能够更好地满足不同幼儿的学习需求，为每个孩子的全面发展提供有力保障。

（四）加强教师培训与技能提升

幼儿园教师的信息素养是实现信息资源在教育中高效应用的关键。为了充分发挥信息资源在幼儿教育中的作用，教师需要积极接纳新的教育理念，并掌握信息技术的应用、教育资源的整合以及教学方法的创新等核心能力。通过巧妙地运用信息资源，教师能够对传统教学模式进行改革与创新，从而为幼儿提供更加丰富、互动性更强的学习体验。

1. 理念更新

近年来，我国教育部相继出台了一系列与幼儿园信息化技术相关的政策文件，如 2012 年印发的《教育信息化十年发展规划（2011—2020 年）》、2016 年发布的《教育信息化"十三五"规划》、2018 年推出的《教育信息化 2.0 行动计划》以及 2022 年颁布的《教师数字素养》教育行业标准。这些文件的发布充分体现了国家对教育信息化的高度重视，也明确了时代对教育创新的迫切要求：更新落后的教育环节、整合教育资源、实现教育信息化与现代化，已成为当前教育改革与发展的核心任务。[①]

在信息技术飞速发展的大数据时代，将信息资源融入幼儿园课程，服务于各项教育活动，构建信息化的教育环境，不仅是对传统教育模式的优化升级，更是新时代幼儿教育发展的必然趋势。教师对信息化教育资源的认知与态度，将直接影响其在课程实施中的应用方式，进而决定课程的实际效果。因此，在幼儿教育教学中，必须强化教师的信息化教育意识，坚持以幼儿为中心，关注幼儿的全面发展。教师应积极探索并有效利用信息化教育资源，为幼儿提供更广阔的学习空间和更丰富的学习内容，激发幼儿的学习主动性，促进其信息素养的提升及多方面能力的综合发展。

2. 技术培训

针对教师在信息技术应用方面存在的技能短板，幼儿园应积极策划并开展一系列系统化、实践导向的技能培训活动。这些培训不仅涵盖多媒体设备的熟练操作、教育软件平台的高效利用以及教育资源库的科学建设与管理，还着重强调信息技术在课程资源开发中的巨大潜力。通过精心设计的实操演练，教师们能够亲身体验信息技术的实际应用，掌握其在教学中的实用技巧；同时，借助深入的案例分析，教师们可以学习如何巧妙地将信息技术融入课程设计，使课程内容更加丰富多样、互动性更强。此外，建立教师互助学习机制，能够促进教师之间的知识共享与经验交流，激发他们在课程资源开发中的创新思维与协作精神。通过信息技术的深度应用，教师可以挖掘更多元化、高质量的教育

---

① 向天鸽. "互联网+"背景下信息技术与幼儿园课程整合的透视与思考［J］. 教育导刊，2020（8）：37-41.

资源，为幼儿打造更加生动、有趣且富有成效的学习体验。

五、信息技术在课程实施中的应用策略

《幼儿园教育指导纲要（试行）》指出，幼儿园教育应充分运用多种教育手段，结合幼儿的年龄特点，开展有针对性的教育活动。教育是国家的根本，而幼儿教育则是教育的基础。无论是学习品质的培养、经验的积累、能力的发展，还是良好学习习惯的养成，都是幼儿教育的关键所在。[①] 在当今信息技术飞速发展的时代，信息技术在幼儿园课程实施中发挥着举足轻重的作用。它以前所未有的方式拓展了我们的课程视野，包罗万象的百科知识、精准复杂的数据信息、壮丽秀美的山河景色、美不胜收的花草植物、悦耳动听的音乐旋律、精彩纷呈的动画影像——信息技术让课程资源应有尽有，触手可及。它不仅为课程实施提供了丰富的信息支持，还成为解决问题的高效工具。信息技术的应用使课程视野更加广阔，缩短了课程改革的进程，让教学环境更加生动，教师工作更加高效，课堂更加有趣，幼儿更加聪慧。可以说，信息技术是课程紧跟时代步伐的重要标志，也是实现课程现代化的关键工具。幼儿是学习的主体，教师是幼儿的引导者，而现代信息技术则是教师的得力助手。通过"兴趣+引导"的教育方式，将信息技术有效融入课程实施的教学过程中，能够营造一种信息化教学环境，实现教与学主体的自主性、探究性与合作性。这种融合不仅为课程开展提供了更多可能性，也为幼儿的全面发展创造了更加丰富的学习体验。

（一）以信息化环境融入，为课程实施做准备

无声的环境，有声的教育。环境被誉为孩子的"第三任教师"，是孩子学习的隐性课程。《幼儿园教育指导纲要（试行）》明确指出，环境是重要的教育资源，应通过环境的创设和利用，有效促进幼儿的发展。在当今信息时代，孩子们已然成为"数字原住民"，将信息技术与幼儿园环境课程深度融合，不仅是时代发展的必然需求，也是面向 21 世纪学前教育改革的新方向，更是儿童学习与发展的必然趋势。

① 薛凯文. 现代信息技术下幼儿园课程游戏化的有效实施[J]. 家长，2023(14)：160-162.

1. 善用智能设备，创设情境促体验，提升儿童现代信息素养

当下，一些条件优越且理念先进的幼儿园，会在园所的宽阔墙面、地面等空间装有全息光影仪、互动投影仪等多媒体设备（如图 5-39）。这些技术与形式新颖的媒体展示台，凭借其天然的"吸引人流"特性，能够将儿童带入虚拟现实的环境中。在这样的环境中，儿童可以体验全息探险、全息动物园、互动秋千等数字互动项目带来的乐趣。同时，通过地面互动投影设备和技术，儿童可以感受到脚步触发的动态响应，例如：投影出钢琴效果，小朋友踩上去就能听到真实的音符节奏；踩到足球图标，就能开启一场虚拟足球比赛；还有跳房子、沙滩捕鱼、踩地鼠等多种互动游戏。教师通过将信息设备与幼儿园课程有机结合，使儿童在沉浸式体验中感受科技的魅力。这种体验不仅能够培养儿童的逻辑思维能力，激发他们的探索兴趣，还能促进其交往能力的发展，为他们的未来成长奠定坚实基础。

图 5-39　光影探索互动设备

2. 巧用一体机，开发多样化教育功能，推动信息化教育服务

随着教育改革的深入推进及政府对学前教育投资力度的加大，许多幼儿园都配备了多媒体一体机，并得到教师的广泛应用。一体机不仅用于视频、课件、音乐的播放与回放以及照片展示等传统功能，还通过触控技术为教学带来了更多便利。教师可以用手指替代鼠标，轻松点击操作，甚至通过手势实现放大、缩小、旋转、拖拽等功能。教学一体机的白板软件支持储存数百页板书，教师可以充分利用白板进行书写示范、记录、修改和补充，同时也可用于儿童建构计划的设计与回顾。一些幼儿园还巧妙地将一体机的绘制、切换等功能与晨谈墙相结合(如图 5-40),用于晨谈计划的触屏式选区、签到和任务规划等。与传统计划板或计划墙相比,这种数字化方式更加灵活、生动且富有趣味性。此外,一体机的使用不仅节省了教师手工设计的时间和精力,还优化了班级空间的利用效率。

图 5-40 触屏式晨谈墙

3. 活用电子材料,充实游戏内涵,激发儿童的探索潜能

在幼儿园的区域游戏中,信息技术的巧妙运用可以实现多元整合,极大地优化了游戏材料(见表 5-1)。

表 5-1 幼儿园区角游戏信息技术类材料推荐清单

区角名称	材料名称
语言区	电子绘本、耳机、早教机、点读笔、录音笔、儿童打印机、智能音箱、平板电脑、投影仪、互动语音玩具、语言学习软件、电子白板、电子词典、语音合成软件、智能翻译笔等
角色区	智能音响、话筒、手机、角色扮演 APP、音效软件、电脑、录音设备、扩音器、AR 角色扮演服装、场景道具(计算器、收银台、取款机)等
科学区	iPad、AR 智能卡片、投影仪、虚拟现实技术、虚拟现实头盔、科学视频资源库、科学探索软件、传感器、计时器、摄像头、显微镜、录音笔、风向仪、电子秤、温度计、电子地球仪等
美工区	3D 打印机、3D 打印笔、iPad、手机 AR 扫描技术、平板调色软件、绘图板、AR 扫描技术设备、电子画笔、色彩传感器、创作软件、电子相册、在线艺术教育资源库等

区角名称	材料名称
益智区	手机、闹钟、NFC 小芯片、iPad（益智软件）、拼图游戏 APP、电子积木、编程机器人、互动白板、智能手环、电子计数器、电子棋类游戏、在线教育资源库等
建构区	编程积木、测量仪、电子乐高积木、编程机器人、3D 建筑设计软件、建筑模型示例图、建构区的电子相册、电子白板等

语言区：教师通过电子绘本、平板电脑、耳机、早教机、点读笔、录音笔、儿童打印机等信息技术手段，结合视听材料，不仅丰富了区域活动的内容，还更好地吸引了幼儿的注意力，激发了他们对语言学习的兴趣和自主性，为儿童早期阅读和书写能力的发展创造了良好条件。

角色区：通过引入灯光舞台、智能音响、话筒、手机等设备，逼真的音效和生动的背景画面为孩子们的角色扮演增添了更多趣味性和真实感（如图 5-41），使他们在游戏中获得更加沉浸的体验。

图 5-41　角色扮演游戏

科学区：在科学区投放 iPad，结合 AR 智能卡片，卡片上的图案可以变成立体形象，让幼儿在轻松愉快的氛围中记录实验过程及现象。同时，通过投影仪探索光影的奥秘，利用虚拟现实技术进行触摸操作，弹出对应的虚拟动画、3D 模型或语音讲解。

美工区：教师利用 3D 打印技术辅助幼儿创作，将他们的想象快速变为现实；通过平板电脑下载手工折纸软件，观看操作视频帮助幼儿直观理解步骤；

运用手机 AR 扫描技术，将幼儿的作品保存并转化为动态效果；利用平板电脑的调色功能，帮助幼儿更准确地感知颜色变化。

益智区：在大班区域，教师通过手机、闹钟等工具让幼儿感受时间，培养专注力和良好的学习习惯；利用 NFC 小芯片解答幼儿的"十万个为什么"；通过 iPad 软件与区域材料的结合，创造更加丰富、多元和个性化的学习体验。

此外，借助在线游戏平台，教师可以获取大量优质游戏资源，包括多样化的游戏场景、角色模型和任务关卡。同时，利用游戏开发工具，教师可以根据幼儿的兴趣和发展需求，自主设计和开发个性化的游戏内容。通过网络连接，幼儿还可以与其他幼儿园的小朋友进行远程合作游戏，共同完成任务，增强互动与协作能力。

（二）以信息化技术支持，推动课程纵深开展

随着经济和互联网技术的飞速发展，幼儿教学迎来了更多可能性。我们的教师不仅将多媒体技术应用于课程实施初期的信息收集，还广泛运用于课程实施中的资源整合、观察探索、活动追踪、问题检索以及结果求证等环节。在现代信息技术的支持下，多元化的知识得以更好地融入教育教学中，为幼儿提供了更加丰富、互动性更强的学习体验。

1. 基于课程实施中的信息收集

在科技飞速发展的今天，信息技术与我们的生活紧密交织，也与课程实施深度融合。课程实施初期的信息收集在整个过程中发挥着至关重要的作用，尤其在主题活动和项目活动中，其影响尤为显著。它不仅决定了活动的实施方向，还深刻影响着主题项目的深度与广度。信息技术帮助我们精准捕捉儿童的兴趣点与已有经验，同时，庞大的网络资源犹如一个巨大的知识库，丰富了儿童的阅读渠道，拓宽了他们的学习视野，优化了他们的学习方法，也使课程实施的方式更加多样化，为后续课程的深入开展指明了方向。

在幼儿园主题探究活动中，信息收集是洞察幼儿兴趣点、了解其经验与认知冲突的重要手段。在规划主题活动之初，教师会发放主题调查问卷，邀请家长与孩子共同完成，以收集幼儿对特定主题的认知与兴趣。例如，在开展"小兔乖乖"主题活动前，教师设计的问卷内容涵盖幼儿对小白兔的喜爱程度、对其特征的了解，以及他们希望进一步探究的方面等。通过对回收问卷的分析，

教师能够清晰地把握幼儿的兴趣点。例如，如果许多幼儿对小白兔的日常习性表现出浓厚兴趣，教师就可以在课程设计中增加与小白兔饮食、睡眠、运动等相关的内容（如图5-42），以满足幼儿的好奇心与求知欲。同时，问卷信息还揭示了幼儿在主题上的经验与认知冲突。有些幼儿可能已经了解小白兔的基本特征，但对于小白兔与其他动物的区别、其在自然环境中的角色等更深层次的问题，可能仍存在疑惑。这些信息为教师调整课程内容提供了重要依据，使他们能够从幼儿的已有经验出发，设计出更贴近其认知水平的探究活动，引导幼儿逐步深入主题，解决认知冲突，从而实现更有意义的学习体验。

图5-42 "小兔乖乖"主题活动

2. 基于课程实施中的素材运用

信息技术作为课程资源，正悄然渗透于我们每日的教学活动中。无论是集体活动、游戏开展，还是主题活动与项目探究，信息技术的加持都不可或缺。例如，在"环保小主人""水资源"等主题活动中，保护环境与节约用水是课程实施中的重要环节。然而，幼儿对环境污染和水资源匮乏缺乏直观感受。为此，教师通过网络下载与环境污染相关的视频资源，借助直观的画面让幼儿切身感受到环境破坏和水资源短缺给人类带来的危害与危机。这种生动的呈现方式不仅加深了幼儿的理解，还更好地促进了他们保护环境、节约水资源的意识形成，从而有效助力课程目标的达成。

3. 基于课程实施中的观察探索

幼儿依赖直接感知、亲身实践与体验来积累知识经验，而积极主动的探索精神是他们学习过程中的核心特质。在当前信息技术广泛渗透于日常生活及教育领域的背景下，我们发现信息技术能够更有效地辅助幼儿的探究活动，激发他们的好奇心，并推动他们在学习过程中不断获取新知识。幼儿对周围事物或现象的好奇与探究，通常始于观察与比较。在这方面，信息技术中的影像捕捉技术（包括拍照、录像等）为幼儿提供了一个更为客观的观察视角，帮助他们揭示事物之间的联系与规律（如图5-43）。例如，在"影子"主题探究中，孩子们对影子的变化持有不同观点，并展开了激烈讨论。班级教师提出问题："我们如何让所有人了解不同时间段影子的样子?"有孩子提议用相机或平板电脑记录影子的变化及测量结果。在这一案例中，影像捕捉技术将不同时段、不同区域的观察结果整合在一起，并通过大屏幕展示，为幼儿提供了集体观察的有效途径，同时也更便于他们发现事物之间的联系与规律。

图 5-43 用手机进行微观观察

4. 基于课程实施中的答案检索

"工欲善其事，必先利其器。"在瞬息万变的信息时代，信息如同空气般无处不在。相关工作者早已将人类能够接收和利用的信息进行收集、整理和有序化，形成了丰富的资源库，其中既包含我们所需的资源，也提供了我们想知道的问题的答案。这些资源为各行各业的信息传递与检索、交流互动提供了便利，而掌握信息检索能力已成为现代学习和工作的必备技能。

信息技术助力儿童在活动探究过程中寻找答案、解决问题（如图5-44）。例如，在大班"旅游"主题活动中，孩子们为了制定出行攻略，提前在网上检索了目的地的景点和美食信息，并对机票购买、酒店预订和旅行路线进行了预先查询与了解。这些信息为孩子们制定出行攻略提供了重要参考，也为活动的深入开展提供了有力支持。再以"地铁"主题活动为例，当孩子们对铁轨的构造和运行产生浓厚兴趣时，教师引导他们通过观看科普视频、查阅图片和文字资料，了解铁轨的结构、材质、形状及铺设方式等。这种基于信息收集的自主探究模式，不仅满足了孩子们的好奇心，还培养了他们的自主学习能力和问题解决能力。

图 5-44　扫码观看操作流程

在开展不同类型的课程活动时，幼儿常常会遇到各种问题，而信息检索能够帮助他们在短时间内获取相关知识。例如，春天来临时，教师带领孩子们到小区踏春，孩子们讨论着叶子的形状和花朵的颜色，却无法准确说出它们的名字。这时，孩子们想到了微信的识图功能，借用教师的手机，很快识别出了黄鹌菜、红花酢浆草，还认识了木棉花、石榴树和凤凰花等。图像识别检索功能不仅拓宽了孩子们的认知范围，还激发了他们的主动探究兴趣。同样地，在制作"喷泉"项目的活动中，幼儿可能会遇到水无法向上流动的问题。这时，他们可以从游戏经验中寻找灵感，例如联想到泵、注射器、水枪等工具，猜测利用压力差原理可能实现水的向上流动。在形成初步结论后，幼儿通过网络信息进行答案求证，验证自己的猜想是否正确。这种从实践到理论，再从理论到实践的过程，不仅让幼儿在自主探究中获得了成就感，还让他们学会了如何运用信息技术获取知识、验证结论，从而提升了他们的综合能力与信息素养。

5. 基于课程实施中的流程追踪

在课程实施中，教师鼓励并支持幼儿提出问题并尝试解决问题，同时细心观察他们的行为表现，适时适度地介入，并肯定他们的游戏成果。幼儿行为观察所获得的信息是教师预设教育活动的重要依据。通过拍照、录像等信息技术手段跟踪记录整个游戏过程，能够客观呈现幼儿的行为表现，反映他们已有的经验水平，并为下一步的教学推进提供参考。①

例如，在沙水建构项目活动中，孩子们满怀热情地投入到沙水世界的创意构建中。活动初期，各小组的孩子们发挥想象力，绘制出独具特色的沙水建构设计图。这些设计图被拍照后上传至班级电子展示平台，全班孩子共同欣赏并投票选出最受欢迎的设计方案。随后，孩子们依据选定的方案，齐心协力地进行沙水建构。然而，在建构过程中，他们发现建构物容易变形。这时，教师利用信息技术开启录像功能，完整记录孩子们的建构过程及遇到的问题。孩子们围坐在一起观看录像，共同探讨问题的根源。通过反复观看和分析，孩子们发现沙的湿度、堆砌方法等因素都会影响结构的稳定性。教师还利用影像设备对孩子们的活动进行跟踪拍摄，特别是对表现突出或遇到困难的幼儿以及合作紧密的小组进行重点记录。随后，教师仔细研究这些影像资料，深入了解每个孩子的特点和需求，以便提供更精准的指导。在整个沙水建构项目课程中，教师以观察者的身份，借助拍照、录像等信息技术手段，全程细致观察孩子们的活动。这种方式不仅让教师全面了解项目课程的进展，还真实反映了孩子们的发展需求。信息技术的应用使教师能够更好地捕捉有意义的瞬间，为幼儿的学习和成长提供有力支持。同时，其鼓励孩子们积极提出问题、勇于尝试解决问题，让他们在沙水建构的游戏中尽情发挥创造力，真正沉浸其中，使沙水建构活动充满趣味与挑战。

6. 基于课程实施中的环节优化

幼儿以具体形象思维为主，主要依靠听觉和视觉来感知世界、认识事物。信息技术通过图片、视频、动画、音效等手段，使幼儿园的教学内容更加直观、形象和生动，能够更好地吸引幼儿的注意力，调动他们的感官，增强对教学内容的理解，使活动更具趣味性和互动性，促进幼儿思维的碰撞与发展。同时，信息技术为教师提供了信息化视角下的课程活动组织形式、教学策略应用、课堂互动策略、知识讲解模式和技能教授方式的优化路径，从而提升课堂

---

① 傅思情. 信息技术在幼儿项目课程中的应用："以大班"搭建舞台"为例 [C] // 中国管理科学研究院教育科学研究所. 教学质量管理研究网络论坛：文化艺术创新分论坛论文集(一). 2023.

效率与教学质量。①

（1）创设活动情境。

在音乐和语言活动中，教师通过播放图像、动画、多媒体课件、视频等信息技术手段创设情境。生动的音效和动态的动画形象能够刺激幼儿的多感官体验，结合具体的音效和节奏，迅速吸引幼儿的注意力，将他们带入学习状态，激发他们的想象力与联想力，增强情绪体验，加深对活动内容的理解，从而提高教学效率。例如，在小班歌唱活动"扮家家"中，教师选用的《扮家家》这首歌曲取材于幼儿园日常游戏情境，描述了幼儿扮演爸爸、妈妈炒菜的情节，曲调欢快，说唱结合，非常适合小班幼儿。活动开始时，教师将爸爸、妈妈做家务以及班级幼儿在娃娃家角色扮演的照片和视频片段制作成 PPT，配以音乐歌词和旋律进行播放。这种情境创设能让幼儿迅速融入音乐氛围，加深对旋律和歌词的理解，同时激发他们对音乐学习的兴趣。由此可见，在导入环节与信息技术有效融合，能够迅速将幼儿带入情境，引发共鸣，激发幼儿的学习兴趣。

（2）介入活动内容。

幼儿园教学活动的生动性和趣味性直接影响课堂效果和幼儿的发展。信息技术的多样性特点能够满足不同年龄段和不同兴趣爱好的幼儿的学习需求。教师可以结合幼儿的认知特点和实际需求，运用多种信息技术手段，促进幼儿的全面发展。在美术教学活动中，教师将虚拟现实（VR）技术引入美术作品鉴赏环节，使幼儿能够直观、生动地感知每幅作品的三维效果，营造沉浸式的观赏氛围，从而提升幼儿的审美能力。此外，教师还可以通过信息技术自制微课程并应用于教学实践。例如，在折纸、剪纸等复杂手工艺活动中，教师可以提炼核心要点和关键步骤，录制五分钟以内的微课视频。这类视频不仅明确了活动目标，还详细演示了制作流程、操作技巧和具体任务，鼓励幼儿自主学习。幼儿在操作中遇到困难时，可以随时回看视频，从而加深幼儿对美术教学内容的理解与掌握，激发他们的创造潜能，创作出更具新颖性的作品。

在科学活动"植物生长的秘密"中，教师使用计算机中的 Flash 动画展示动植物的生长变化过程，将难以用语言表达的植物生长现象生动呈现，帮助幼儿

---

① 张晓. 信息技术在幼儿园课程教学中的应用讨论与分析[J]. 中国新通信, 2024, 26(6)：132-134.

更好地理解自然规律。在活动的总结提升环节，教师可以利用信息技术时代性强、资源种类繁多等特点，利用网络资源进行知识拓展。例如，在"报纸的妙用"或"有趣的杠杆"等活动中，网上丰富、全面且充满创意的作品让幼儿了解到生活中难以直接接触的事物，为他们进一步感知生活、探索世界提供了积极支持。

信息技术的直观性和动态性特点，无论是通过动画视频资源展示，还是通过情境创设，都能够实现教学形式与教学内容的深度融合。这种融合不仅吸引了幼儿的注意力，还实现了"教"与"学"的统一，从而有效提升了教学质量。

7. 基于课程实施中的内容拓展

开展灵活的学习活动和有效的拓展活动是培养幼儿综合能力的重要环节。然而，当前幼儿教育面临学习模式僵化、资源单一及视野受限等问题。因此，幼儿教师需基于现有课程体系，充分利用信息技术，激发幼儿进行多元化拓展学习，以促进其个性化成长和全面发展。例如，教师可以主动筛选网络视频资源，向家长推荐符合幼儿认知特点且具有教育意义的微信公众号、抖音视频号、教学 APP 等资源，或选择性推送适合幼儿认知特点的短视频，如科学实验小游戏、跳绳技巧、篮球基础教学等内容。同时，引导家长根据幼儿的实际情况，辅导孩子选择性观看这些资源。此外，教师还可以通过线上直播、线上互动交流等方式开展高质量的家长工作，帮助家长更好地支持幼儿的学习与发展。①

（三）巧用信息技术，助力课程多元评价

教学评价是幼儿教育教学实践中的重要环节，多元化与高质量的评价不仅是课程实施科学性与合理性的依据，也是推动课程优化与改革的有效途径。它为幼儿的成长与发展提供了重要的指导作用。在教育信息化的背景下，信息技术已广泛应用于学前教育事业。幼儿园在课程评价环节中合理引入信息化教学模式，能够有效提升评价的客观性与合理性，从而更好地促进幼儿的全面发展与全面提升。

---

① 张晓. 信息技术在幼儿园课程教学中的应用讨论与分析[J]. 中国新通信，2024，26(6)：132-134.

1. 评价内容可视化

信息技术的应用显著增强了教学评价的交互性。在信息技术的支持下，幼儿教师能够采用更加多元化的评价方法和维度对幼儿进行评价。同时，幼儿作为重要的评价主体，可以参与到自评和互评中，从而实现评价主体的多元化。[①] 例如，在主题或项目活动完成阶段性探索时，或在某一活动或区域活动结束后，教师通过播放活动过程中录制的视频，再现幼儿的活动场景、言语动作、合作交往及作品完成情况。这种方式不仅帮助教师了解课程实施和活动开展中的具体情况、存在的问题及所需的支持，还能与幼儿互动，共同分析问题并寻找解决办法（如图5-45）。通过活动场景的再现，幼儿能够对自己的学习发展有更清晰的认知。这种再现不仅是儿童经验的回放，也是教师教学现场的再现。教师以旁观者的视角重新审视教学活动的各个环节，发现其中存在的问题与不足，例如教学方法的有效性、幼儿的参与度、时间分配的合理性等。在此基础上，教师可以深入分析原因，探索改进的方向和方法，从而提升教学质量，实现课程建构与实施的优化。

图5-45 游戏回顾互动评价

---

① 燕绍兰. 信息技术在幼儿教学评价中的重要性与应用研究[J]. 当代家庭教育，2024(4)：149-151.

2. 评价体系智能化

研究发现，信息技术的应用使教师能够更精准地获取相关数据，并通过科学分析有效提升教学评价的全面性和精准性，切实发挥教学评价的指导作用。例如，在幼儿园体育活动中，教师可以为幼儿佩戴运动手环等设备，实时监测多项关键运动数据。步数的统计能够直观反映幼儿的活动量，帮助教师了解他们在体育活动中的活跃程度；心率监测则像一位健康的守护者，时刻关注幼儿的身体状态，通过观察心率变化，教师可以判断运动强度是否适宜，避免幼儿过度疲劳或运动不足；运动距离的记录则能为教师设计更合理的体育活动路线提供参考。此外，运动数据的监测与分析还可用于评估体育活动的效果。教师可以根据数据反馈，调整活动内容和难度，确保活动既具有挑战性，又能满足幼儿的发展需求。同时，教师可以依据《3-6 岁儿童学习与发展指南》和《幼儿园保育教育质量评估指南》，结合幼儿园课程实施现状，制定科学的课程实施及儿童发展评价指标和权重。教师还可以借助软件自动生成评价结果，如幼儿发展水平雷达图，直观展示幼儿的优势与不足。通过对幼儿进行长期跟踪，分析其发展趋势，教师能够更好地反思课程建构与实施，从而不断提升保教质量。

3. 评价途径便捷化

现阶段，家园协作是幼儿教育教学实践中必须关注的重点。信息技术的应用使家园协作评价成为可能。通过在线平台，教师可以实时向家长反馈幼儿在课程中的表现，例如通过上传照片、视频及文字评语的方式进行反馈；家长也能上传幼儿在家的活动记录，双方共同完善评价信息，形成家园共育的合力，促进幼儿的全面成长。

总之，在幼儿教学评价中应用信息技术不仅是可行的，也是教育改革发展的必然趋势。信息技术的融入能够有效增强教学评价的时效性、智能性和趣味性，推动教学评价向多元化、立体化方向发展。同时，它还能帮助幼儿、教师与家长共同参与评价，提升评价的人性化水平。[①]

信息资源无时无刻不在影响着我们的生活，也推动着教育的飞速发展。今

---

① 燕绍兰. 信息技术在幼儿教学评价中的重要性与应用研究[J]. 当代家庭教育，2024(4)：149-151.

天，将信息资源及技术融入课程实施不仅是教育的需求，更是时代发展的必然。它不仅助力幼儿的学习与探索，还促进了教学质量的不断提升，为教学创新提供了无限可能，同时更好地促进了教育公平。信息资源的开发利用紧密贴合学前教育信息化的发展趋势，深刻体现了对《幼儿园教育指导纲要（试行）》精神的贯彻与实践。然而，在教育信息化建设的整体进程中，学前教育信息化仍处于初期发展阶段，尚未实现广泛普及。许多人对信息技术的功能认识不足，其作用容易被忽视，其影响也未能引起足够的重视。这些认知和观念上的局限，将在不同程度上制约教育的发展与改革。

展望未来，随着信息技术的不断进步，信息资源将在课程实施中扮演更加关键的角色。虚拟现实（VR）、增强现实（AR）等技术将使学习体验更具沉浸感和互动性，幼儿或许能够在教室中感受天地万物，甚至"穿越时空"去体验真实的历史场景；人工智能则为幼儿提供更加个性化的学习渠道。可以预见，信息技术将持续重塑教育的面貌，为培养适应未来社会发展的创新人才奠定坚实基础。幼儿园必须重视并加强对现代化信息资源在课程中的开发与运用，加大对信息技术的学习力度，积极拥抱教育信息化，让信息资源更好地为我们所用，助力我们打造更加智能化、个性化和国际化的学前教育。

第五节　文化资源的有效实施策略

在全球化和现代化的大背景下，传统文化和本土文化的传承与创新面临着前所未有的挑战与机遇。幼儿园作为儿童接触的第一个"小社会"，在文化传承与教育中扮演着至关重要的角色。如何有效利用文化资源，使幼儿在快乐的学习体验中理解和热爱传统文化，成为当前幼儿园教育的重要课题。其根本目的在于培养幼儿能够自觉、积极地将习得的优秀文化转化为自己的行为实践，从而为文化传承注入新的活力。

一、文化资源在幼儿园课程建设中的价值

在社会和教育不断发展的背景下，文化资源在幼儿园教育中的价值日益凸

显。这些资源不仅丰富了幼儿园的课程内容，还促进了幼儿对传统文化的理解和热爱，对幼儿的全面发展具有深远意义。

（一）满足文化传承的需要

文化资源的开发利用有助于传承与弘扬民族文化。幼儿园作为文化传承的重要阵地，肩负着将民族文化传递给下一代的重要使命。通过开发和利用传统文化、地方文化和本土文化资源，幼儿园能够让幼儿在潜移默化中接受中华文化的熏陶，从而培养他们的文化自觉和文化自信。这种自觉和自信不仅有助于幼儿形成正确的文化观和价值观，还能让他们在未来的生活中成为中华文化的传播者和弘扬者。例如，将客家文化、吴文化等地方文化资源融入幼儿园课程，通过讲述地方历史故事、展示地方文化特色等方式，让幼儿了解家乡的文化底蕴，从而培养他们的家乡情怀和文化认同感。

（二）建立幼儿的文化自信

文化资源的开发利用有助于增强幼儿对传统文化的认同感，建立文化自信。例如，幼儿园通过开发和利用传统文化课程资源（如传统节日、民俗活动、历史故事等），让幼儿在亲身体验中感受传统文化的魅力，从而培养他们对传统文化的热爱和尊重。这种认同感不仅有助于幼儿形成积极的自我认知，还能增强他们的民族自豪感和自信心。

（三）助推幼儿园课程质量提升

幼儿园在长期的课程建设与改革中要充分渗透文化要素，尤其是地域特色，由此形成的课程文化所承载的内涵才是鲜活的。幼儿园通过开发和利用本土文化、地方文化资源，如自然风光、历史遗迹、民俗传统等，为幼儿提供了丰富多彩的学习体验。这些资源不仅丰富了课程内容，还提高了课程的趣味性和实效性。此外，这些资源的开发利用还促进了幼儿园教师的专业成长，提升了他们的课程设计和实施能力，进而提高了幼儿园课程的整体质量。

二、文化资源的有效实施策略

为了更好地发挥文化资源的价值，幼儿园需要采取一系列有效的实施策略。

教师要树立"以文化人"的教育理念，认同文化传承与创新从小培养的重要性，在游戏环境创设过程中要有融入传统文化与地域文化的意识。在我国多民族的背景下，教师还要特别关注来自不同家庭幼儿的家庭文化，将其纳入班级社会文化环境中。

幼儿园从公共空间到班级区域环境的布置、各项活动的开展以及游戏材料的提供等方面，应全面体现文化融合。例如，充分运用地方建筑、戏剧、民间工艺与自然资源等特色，让幼儿与非物质文化遗产、民间传统手艺等保持互动。通过亲身体验和动手操作，让文化"活"起来，让文化不仅可欣赏、可亲近，还可参与、可互动。幼儿园应以幼儿能感受和理解的内容与形式营造富有美感、充满朝气的游戏环境，让幼儿沉浸在浓厚的文化氛围中。

（一）文化适宜性策略

文化适宜性是指教育要适应幼儿的文化背景，文化资源的开发利用要体现因地制宜、因园制宜的理念。

在应用文化适宜性策略时，幼儿园开发利用文化资源需考虑基本国情，课程改革必须适应社会文化变革的需求，同时文化资源的利用要符合时代性要求，取其精华，去其糟粕。此外，随着社会的开放和全球化进程，幼儿园应鼓励多元文化的交流与学习，通过引入不同民族、国家的文化元素，培养幼儿的国际视野和文化包容性。

首先，幼儿园应立足中华优秀传统文化。在全球化与多元化背景下，幼儿园课程改革在吸收外来文化中有益成分的同时，应更加注重传承和发扬中华优秀传统文化。关注中华优秀传统文化的传承与发扬，并不排斥其他文化中对幼儿园课程建设有益的元素。文化的交流与碰撞有助于文化的繁荣发展，但在课程编制与实施中，中华优秀文化及其核心价值应占据主导地位。

其次，幼儿园在课程实施过程中，应根据幼儿的文化背景和认知特点，对课程内容进行适当调整和补充，以满足幼儿的文化需求和发展需要。幼儿园应注重文化回应，关注幼儿对传统文化的理解与认同情况，及时调整课程内容和方法，以促进幼儿对传统文化的热爱与传承。例如，在教授传统节日时，幼儿园可以根据幼儿的文化背景和家庭习俗，对节日习俗活动进行适当调整和讲解，帮助幼儿在理解的基础上更好地接受和传承传统文化。

（二）多元整合性策略

多元整合性策略体现的是文化资源及其转化的课程内容多样性，以及文化资源与自然资源、社会人文资源等各类资源之间的相互依存与协调发展。

首先，政府应高度重视文化资源整合工作，并在各级政府中成立相应的领导小组或部门，统筹协调相关工作。这些机构负责制定文化资源整合的政策和规划，确保资源的有效利用。同时，政府还应提供必要的经费支持，为文化资源的保护、开发和利用提供物质保障。在整合机构建设方面，幼儿园应与地方政府、文化部门、教育机构等建立紧密的合作关系，共同推动文化资源的整合和利用。通过资源共享和互通有无，打破界限，实现多元化发展。此外，幼儿园还可以成立专门的文化资源管理部门或平台，负责资源的收集、整理、分类和存储工作，为课程的开发和利用提供便捷的服务。[①]

其次，幼儿园应充分利用多种教育资源进行文化教育。例如，可以组织幼儿观看传统文化题材的动画片、纪录片等，让幼儿在轻松愉快的氛围中了解和学习传统文化。同时，幼儿园还可以利用网络资源进行文化教育，如通过网络平台开展在线文化教育活动，让幼儿在交流互动中感受和学习传统文化。

（三）全面渗透性策略

文化资源的内涵广泛，文化资源全面渗透性策略就是从显性到隐性，打通实施路径，让文化资源全面融入幼儿的学习和生活中。

首先，融入课程。教师应根据幼儿身心发展特点和课程目标，将本土文化资源有机融入课程中，形成系统、完善的课程体系。同时，教师还应注重课程的评价和反馈机制，及时收集和分析幼儿在课程中的表现，以便对课程进行调整和优化。

其次，融入学习环境。环境是教育的重要资源，也是幼儿学习的重要载体。幼儿园应创设富有文化特色的教育环境，让幼儿在潜移默化中感受和学习中华优秀传统文化。例如，可以在幼儿园的墙面、走廊等空间布置具有传统文化元素的装饰，如中国结、剪纸、国画等，营造浓厚的文化氛围。

---

① 李燕，骆丹丹，吴丹，等. 儿童视角下信息技术与幼儿园课程整合的形态与实践路向[J]. 学前教育研究，2023(8)：83-86.

最后，融入游戏和日常生活。游戏是幼儿的基本活动，也是幼儿学习的重要方式。幼儿园应将文化资源融入游戏中，让幼儿在游戏中感受和学习传统文化。例如，可以设计具有传统文化元素的游戏材料，如传统服饰、传统玩具等，让幼儿在游戏中了解传统文化的符号和象征意义。同时，幼儿园还可以将文化资源融入幼儿的日常生活中。如通过组织传统节日庆祝活动、传统艺术表演等方式，让幼儿在参与和体验中了解和学习传统文化。此外，幼儿园还可以从幼儿的日常生活中的细节切入进行文化教育，如通过饮食文化、礼仪文化等方面的教育，让幼儿在日常生活中感受和学习传统文化。

文化资源在幼儿园教育中具有不可替代的价值。通过加强文化资源的适宜性、整合性和渗透性等策略的实施与利用，幼儿园能够更有效地发挥文化资源的价值，促进幼儿的全面发展和对传统文化的理解和热爱。同时，这些策略的实施也有助于提升幼儿园的课程质量和教育水平，为培养具有文化素养和民族情怀的新一代人才奠定坚实基础。

第六章
课程资源在不同教育形态中的运用

课程资源作为幼儿保育教育质量提升的关键因素，其重要性不言而喻。它犹如纵横交错的脉络，渗透于幼儿教育的各个层面，深刻影响着幼儿认知、情感及社会技能的发展。幼儿园教育以其独特且多元的教育形态，构建起一个有机整合的教育生态体系。从项目活动、生活活动到大型活动再到区域活动，都是幼儿园开展教育活动的不同形态。如何基于不同教育形态的特点与需求，实现课程资源的优化配置与深度整合，通过适宜的教学策略与表达方式，将资源内化为幼儿的学习经验与发展成果，是幼儿园需要解决的关键问题。深入剖析课程资源在幼儿园不同教育形态中的运用机制，不仅有助于揭示幼儿学习与发展的内在规律，更能够为幼儿园教育实践提供具有前瞻性与可操作性的指导策略。

第一节 课程资源在项目活动中的运用

20 世纪初期，美国教育家约翰·杜威（John Dewey）创立了实用主义教育理论体系。在其 1938 年出版的《经验与教育》一书中，他系统阐述了"教育即生活"的核心主张，强调教育是通过经验传递实现社会延续的机制，并开创性地提出"做中学"的教学方法论基础。[①] 这一思想的形成受到进步主义教育先驱弗朗西斯·韦兰·帕克（Francis W. Parker）的深刻影响，杜威在参与进步主义教育运动（19 世纪末至 20 世纪中叶）期间，旗帜鲜明地反对传统教育的知识灌输模式。他主张幼儿园课程应植根于儿童的真实生活经验，明确提出"学校科目联结的核心应是儿童的社会生活实践"这一革命性观点。

---

① 李建欢. 幼儿园项目教学中课程资源建设的实践研究［J］. 东方娃娃（绘本与教育），2024（10）：55-57.

项目教学法的理论建构始于 1918 年杜威学派学者克伯屈（William Heard Kilpatrick）发表的论文《项目教学法：教育中有目的活动的应用》。该文首次从学术层面界定了"项目教学"概念体系，引发全球教育界的理论争鸣与实践探索。英国教育界在 20 世纪中期开展的"综合日"改革与"非正规教育"实践，均体现了项目教学理念的在地化发展。至 20 世纪六七十年代，美国在整合各国实践经验的基础上，逐步形成具有本土特色的"开放教育"模式，标志着项目教学理论的成熟化发展。①

在我国，教育体系对项目教学理论的系统引介始于 20 世纪 90 年代，该模式率先在中小学实现实践转化，形成较为成熟的实施框架。相较之下，学前教育领域对项目教学的理论研究与实践探索长期处于边缘状态。这一格局随着 21 世纪初教育改革深化而改变：2001 年《幼儿园教育指导纲要（试行）》的颁布推动了课程体系重构，同期瑞吉欧·艾米利亚教育模式（Reggio Emilia Approach）通过学术译介传入国内，其"项目活动"理念为学前教育注入新范式。

一、项目活动的概念

项目活动作为建构主义理论指导下的课程范式革新，其本质是以儿童认知发展规律为基础的情境化学习系统。该模式遵循维果茨基"最近发展区"理论框架，强调在教师专业框架的支持下，围绕儿童自发生成的兴趣焦点，展开深度主题探究。在此过程中，学习者通过社会文化互动实现知识建构，其认知发展路径呈现螺旋式上升特征。从操作维度分析，项目活动的实施架构包含三大核心要素：第一，主体性建构原则，即以幼儿的兴趣图谱作为课程生成基点；第二，问题导向机制，设计"认知冲突—探究反思—元认知提升"的循环学习链；第三，社会协作网络，构建包含同伴、教师、社区资源的多主体交互空间。

在教师专业发展层面，项目活动引发教学范式的三重转变：一是角色定位从知识权威转向认知中介者，二是教学设计从预设流程转向动态生成，三是评价体系从结果导向转为过程性成长档案。这种转变要求教师具备课程敏感度、

①　游侠安芸，高亘，魏铭. 追随幼儿需求，支持幼儿在游戏中的深化发展：基于"木梯造车记"的游戏案例[J]. 成才，2022(18)：40-44.

观察解析力及反思实践能力，形成"计划—观察—支持—反思"的专业行动循环。

二、课程资源在项目活动中的价值及意义

在当今学前教育实践中，课程资源的有效利用对于项目活动的开展起着至关重要的作用。这些资源不仅为教育活动提供了丰富的素材基础，更为幼儿探索与学习搭建了多维度的成长平台。以下将从三个方面阐述幼儿园课程资源在项目活动中的意义和价值。

（一）支持幼儿个性化发展

幼儿期是认知发展的奠基阶段，儿童通过多感官通道与环境的交互作用，逐步建构对世界的理解。在幼儿园项目活动中，课程资源的开发与运用应以满足幼儿发展需求为核心价值取向。

以"幼儿造船大冒险"项目活动为例，首先，在直接经验层面，教师引导幼儿通过折纸船、观察公园游船及玩具船模等具体活动，系统记录船舶的外观特征、结构组成与功能属性，帮助幼儿建立初步的认知图式。这一过程充分体现了杜威"做中学"的教育理念，使幼儿在动手操作中获得直观经验。其次，在经验拓展层面，教师整合多媒体资源与幼儿生活经验，通过播放船舶视频、分享乘船经历等方式（如图6-1），引导幼儿了解不同类型船舶的材质特征、动力系统与航行原理，实现认知的横向拓展。这种基于比较的学习方式有助于培养幼儿的观察能力和分类思维。最后，在文化认知层面，教师精选适龄的船舶主题绘本、航海科普动画等课程资源，通过故事讲述、角色扮演等多样化形式，帮助幼儿理解船舶在人类交通史、贸易发展中的重要地位，促进其社会认知与文化理解能力的提升。在实践探索环节，幼儿进入造船体验阶段。教师提供多元化的材料选择，包括环保纸张、再生塑料瓶、轻质木材等，引导幼儿思考材料特性与船舶功能的关系。幼儿通过小组合作，尝试设计不同船体造型与结构（如图6-2），探索重心分布、浮力原理等科学概念。在动手实践过程中，幼儿运用拼接、粘贴、组装等基本技能，不断优化船体结构，解决船舶稳定性、载重能力等技术难题（如图6-3、图6-4）。这一过程不仅培养了幼儿的工程思维，也促进了幼儿问题解决能力的发展。教师适时提供支架式指导，帮助

幼儿将实践经验转化为科学认知，实现从具体操作到抽象理解的跃迁。

图 6-1　教师讲解船的结构

图 6-2　幼儿的设计图

图 6-3　幼儿合作制船

图 6-4 幼儿试验制作好的船

这种基于幼儿认知特点与兴趣倾向的课程资源利用，使项目活动成为幼儿个性化成长的有力支撑，让每个孩子都能在适宜的学习环境中获得充分发展。

（二）推动课程内容的深度整合和多元化

幼儿园课程建设需要构建丰富多元的资源支持系统，以确保课程内容的科学性、系统性与时代适应性。课程资源在项目活动中的深度整合与创造性运用，为幼儿园课程的持续优化与创新发展提供了重要保障。以"自制取水装置"项目活动为例，其充分展现了课程资源在支持幼儿深度学习中的关键作用。

在真实生活情境中，幼儿在户外厨房活动时面临取水不便的实际问题，由于缺乏直接水源，每次用水都需要往返取水。这一真实困境激发了幼儿的探究兴趣，他们提出了驱动性问题："如何设计一个便捷的取水装置?"这一问题开启了幼儿基于真实需求的深度学习之旅。

在问题解决过程中，幼儿展开了系统的材料探究。他们收集并尝试各种生活材料(如图 6-5)，包括塑料瓶、吸管、海绵等常见物品，甚至引入小型压水泵等专业工具。通过创造性组合与实验(如图 6-6)，幼儿深入思考材料特性与装置功能的关系，比如塑料瓶的容量与形状对储水效率的影响、吸管直径与长度对水流速度的调节作用、海绵的吸水性能等。这一过程不仅培养了幼儿的观察力与分析能力，更促进了其工程思维与科学探究能力的发展。

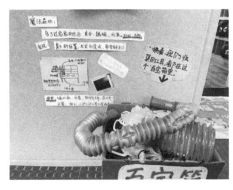
图6-5　收集取水装置的材料

图6-6　幼儿合作制作取水装置

在小组协作实践环节，幼儿进入深度学习的关键阶段。他们通过集体讨论确定取水装置的设计方案，并根据个人特长进行任务分工：有的负责材料剪裁与塑形，有的专注于部件连接与固定，有的则承担功能测试与优化工作。在实践过程中，幼儿会遇到装置密封性不足、取水效率低下等技术难题，这些挑战促使他们深入分析问题成因，并通过调整连接方式、改进材料选用等策略寻求解决方案。持续的试错与改进过程，不仅培养了幼儿的工程思维，也提升了其问题解决能力。

这种基于真实问题的项目活动，实现了科学、技术、工程、数学等多领域资源的有机整合，突破了传统分科教学的局限，使课程内容更具综合性与实践性。同时，通过项目活动的过程性评价与反思，幼儿园能够及时诊断课程实施中的问题，动态调整课程目标与内容结构，实现课程的持续优化。从课程建设的宏观视角来看，多样化课程资源在项目活动中的创造性运用，不仅促进了园本特色课程体系的构建，更为培养幼儿的核心素养提供了有力支撑，为提升幼儿园教育教学质量奠定了实践基础。这种以资源为依托、以项目为载体、以问题为导向的课程实施模式，充分体现了现代幼儿教育的发展方向。

（三）激发幼儿的创新思维与实践能力

在教育现代化背景下，幼儿园教育教学改革势在必行，而课程资源在项目活动中的创新应用正成为改革的重要着力点。以"宇宙的奥秘"项目活动为例，幼儿运用塑胶板、卡纸、PVC管等多样化材料，突破传统建筑思维定式，构建富有创意的空间站模型。他们基于对太空生活的想象，设计出包含控制台、计算机系统、操作面板等功能模块的空间站结构。在搭建过程中，幼儿需要解决结构稳定性、材料适配性等技术难题，这一过程有效培养了其空间想象力与工程思维能力。这种以幼儿为主体的项目活动模式，颠覆了传统的教师主导式教学，充分激发了幼儿的学习主动性与创造性。在"小小科学家"项目活动中，科学实验器材、科普读物、科学家传记等资源的整合运用，点燃了幼儿的科学探究热情。通过自主设计实验方案、系统观察记录、分析实验数据，幼儿逐步掌握科学研究方法，培养严谨的科学思维。这些实践案例表明，课程资源的有效利用正在推动幼儿园教育实现三个重要转变：从知识灌输转向能力培养、从被动接受转向主动探究、从单一认知转向全面发展。这种转变不仅为幼儿的终身学习奠定了基础，也为幼儿园教育教学改革指明了新方向。

课程资源在项目活动中的价值主要体现在三个维度：其一，通过精准对接幼儿发展需求，为每个幼儿提供个性化成长路径，使其在亲近自然、探索世界的过程中实现全面发展；其二，推动课程体系的持续优化，以多元资源整合促进园本特色课程建设；其三，深化教育教学改革，突破传统教学模式局限，培养幼儿的创新精神和实践能力。课程资源与项目活动的深度融合，犹如教育的双翼，助力幼儿园教育向着更高质量、更符合幼儿发展规律的方向腾飞，不仅为幼儿的未来发展奠定坚实基础，也为整个学前教育领域的改革创新注入持续动力。

三、项目活动中课程资源的运用

在项目活动中，课程资源的有效运用具有多重教育价值。其一，课程资源的多元化整合能够显著提升教学内容的丰富性与多样性。通过有机融合文本资料、图像素材、音视频资源等多种媒介形式，使抽象的知识概念具象化、可视化，有助于幼儿建立直观认知，促进其对知识的深度理解与内化。其二，课程资源的创新运用能够有效激发幼儿的探究兴趣与学习动机。当教师精心设计富有挑战性和趣味性的活动内容，并配以适宜的资源支持时，能够充分调动幼儿的参与热情。其三，课程资源的开放性特征为幼儿自主学习提供了有力支持。在项目活动中，教师可以创设资源丰富的学习环境，让幼儿根据个人兴趣选择探究主题，自主规划学习路径。这种学习方式不仅培养了幼儿的自主学习能力，也促进了其批判性思维和问题解决能力的发展。其四，课程资源的实践性特征为幼儿提供了丰富的动手操作机会。通过将实物资源（如科学实验器材、建构材料、艺术创作工具等）与项目活动有机结合，幼儿能够在"做中学"的过程中实现理论知识与实践技能的融会贯通。这种实践导向的学习方式有助于培养幼儿的动手能力、创新思维和实践智慧。总之，在项目活动中科学合理地运用课程资源，能够为幼儿创设一个丰富多元、充满趣味、自主开放且注重实践的学习环境，从而有效促进幼儿认知、情感、社会性等多维度的全面发展。

（一）案例 1："趣搭滚珠轨道，乐玩'保龄球'游戏"

1. 活动缘起

《幼儿园教育指导纲要（试行）》明确指出，幼儿园应"以游戏为基本活动"，"寓教育于生活、游戏之中"。这一教育理念在我国得到了生动体现：当幼儿园引入一批新材料时，幼儿们表现出强烈的好奇心与探索欲。在自由探索过程中，幼儿们自发地用滚珠撞击周围的物体，其中一位幼儿创意性地提出"保龄球"游戏构想——在终点放置目标物，让滚珠从高处轨道滚落击倒目标。这一游戏创意立即引发了同伴们的浓厚兴趣，"保龄球"游戏项目由此展开。

在轨道搭建过程中，幼儿遇到了技术性难题（如图 6-7）：滚珠无法顺利到达终点。这一现象引发了一系列探究性问题：为什么滚珠在平坡会停止？为什么滚珠难以爬坡？这些问题为深度学习提供了契机。基于幼儿较强的探究能力，教师可以引导其思考材料特性、运动轨迹、坡度设计、表面摩擦力等因素对速度的影响，甚至探索减速装置的制作原理。

教师采用探究式学习策略，鼓励幼儿自主发现问题、分析问题并尝试解决问题。这种教学方式不仅培养了幼儿良好的学习品质，如专注力、独立思考能力和问题解决能力，还能让幼儿在成功解决问题时获得成就感与自信心。这一探究主题既符合幼儿的认知特点，又能满足其好奇心和探索欲，是开展项目活动的理想切入点。通过这样的活动，幼儿在游戏中学习，在探索中成长，充分体现了"玩中学"的教育理念。

图 6-7　幼儿提出问题

2. 资源运用

在开展"趣搭滚珠轨道，乐玩'保龄球'游戏"项目活动时，课程资源得到了充分的运用，详见表 6-1。

表 6-1　"趣搭滚珠轨道，乐玩'保龄球'游戏"资源表

资源类型	具体资源	资源作用
物质资源	滚珠	探索轨道滚动原理，了解阻力、摩擦力、势能转化为动能等物理概念和科学原理
	挡板、椅子、整套轨道积木	搭建轨道，调整滚珠滚动路径，防止滚珠弹出，加高底部，锻炼协调能力和创新能力
	雨布、水瓶等	防止滚珠掉落，观察雨布特性，使用水瓶作为"保龄球"游戏目标物
	幼儿园场地	提供充足空间，利用楼梯坡度和教室进行活动
人力资源	教师	了解幼儿的游戏经验，引导幼儿探索、总结与反思
	幼儿	培养自主探索能力、合作与交流能力
	家长	提供情感支持和鼓励，提供额外资源，参与活动
文化资源	科学文化	科学长廊展示材料和说明，培养科学精神和探究能力
	本土文化	利用本土资源，增强对幼儿园环境的熟悉感和归属感，提升本土认知和情感体验
信息资源	一体机、摄像机、网络	拍摄活动现场，利用一体机等设备进行回顾分享，帮助幼儿发现和解决问题

3. 预期规划

根据幼儿的兴趣和学习特点，预设活动以三个阶段展开：探索滚珠准确到达终点、搭建更长的滚动轨道、"保龄球"游戏（见表6-2）。

表6-2　预期规划阶段表

阶段一： 探索滚珠准确到达终点	阶段二： 搭建更长的滚动轨道	阶段三： "保龄球"游戏
1. 集体讨论活动：为什么滚珠无法到达终点 2. 实践活动：搭建可使滚珠滑落到终点的轨道 3. 了解物体滚动的原理	1. 集体讨论活动：如何搭建更长的轨道 2. 小组活动：规划搭建的位置及长度	1. 集体讨论活动：如何进行"保龄球"游戏 2. 小组活动：设计"保龄球"游戏

4. 游戏条件

游戏环境：提供充足的游戏场地及足够的游戏时间，支持幼儿自由自主地探索。

游戏材料：滚珠、挡板、椅子、整套轨道积木、雨布、水瓶等（见图6-8）。

图6-8　游戏材料

5. 活动准备

（1）幼儿的兴趣。

"兴趣是最好的老师。"教师要善于发现并抓住孩子的兴趣点，再通过各种活动提高孩子的兴趣，激发他们探索新事物的欲望，同时也要保护他们的好奇心。幼儿是天生的探索家，喜欢探索具有挑战性的活动，轨道"保龄球"活动对于大班的幼儿来说有一定的挑战性，并且游戏的新颖性更能引起大班幼儿的兴趣。

（2）幼儿的前期经验。

幼儿已具备自主探索的能力，可以发现问题、提出问题，并与同伴共同商讨解决问题。

如果幼儿在生活中有过玩保龄球的经验，可将经验迁移到活动中。

（3）教师的经验准备。

教师应提前了解幼儿的游戏经验，根据幼儿的经验预设活动内容。

教师应有相关物理概念和科学原理的知识储备，例如：阻力、摩擦力、势能转化为动能、运动惯性等。

6. 活动过程

（1）第一阶段：探索滚珠准确到达终点。

幼儿们怀着极大的热情开始搭建轨道，他们对新的轨道材料充满好奇。每个孩子都积极参与，将一段段轨道仔细拼接起来，很快就搭成了一条长长的轨道。但是，当他们把滚珠放上去后，却发现滚珠始终无法顺利到达终点（见图6-9）。

图6-9 滚珠无法到达终点

教师精准地察觉到这一状况，便引领幼儿展开集体讨论。在讨论过程中，幼儿们尽情施展自身的想象力与思考力，大胆地分析原因。有的幼儿认为是挡板所处的位置不恰当，或是挡板的形状干扰了滚珠的滚动路径；有的幼儿认为是搭建的弧形轨道给滚珠的滚动带来影响，弧形轨道或许会使滚珠的运动方向出现变化，或者增添了滚珠滚动的阻力。通过讨论，幼儿们共同商议了解决办法。比如，针对挡板的问题，他们试着对挡板的位置与角度进行了调整，把挡板挪到更为合适的位置，或者改变挡板的倾斜角度，让滚珠更为顺畅地滑落；针对弧形轨道的问题，他们尝试将弧形轨道调整成更有益于滚珠滚动的形状，或者在弧形轨道上增添一些辅助性装置，比如在轨道铺上一层光滑的材料，以此减小阻力。通过一系列的调整，滚珠终于缓缓滑至终点。

此时，幼儿再次提出问题：如何才能让滚珠快速滑入终点呢？基于这一问题，教师引导他们探索物体运动的相关概念和科学原理，如阻力、摩擦力、势能转化为动能、运动惯性等。幼儿们展开积极探索，在幼儿园的环境中寻找灵感。有的幼儿发现科学长廊旁边的楼梯具有合适的坡度，可以利用这个坡度来搭建轨道，让滚珠更快地滑入终点。于是，他们将轨道转移到楼梯上进行搭建（见图6-10）。这一解决方案不仅体现了

图6-10 更换搭建位置

幼儿的空间感知与问题解决能力，更彰显了幼儿园本土资源——科学长廊与楼梯结构的教育价值。通过将日常环境要素转化为学习资源，幼儿在实践中深化了对物理概念的理解，实现了经验与认知的有效建构。

在持续探究过程中，教师通过专业引导与支持，充分发挥人力资源优势，帮助幼儿突破认知瓶颈。幼儿创造性地运用物质资源，通过改变活动场地（利用楼梯的坡度）和添加辅助材料（安装挡板），为滚珠运动创造了理想条件。这种环境改造使幼儿能够直观地观察滚珠在不同坡度下的运动轨迹与速度变化。教师适时介入，引导幼儿通过对比实验，探究坡度与滚珠速度的关系，帮助幼儿建立初步的物理概念。在轨道优化过程中，幼儿发现滚珠存在脱轨现象（如图6-11），经过小组讨论与方案论证，他们决定增加挡板装置（如图6-12）。这一改进过程不仅培养了幼儿的观察能力与问题解决能力，也促进了其工程思维的发展。

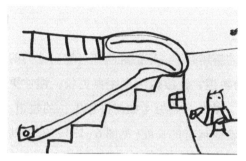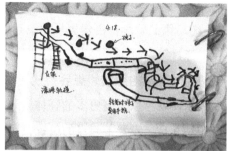

图 6-11　幼儿发现问题

图 6-12　增加轨道挡板

观察思考：在"探索滚珠准确到达终点"的活动中，幼儿充分利用了以下多种资源。

人力资源：首先，教师敏锐地捕捉到滚珠无法到达终点的教育契机，通过组织集体讨论激发幼儿的问题意识；其次，在探究滚珠快速滑行的问题时，适时引入物体滚动的科学原理（如重力势能转化等），为幼儿的探索提供理论支撑。

物质资源：滚珠和轨道积木是搭建的基础，幼儿通过反复搭建与调试，理解结构与功能的关系；挡板的引入与调整（位置、角度、数量）体现了幼儿的问题解决能力，这一过程培养了其工程思维；此外，楼梯坡度的创造性利用，不仅解决了滚珠的加速问题，更拓展了探究的深度。

信息资源：通过影像记录下幼儿的探索过程，这些记录可以帮助幼儿回顾探究历程，使其能够更好地总结经验，从而更深入地理解轨道搭建与滚珠滚动的知识，进一步推动探究活动的开展。

(2)第二阶段：搭建更长的滚动轨道。

经过第一阶段的探索，幼儿对轨道的搭建有了一定的经验和兴趣。他们的脑中充满了新的想法，想要搭建更长的轨道，让滚珠滚得距离更长，惯性更大，这样就可以打倒更多的物体。于是，幼儿开始思考如何搭建更长的轨道。有的幼儿重新设置了起点的位置，延长轨道运行的长度(见图6-13)；有的幼儿在不同的地方设置了弯道等。然后，他们按照自己的设想开始分工合作搭建轨道。在搭建过程中，新的问题又出现了：如何防止滚珠从网洞中掉落。

图6-13　重设起点，延长轨道

针对新的问题，幼儿开始在园内寻找可防止滚珠从网洞掉落的材料，最终他们在教室里发现积木，并决定用积木搭建围栏。教师引导幼儿思考如何更好地利用这些物品，比如将积木合理排列，形成更稳固的围栏结构。这一过程不仅让幼儿更加熟悉自己学习和生活的环境，增强了幼儿对幼儿园的归属感，而且幼儿在排列积木的过程中，需要考虑空间布局和稳定性等问题，这锻炼了幼儿的空间思维能力和解决问题的能力。

但是，尽管设置了围栏，滚珠还是从网洞里掉下去了(见图6-14)。这时，有小朋友发现了一旁的雨布，这是幼儿园日常用于户外活动的雨布，也是一种本土资源。他们便决定把雨布铺在网上以防止滚珠掉落。在教师的鼓励下，小朋友们齐心协力把雨布摊开，重新搭建轨道，增设围栏。最后经过测试，滚珠终于没有掉落，孩子们欢呼雀跃(见图6-15)。

图 6-14　滚珠从网洞中掉落

图 6-15　盖雨布成功

利用雨布作为防止滚珠掉落的材料，也具有一定的教育价值。教师可以引导幼儿观察雨布的特性，如它的防水性、柔韧性等，让幼儿了解这些特性和作用。同时，幼儿在摊开雨布和重新搭建轨道的过程中，需要合作完成，这进一步锻炼了幼儿的合作能力和动手能力。然而，解决了滚珠掉落的问题后，又出现了滚珠在转弯处会停止的问题(图 6-16)。

滚珠到达不了终点就没法玩"保龄球"游戏，这一问题激发了孩子们的探究兴趣，孩子们集思广益，提出了自己的想法。

幼儿 A："我们可以先滚一个，然后用后面一个撞击前面一个。"

幼儿 B："把起点加高增加惯性，让滚珠有足够的力滚到楼梯下面，然后打倒终点的东西。"

第二天孩子们开始了行动：先把一个滚珠滚下去，再让另一个滚珠推动前面一个，但滚珠还是停在了转弯处。于是，孩子们决定试验另一个办法——把起点增高。然而，他们又发现轨道积木不够用，于是又想到了用椅子来加高底部。将椅子垫在轨道底部，从而增高了坡度，使滚珠的惯性更大(见图 6-17)。这一做法再次利用了幼儿园的本土资源——教室里的椅子。

图 6-16　滚珠在转弯处停止

图 6-17　用椅子加高底部

　　利用椅子作为加高底部的材料，不仅解决了材料短缺的问题，还具有重要的教育价值。教师可以引导幼儿思考如何更好地利用椅子，比如将椅子合理摆放，增加稳定性。同时，幼儿在利用椅子的过程中，需要协调椅子与轨道积木，这锻炼了幼儿的协调能力和创新能力。通过大家的努力，滚珠终于顺利地滚到了楼梯下面。

　　观察思考：在搭建更长滚动轨道的过程中，孩子们巧妙运用了以下多种资源。

　　物质资源：从教室中选取积木作为围栏，排列积木锻炼了空间思维能力；用雨布铺在网上防止滚珠掉落，借此了解雨布特性；轨道积木不足时，利用教室里的椅子垫高底部增加滚珠惯性，同时学会了让椅子与轨道积木配合，提升了协调创新能力。

　　人力资源：教师适时引导幼儿思考物品的利用方法，帮助他们总结经验，使幼儿能将游戏体验转化为知识，为后续游戏提供支撑，促进幼儿成长。

　　信息资源：幼儿用绘画表征来构思轨道搭建，依此分工搭建；回顾时通过回看视频分享经验，推动了幼儿思维与语言的发展，也让教师更了解幼儿的想法，进一步推动活动开展。

　　在这个过程中，教师看到了幼儿在游戏中不断地思考和进步。他们在一次次突破原有经验的同时，也在享受建构活动带给他们的乐趣。活动中幼儿通过表征的方式将游戏内容输出并与教师一对一交流，教师帮助幼儿梳理总结经验，为下次的游戏打下了基础。回顾环节是幼儿将体验与经验转化为知识的过程，是促进幼儿思维、语言发展，帮助教师读懂幼儿的途径。

（3）第三阶段："保龄球"游戏。

轨道升级好后，孩子们欢呼雀跃："现在我们搭好轨道了，我们要打倒什么呢？"孩子们兴奋地开始寻找材料，其中一个幼儿在楼梯下面的水池旁找到了瓶子（见图6-18），并在瓶子里面装了一部分水，作为滚珠从轨道上滑落时撞击的目标（见图6-19）。

瓶子也是一种本土资源，教师可以引导幼儿思考瓶子的用途和特性，如它的形状、容量等，并探讨如何更好地利用瓶子进行游戏。例如，教师可以提问："你们觉得瓶子的形状对滚珠撞倒它有什么影响呢？"这样可以引导幼儿思考瓶子的形状与游戏结果之间的关系。同时，利用瓶子作为游戏目标物，不仅让幼儿更加熟悉日常生活中的物品，还增强了幼儿对生活的观察能力。此外，幼儿在往瓶子里装水的过程中，需要思考水量的多少对游戏结果的影响，这锻炼了幼儿的思考能力和实践能力。

游戏正式开始后，孩子们经过多次试验发现，滚珠从较高的地方滚落时，能够更轻松地撞倒瓶子。他们总结出一个规律：滚珠放得越高，势能越大，撞击力也越强。然而，在游戏过程中，孩子们也发现滚珠偶尔无法撞倒瓶子。于是，他们展开了讨论和分析。其中一位小朋友提出："是不是因为这个托盘固定住了，所以瓶子撞不倒？"于是，孩子们决定将托盘拿掉，并调整水瓶的摆放位置（见图6-20），同时减少瓶中的水量。经过多次试验，他们终于成功撞倒了瓶子。随着成功的喜悦，孩子们萌生了击倒更多瓶子的想法。他们开始增加水瓶的数量，并通过不断测试和调整，最终成功击倒了多个瓶子。

图6-18 寻找"保龄球"材料

图6-19 放置撞击目标

图 6-20 调整摆放位置

观察思考：在"保龄球"游戏阶段，孩子们充分利用了各类资源，推动了游戏的深入开展，展现了丰富的学习与探索过程。

物质资源：孩子们在楼梯下的水池旁找到了瓶子，并在瓶子里装水作为滚珠撞击的目标物。这一过程中，教师引导幼儿思考瓶子的形状、容量等特性对游戏的影响。例如，孩子们探讨了瓶子形状与滚珠撞倒它的难易程度之间的关系，以及装水量多少对结果的作用。这不仅锻炼了幼儿的思考与实践能力，还让他们更加熟悉生活中的常见物品。此外，孩子们根据游戏情况灵活调整托盘、水瓶位置和水量，以达到更好的游戏效果，进一步体现了他们对物质资源的创造性运用。

人力资源：教师在游戏中扮演了重要的支持角色。他们鼓励幼儿自主思考，引导幼儿对事物进行比较和连续观察，并支持幼儿通过实践验证自己的猜测。这种支持帮助幼儿在游戏中不断探索、挑战和创新，提升了他们解决问题的能力，促进了思维发展。教师的引导为幼儿的探索活动营造了积极、开放的氛围，使幼儿在游戏中获得了更多的成长机会。

文化资源：幼儿在游戏中自发地探索"滚珠势能与击倒瓶子"之间的关系，这是对物理现象的初步感知和探索，体现了科学文化知识在幼儿游戏活动中的渗透。他们通过不断尝试和调整，逐渐理解了物体的运动规律和能量转化。虽然这种理解是直观和基础的，但却是科学文化启蒙的重要开端。这种探索不仅激发了幼儿对科学现象的兴趣和好奇心，也为他们今后系统学习科学文化知识奠定了基础。

信息资源：幼儿在游戏过程中不断总结经验，例如得出"滚珠放得越高，势能越大"的结论。这是他们对每次游戏结果进行观察、分析和归纳后获得的知识信息。这些信息又反过来指导他们后续的游戏调整，例如调整瓶子摆放位置和水量等操作，形成了实践与知识的良性互动，推动了游戏的深入开展。这一过程体现了信息资源在幼儿游戏学习中的隐性作用，帮助他们从实践中获得知识，并用知识指导实践。

《3-6岁儿童学习与发展指南》指出，幼儿能够用一定的方法验证自己的猜测。在探索滚珠撞倒瓶子的过程中，孩子们不断测试、挑战和创新。从第一次拿开托盘，到减少瓶中水的容量，他们通过一次又一次的试验验证自己的想法，积极解决问题。在这个过程中，教师支持幼儿的想法，鼓励他们自主思考，并对事物进行比较和连续观察。这种探索不仅让幼儿体验到了成功的喜悦，还培养了他们的科学探究精神和解决问题的能力，为他们的全面发展奠定了坚实的基础。

7. 总结与反思

（1）总结。

本次游戏是幼儿自由选择、积极参与的，具有内在的激励性和充满乐趣的特点。其核心特征包括：趣味性、具体性、自由自愿性和社会性。在宽松的游戏氛围中，幼儿能够对轨道材料进行自由探索，充分激发他们的创造力和想象力。同时，在游戏过程中，幼儿与同伴交流合作，培养了合作意识和团队精神。此次轨道游戏突破了传统的玩法定势，幼儿打破了惯常的思维模式，展现了丰富的想象力和创造力。他们以物代物，将水瓶作为游戏中的目标击倒物，体现了对材料的灵活运用。游戏过程开放多元，玩什么、怎么玩、在哪里玩都由幼儿自主决定。孩子们在游戏中自然而然地相互学习与模仿，不断进行自我挑战，尝试实践不同的设想与可能性，始终保持兴奋并持久地投入其中。[①]

（2）反思。

在细致观察幼儿的探究过程时，教师捕捉到了多个与资源利用相关的学习生长点，涉及人力资源、物质资源、文化资源和信息资源的综合运用。幼儿们

---

① 游侠安芸，高豆，魏铭. 追随幼儿需求，支持幼儿在游戏中的深化发展：基于"木梯造车记"的游戏案例[J]. 成才，2022(18)：40-44.

在游戏过程中充分发挥了自身的主观能动性，积极思考、大胆实践，展现了卓越的探究能力和解决问题的能力。与此同时，他们通过彼此间的合作，彰显了人力资源的协同作用。通过交流、讨论和分享各自的想法与经验，幼儿们群策群力，共同探寻解决问题的办法。例如，在面对滚珠在转弯处停止滚动的问题时，幼儿们围坐在一起，各抒己见，最终凭借集体的智慧找到了解决方案。

幼儿园为幼儿的游戏活动提供了丰富的物质资源，为他们的探索与创造提供了有力支持。从轨道材料、滚珠、积木等基本游戏工具，到椅子、雨布、瓶子等辅助物品，这些物质资源的多样性和可组合性为幼儿的创造和探索提供了广阔的空间。幼儿们能够根据实际需要灵活选择和使用这些资源，例如利用积木搭建围栏、用雨布覆盖网洞、用椅子加高起点等，充分体现了物质资源在游戏中的重要作用。在搭建轨道的过程中，幼儿通过直观观察滚珠在不同坡度上的运动情况，逐渐理解坡度对滚珠滚动的影响，这体现了文化资源在幼儿学习过程中的潜移默化作用。

教师在活动中适时对幼儿的游戏进程与想法进行记录，积累了丰富的信息资源。通过视频记录和观察记录，教师能够详尽地捕捉到幼儿在游戏中的每一个细节，包括他们如何运用各类资源、遇到的问题以及解决问题的过程等。这些信息资源不仅为教师的反思与总结提供了依据，也为幼儿的回顾与经验梳理提供了重要参考。在讨论阶段，教师通过播放视频，帮助幼儿重新体验游戏过程，引导他们回顾并总结经验，进一步强化了对游戏内容和资源利用的认知。

（3）后续支持策略。

第一，持续激励幼儿合作与交流，塑造更多合作契机与平台。为了进一步促进幼儿的合作与交流，教师可以设计更多合作性活动，为幼儿提供丰富的合作机会与平台。例如，组织小组合作活动，让幼儿在小组内进行分工合作，共同完成更为复杂的轨道搭建任务。这不仅能培养他们的团队协作能力，还能锻炼他们的领导力和沟通能力。同时，教师也应注重自身专业素养的提升，加强与其他教师的交流与协作，共同探讨如何更好地支持幼儿的探究活动，形成教育合力，为幼儿的全面发展提供更有力的支持。

第二，进一步充实和完备幼儿园的物质资源，为幼儿提供更为多样化的游戏材料与工具。可以引入更多类别的轨道材料、滚珠、辅助装置等，以满足幼儿持续变化的探索需求。同时，要注重物质资源的合理布局与管理，确保幼儿能够便捷地获取和运用这些资源，提升资源的利用效率。

第三，深度挖掘和运用幼儿园的文化资源。将幼儿园的文化资源更好地融入游戏活动中，能够丰富幼儿的学习体验。例如，在科学长廊中增添更多与滚珠运动相关的科学原理介绍与实验展示，让幼儿在游戏过程中能够更直观地了解和学习这些知识。此外，还可以结合本土文化资源，设计具有地方特色的游戏活动，帮助幼儿在游戏中感受文化的多样性，增强对本土文化的认同感。

第四，强化对信息资源的收集、整理与分析。加强对信息资源的收集、整理与分析，构建完备的信息资源库。除了持续记录幼儿的游戏过程和想法外，还可以收集幼儿在游戏中的作品、照片、视频等，形成丰富的信息资源。通过定期回顾和分析这些信息资源，教师能够更好地了解幼儿的发展状况和需求，为制订个性化的教育计划提供依据。同时，可以将这些信息资源与家长共享，让家长更好地了解幼儿在园的学习和生活状况，推动家园合作，形成教育合力。

在"趣搭滚珠轨道，乐玩'保龄球'游戏"中，课程资源的运用丰富多样。物质资源如滚珠、轨道积木等助力幼儿探索科学原理，场地资源为活动提供了空间支持；人力资源中，教师的引导、幼儿的自主探索以及家长的情感支持协同发力；文化资源中的科学知识与本土文化元素提升了幼儿的认知水平；信息资源则帮助幼儿回顾与反思，深化学习体验。教师在活动中细致观察，捕捉幼儿的学习生长点，并通过组织讨论深化探究。后续将继续支持幼儿的兴趣，记录活动过程，推动幼儿的主动学习。

(二)案例 2：大班活动"虫虫的世界"

在"虫虫的世界"这一项目活动中，多种课程资源相互交织、协同作用，共同为孩子们构建了一个丰富多彩且充满意义的学习体验空间。接下来，我们将以表格形式清晰呈现这一项目活动运用了哪些资源(见表 6-3)，以便更直观地了解它们在项目中的具体运用及重要价值。

表6-3 "虫虫的世界"资源表

资源类型	具体资源	在项目中的应用
场馆资源	幼儿园周边的环境、户外公园	孩子们在此观察昆虫，探索自然
人力资源	幼儿	观察、讨论、记录、解决问题、合作参与项目
	家长	带领孩子去户外探索，收集资料，一起了解昆虫，打造"昆虫乐园"
	教师	引导孩子，提供资源
自然资源	自然材料(泥土、树叶、树枝、树皮、木头、松果、石头、花瓣、果实等)	制作"昆虫之家""昆虫旅馆"
工具资源	放大镜、昆虫捕捉器、剪刀、胶带、卷尺、记录板、量杯、纸、笔、订书机、制作标本的工具等	观察、记录、制作
文化资源	法布尔的《昆虫记》	让孩子了解昆虫，感受美好，激发热爱
信息资源	文献数据库、电子设备	了解昆虫的种类、结构和特征
活动资源	观察活动	观察昆虫的外形、活动轨迹、生活环境等
	调查活动	邀请家长一起搜集昆虫的相关知识
	讨论活动	分组讨论昆虫的相关问题
	制作活动	制作昆虫标本、昆虫项目成果展板、"昆虫研究室"
	分享活动	在成果展中向他人介绍昆虫

1. 活动缘起

本案例"虫虫的世界"源自幼儿在自然环境中的自发兴趣和探究。孩子们通过对昆虫的观察与研究，激发了强烈的探索欲望，并围绕昆虫展开了一系列丰富多彩的课程实践活动。这一项目不仅加深了幼儿对自然界的理解，还锻炼了他们的动手能力、协作意识和科学探究能力，充分体现了幼儿在真实情境中学习的价值。在活动中，教师充分利用了多种课程资源，为幼儿的探索提供了有力支持。

2. 探索起点——"魔法森林"的发现

某天，在幼儿园的"魔法森林"户外活动中，孩子们惊喜地发现了空中飞舞的蝴蝶和地上忙碌爬行的蚂蚁（见图6-21）。他们兴奋地叫喊着："快看，蝴蝶！看，还有蚂蚁！"孩子们纷纷拿出放大镜，蹲下身子仔细观察这些小昆虫，并叽叽喳喳地讨论着："为什么蝴蝶可以飞？""蚂蚁都在做什么呢？"教师注意到孩子们对昆虫表现出的浓厚兴趣，意识到这是一个绝佳的教育契机。于是，教师决定以昆虫为主题，设计一系列探究课程，让孩子们通过亲身体验和观察，深入了解昆虫的世界，激发他们的好奇心和探索欲。

图6-21 发现地上爬行的蚂蚁

3. 教师的思考

在户外活动中，蝴蝶、蚂蚁等昆虫是最直接的自然资源。孩子们在这里能够真实地接触到昆虫的自然生存环境，观察到它们的自然行为和习性，这为后续的课程探究提供了丰富且生动的实物素材，极大地激发了孩子们的好奇心和探索欲。而放大镜作为一种工具资源，则帮助孩子们更清晰地观察昆虫的身体细节，例如蚂蚁的触角结构、蝴蝶的翅膀纹理等。这种直观的观察使孩子们对昆虫的外部特征有了更深入的认识，同时也引发了更多关于昆虫的疑问和思考，推动了课程探究的进一步开展。

在整个课程资源的利用过程中，教师起到了关键的引导作用。教师敏锐地捕捉到孩子们对昆虫的兴趣点，并将其转化为课程探究的起点，充分体现了教师的教育观察力和课程开发意识。在后续的课程实施中，教师将继续发挥组织者、引导者和支持者的角色，引导孩子们进行观察、讨论和探索，帮助他们获取知识、提升能力，从而促进孩子们在昆虫课程探究中的全面发展。

驱动性问题：我们用什么方式来介绍昆虫？

基于孩子们对昆虫的好奇，教师提出了一个驱动性问题："我们用什么方式来介绍昆虫？"这个问题激发了孩子们的探究欲望。他们开始观察和研究昆虫，并提出了许多与昆虫相关的问题，例如："小蚂蚁是昆虫，小蜘蛛也是昆虫吗？""昆虫有哪些不同呢？""所有的虫子都叫昆虫吗？"

孩子们通过查找资料、观看视频（图6-22）等方式，逐渐了解了昆虫的基本特征，例如昆虫的身体结构。他们将观察到的内容记录下来，为下一步的探索奠定了基础。

图6-22 通过视频了解昆虫

通过开放性问题的设置，教师成功引导孩子们进入了自主探究的模式。在收集资料的过程中，孩子们运用了信息资源（如用平板电脑查阅资料），而教师在创设昆虫探究环境中运用了自然资源和人力资源。这些资源的支持，不仅让孩子们通过讨论和查阅资料主动学习昆虫的相关知识，还通过团队合作和分工明确了学习任务。教师在这一过程中提供了适时的引导，而非直接给出答案，这样的教学方法有效培养了孩子们的独立思考能力与问题解决能力，使他们在探究中不断成长。

（1）第一阶段："我"的昆虫调查。

在昆虫项目的第一阶段，教师邀请孩子们和家长共同参与昆虫调查活动，探索昆虫的多样性。周末，孩子们与父母一起在公园、林间和小区中寻找并观察各种常见的昆虫，记录它们的外观特征和生活习性。回到幼儿园后，孩子们将这些观察结果与小伙伴们分享，并带来了昆虫（见图6-23）以及关于昆虫的书籍和图片，进一步丰富了讨论的内容。

图6-23 幼儿在公园捕捉的昆虫

教师的思考：在这个环节中，教师充分运用了人力资源和自然资源的协同作用。人力资源方面，家长带孩子到公园寻找昆虫并完成调查表，这种亲子合作的方式不仅拉近了孩子与自然的距离，还增强了家庭在幼儿教育中的参与感。自然资源方面，公园中的昆虫、植物等自然资源为孩子们提供了真实的探究环境。孩子们通过直接观察昆虫的行为、栖息地以及与其他生物的互动，获得了丰富的第一手经验。通过这一环节，孩子们不仅获得了在真实情境中探究的机会，还在与自然和家庭的互动中实现了全面发展。这种资源整合的方式为幼儿教育提供了生动且有效的实践范例。

（2）第二阶段：给蚂蚁建一个"家"。

在一次户外活动中，孩子们发现了一群蚂蚁，并将它们带回了班级。面对这些小生命，孩子们充满了好奇，提出了许多问题："小蚂蚁吃什么呢？""为什么蚂蚁要在地下筑巢呢？"

教师抓住这一契机，引导孩子们通过查阅书籍和观察蚂蚁的行为来寻找答案。接着，孩子们决定为蚂蚁建造一个家。他们利用泥土、树叶、树枝等自然材料搭建了一个蚂蚁窝（见图6-24），并精心设计了蚂蚁的"家具"，还在蚂蚁窝中开了一个小洞，方便蚂蚁"回家"。

幼儿A："老师，蚂蚁可以从小洞爬进去，就能回到它的家了。"

幼儿B："还要给蚂蚁做一套家具，让它累了可以休息。"

幼儿C："我要给蚂蚁煮汤，让它饱餐一顿！"

图6-24 "蚂蚁的家"

教师的思考：在这个过程中，孩子们利用树叶、泥土和树枝等自然资源，建造了一个模拟的蚂蚁生活环境。这不仅能够让他们直观地观察和了解蚂蚁的生活习性，还激发了他们的创造力和动手能力。在教师的引导下，孩子们通过查阅书籍寻找蚂蚁相关问题的答案，例如蚂蚁的食物和筑巢原因。书籍作为重要的信息资源，为孩子们提供了系统的背景知识，帮助他们初步了解蚂蚁的世界。

通过亲自观察蚂蚁的行为，孩子们更形象地理解了蚂蚁的生活习惯和需求，例如蚂蚁如何搬运食物、相互交流等。这种实践学习比单纯从书本中获取信息更加生动和深刻。教师在这个活动中发挥了引导和支持的关键作用。通过鼓励孩子们提问，并引导他们通过查阅书籍和观察实际对象寻找答案，教师激发了他们的好奇心与探索欲。在搭建蚂蚁窝的过程中，教师给予必要的指导和帮助，确保活动能够顺利进行。这样一来，教师和孩子们共同成为这次学习活动中的重要资源，推动了整个探究过程的顺利展开。

此外，孩子们之间的互动和交流也是丰富的人力资源。孩子们提出各种想法和建议，相互启发，共同丰富了对蚂蚁生活环境的设计和想象。这种合作不仅培养了他们的语言表达能力，还增强了他们的团队合作意识，使整个活动更加生动有趣且富有教育意义。

（3）第三阶段：建造"昆虫之家"。

随着对昆虫兴趣的不断加深，孩子们萌生了为昆虫建造一个"家"的想法。在讨论中，孩子们提出了许多构想："昆虫的家需要什么样的设计？""如何让昆虫住得舒适？"

孩子们一致认为，昆虫的"家"应该像人类的房子一样舒适。有的孩子设计了尖顶的房子，有的孩子则提出房子应该与周围环境的颜色接近，以便昆虫能够隐身。接着，孩子们分工合作，收集了树枝、树叶、纸箱等材料，经过多次调整和试验，最终完成了"昆虫之家"的搭建（见图6-25）。

图6-25 幼儿制作"昆虫之家"

教师的思考：在设计"昆虫之家"的过程中，孩子们通过文化资源和信息资源查阅了许多相关的资料，逐渐形成了搭建"昆虫之家"的想法。通过信息资源，孩子们了解到人类建筑文化中关于房屋舒适性的概念，例如空间的合理利用、良好的遮蔽功能等，并将这些观念迁移到"昆虫之家"的设计中。在人力资源方面，教师充分发挥了孩子们的主观能动性，让他们积极参与到"昆虫之家"的设计和搭建过程中。每个孩子都提出了自己的想法，这些不同的想法汇聚在一起，形成了丰富的人力资源。孩子们通过分工合作，有的负责收集材料，有的负责动手搭建，充分发挥了各自的优势，实现了人力资源的整合。树枝和树叶是最直接的自然资源。树枝提供了结构支撑的材料，其粗细、长短、形状各异，可以根据"昆虫之家"的设计要求进行选择。树叶则提供了自然的遮蔽材料，同时其颜色和纹理可以帮助"昆虫之家"更好地融入自然环境。这些自然资源的利用，不仅让"昆虫之家"更具自然气息，也体现了对自然材料特性的尊重和利用。

通过动手实践，孩子们不仅在构思和设计上经历了从抽象到具体的思维过程，还在团队合作中学会了如何与他人协作解决实际操作中的问题。教师在活动中给予适时的引导和支持，使孩子们在探索中学会了如何将理论转化为实际成果。这种实践不仅培养了孩子们的动手能力和创造力，还增强了他们的团队合作意识和问题解决能力，为他们的全面发展奠定了坚实的基础。

(4)第四阶段：昆虫研究室的建立。

孩子们的昆虫探究并没有停留在简单的观察和建造上。他们决定建立一个昆虫研究室，利用显微镜等工具(见图6-26)，进一步探索昆虫的身体结构和特征。孩子们对显微镜下发现的昆虫腿上细小的绒毛和复杂的纹路产生了浓厚的兴趣，并将这些发现详细记录下来(见图6-27)。他们还合作绘制了昆虫的生长过程图，并制作了介绍昆虫的小绘本。

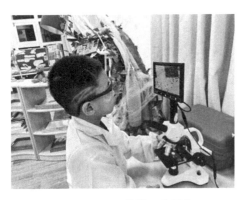 

图6-26　用显微镜观察昆虫　　　　图6-27　幼儿在记录观察结果

教师的思考：通过使用显微镜，孩子们能够观察到昆虫腿部细小的绒毛和复杂的纹理等微观结构，从而加深他们对昆虫身体结构的认识，拓展了他们的观察视野。此外，孩子们通过绘制昆虫生长过程图，将抽象的知识转化为直观的图像，这有助于他们更有效地理解和记忆昆虫的生长变化。

在探究过程中，教师帮助孩子们解读观察到的现象，指导他们正确使用显微镜等工具，并引导他们查阅资料、整理信息。孩子们之间相互协作、交流分享，共同完成各项探究任务，促进了探究活动的顺利开展。他们在观察、记录、绘制和制作过程中相互学习、相互启发，充分发挥了各自的优势和创造力，成为活动中不可或缺的人力资源。这种科技与自然相结合的学习方式，不仅拓展了孩子们的认知边界，还提升了他们的科学探究能力。通过动手实践和团队合作，孩子们不仅加深了对昆虫世界的理解，还培养了观察力、创造力和协作能力，为他们的全面发展提供了宝贵的经验。

（5）第五阶段：建造"昆虫旅馆"。

在"魔法森林"中，孩子们观察了各种各样的昆虫，并萌生了一个有趣的想法：为这些昆虫打造一个永久的家园——"昆虫旅馆"。他们首先进行了场地勘察，选定了合适的地点，然后开始绘制设计图。孩子们分工合作，采集了树枝、树叶、松果等自然材料，着手搭建这个独特的"居所"。在建造过程中，他们不断尝试新方法，对设计进行调整和完善。

旅馆的设计特别为蜜蜂、七星瓢虫等益虫提供了专属"房间"，确保每种昆虫都能找到适合的栖息空间。在建造过程中，孩子们积极表达自己的想法，通过合作解决了诸多问题。最终，他们成功建造了四个各具特色的"昆虫旅馆"（见图6-28），满怀期待地迎接昆虫的"入住"。

图 6-28　制作的"昆虫旅馆"

教师的思考：树枝、树叶、松果等自然材料是建造"昆虫旅馆"的主要原材料。这些材料直接取自"魔法森林"，既方便又环保，让孩子们能够充分发挥创造力和想象力，根据不同昆虫的特点进行设计和搭建。同时，这一过程也让孩子们更亲近自然，了解自然材料的特性和用途。在自然资源中，幼儿园户外的场地——"魔法森林"为孩子们提供了丰富的昆虫资源和自然生态环境。孩子们可以在其中实地观察昆虫的生活习性和栖息需求，为设计和建造合适的"昆虫旅馆"提供了现实依据。在人力资源方面，教师起到了关键作用。教师带领孩子们进行场地勘察，指导他们观察昆虫、绘制设计图纸，并在建造过程中给予技术指导和安全提示，促进了活动的顺利开展。同时，教师引导孩子们解决遇到的问题，帮助他们从失败中学习，并在不断尝试中成长。

孩子们各自发挥特长，分工合作，共同完成了"昆虫旅馆"的设计与建造。在这个过程中，孩子们互相分享经验和想法，通过团队合作解决了材料搭建不稳固的问题，培养了沟通能力和合作精神。"昆虫旅馆"的建造不仅是动手实践的活动，更是一个全面提升孩子综合能力的机会。孩子们在团队合作、解决问题和探索环境中展现了非凡的学习能力。通过不断改进设计，孩子们最终实现了目标，增强了自信心和成就感。这一过程不仅让孩子们体验到创造的乐趣，还让他们深刻理解了自然与生命的联系，为他们的全面发展奠定了坚实的基础。

（6）第六阶段：举办项目成果展。

经过多次探究与实践，孩子们对昆虫的理解越来越深刻，他们决定举办一场"昆虫项目成果展"（见图6-29），向园内的老师、家长和其他小朋友介绍他们的研究成果。教室被布置成了昆虫"博物馆"，展示了孩子们在整个项目中的学习成果，包括昆虫标本、绘画作品、"昆虫之家"模型、昆虫小册子等。每个孩子都在展览中担任了不同的角色，如解说员、"昆虫研究员"、"小博士"等。孩子们自信地向参观者介绍昆虫的生活习性、身体结构以及他们通过显微镜观察到的昆虫的细节。他们分享了自己在项目中的发现和感悟，积极与参观者互动。

图6-29 昆虫项目成果展

教师的反思：在这个过程中，主要运用了人力资源和活动资源。首先是人力资源，教师在整个过程中发挥着全方位的引导与支持作用。从最初的昆虫探究活动策划与组织，到探究过程中的指导与答疑，再到成果展的筹备与实施，教师都深度参与其中。而孩子们既是项目的参与者，也是成果展的核心人力资源。他们在不同角色中发挥各自的能力与特长，如解说员凭借自己对昆虫知识的深入理解与良好的表达能力，向参观者进行生动讲解；"昆虫研究员"则深入挖掘自己在项目中的研究成果与独特发现，为展览增添专业性与深度；"小博士"角色的孩子能够以更宏观的视角总结和分享整个项目的经验与感悟，与其他参观者进行高层次的互动交流。孩子们之间的相互协作、交流分享也在整个过程中发挥了重要作用，共同推动项目的进展与成果展的成功举办。家长在项目过程中可能参与协助孩子们收集资料、制作标本或提供一些创意与建议，在成果展时作为参观者给予孩子们鼓励与反馈。园内其他老师和小朋友作为参观者，也构成了人力资源的一部分。他们的参与为孩子们提供了展示的平台与交流互动的机会，激发了孩子们的展示热情与学习动力，同时他们的反馈也有助于孩子们进一步反思和改进自己的项目成果。

在项目后续推进中，我们将从多方面优化策略。资源整合方面，通过建立昆虫文化资源库，开展如昆虫故事分享会等主题活动来丰富文化资源；同时与周边场所合作，鼓励家园共创，拓展材料获取渠道，为项目提供更充足、更多元的素材。个体差异关注方面，依据孩子的兴趣和能力设计个性化任务，并在活动中加强观察，为内向或合作困难的孩子提供差异化指导与支持，促进全员积极参与。评价体系完善方面，综合运用教师评价、学生自评与同伴互评等方式，从知识技能、情感态度、合作能力、创新思维等多维度细化评价指标，给予孩子针对性反馈，推动其全面发展。

四、结语

在幼儿园的教育中，项目活动的实施是一种极具创新性与吸引力的教学方式。而这些项目活动的成功实施，离不开多种资源的融合与推动。场馆资源、自然资源、人力资源、文化资源以及信息资源等，如同色彩斑斓的丝线交织在一起，共同构筑了幼儿园项目活动的绚丽画卷。

场馆资源是孩子们拓展视野、增进见识的重要舞台。科技馆、博物馆、艺术馆等各类场馆，为孩子们提供了丰富多样的实践学习与探究体验机会。通过观察、操作、互动，孩子们在不知不觉中汲取知识的养分，激发了他们对未知世界的好奇与探索欲望。同时，在与其他小朋友的共同参与过程中，也逐步培养了孩子们的社会规则意识与团队合作精神。

自然资源是大自然赐予孩子们的珍贵馈赠。森林、田野、河流、山脉等自然景观，为孩子们提供了一个亲近自然、体悟自然的绝佳场所。在大自然的怀抱中，孩子们可以尽情奔跑、嬉戏、探索。他们用自己的眼睛观察动植物的形态与习性，用自己的双手触碰土地的温度与质感，用自己的心灵感受大自然的美妙与神奇。这种与自然的亲密接触，不仅能让孩子们的感官得到充分调动，还能让他们在潜移默化中树立环保意识与生态观念。

人力资源在幼儿园项目活动中起着至关重要的作用。教师是孩子们成长路上的引领者，他们凭借丰富的专业知识与教育经验，引导孩子们在活动中积极思考、自主探索。家长也是幼儿园项目活动的重要参与者，他们以自身的生活经验与特长，为孩子们带来别样的学习体验。此外，各类专业人士走进幼儿园，与孩子们分享自己的故事与经验，为孩子们树立学习的榜样。这些人力资源的汇聚，为孩子们提供了一个丰富且多元的学习环境，让他们在项目探究中能够更广泛地获取知识，提升能力。

文化资源的融入，使幼儿园项目活动更具内涵与底蕴。传统节日、民间艺术、历史故事等文化要素，以项目活动的形式向孩子们展示，让他们在体验中领略传统文化的魅力，传承优秀的文化传统。

信息资源的运用为幼儿园项目活动带来了新的机遇与挑战。随着信息技术的迅猛发展，数字化工具与网络资源成为教育创新的重要手段。在项目活动中，孩子们可以通过网络获取更多信息，与他人进行交流与分享。他们可以利用多媒体资源制作自己的作品，展示自己的成果。信息资源的充分运用，让幼儿园项目活动变得更加生动有趣、富有创意，也让孩子们的学习方式更加灵活多样。

这些资源的综合运用，共同为幼儿园项目活动塑造了一个多维度、互动性强的学习环境，极大地推动了孩子们在认知、情感、社交和身体等各方面的全面发展，为他们的未来学习与生活奠定了坚实的基础。

第二节　课程资源在生活活动中的运用

　　课程源于幼儿的生活世界，活动源于幼儿的日常生活。生活活动贯穿于幼儿园一日生活的始终，成为幼儿园课程中不可或缺的重要组成部分。① 幼儿园的生活不仅要培养幼儿的生活能力，还要塑造幼儿的生活品性；不仅要满足幼儿的生理需求，还要关注幼儿的心理需求，同时支持幼儿的发展需求。② 在课程资源的有效运用下，幼儿园的生活活动被有机融入课程体系，使课程更加贴近幼儿的实际生活，真正满足幼儿全面发展的需要。同时，依托丰富的课程资源，教师能够以更加专业和科学的方式引导幼儿在生活中学习与成长，帮助幼儿在真实的生活情境中获得知识、提升能力，并形成积极的生活态度和良好的行为习惯。

一、生活活动的概念

　　从杜威的教育哲学出发，最好的教育是"从生活中学习"和"从经验中学习"。生活活动本身就是一种学习过程，它强调通过真实的生活体验和直接的经验积累来促进幼儿的成长与发展。陶行知也认为生活即教育，强调教育应根植于生活实践。幼儿园生活活动是指幼儿在园内一日生活中，为满足基本生活需求而进行的一系列活动，包括入园、进餐、饮水、盥洗、如厕、睡眠、离园等环节。这些环节是幼儿一日活动的重要组成部分，贯穿于日常生活的始终。科学、有序的生活活动不仅能够帮助幼儿养成良好的生活与卫生习惯，还能提高他们的自我服务能力，促进身心健康发展。

　　"生活即教育，一日生活皆课程"这一理念表明，教育不仅仅是知识的传授，更是生活的体验与感悟。生活中的每一个细节、每一次经历都可以成为教育的素材和契机。教育的根本目的是培养能够适应社会、独立生活的人。因此，教育应紧密围绕生活展开，使幼儿在生活中学习、在学习中生活。教育过

---

　　① 廖莉，吴舒莹，袁爱玲. 幼儿园生活活动指导［M］. 福州：福建教育出版社，2015.
　　② 莫源秋，陆志坚. 幼儿园课程资源开发利用的策略与方法［M］. 北京：中国轻工业出版社，2024.

程应融入幼儿的日常生活中，通过具体的实践活动引导幼儿观察、思考、体验，从而培养他们的综合素质。

（一）生活活动的特点

生活活动是指满足幼儿基本生活需要的活动，主要包括幼儿入园、进餐、饮水、盥洗、如厕、睡觉、离园等环节。生活活动贯穿于幼儿的一日活动中，旨在帮助幼儿发展生活自理、与人交往、自我保护等能力，逐步养成健康的生活规则和习惯。

1. 基础性和重复性

幼儿园生活活动是幼儿掌握基本生活技能的重要途径，例如穿脱衣物、自主进餐、盥洗如厕等。这些技能不仅是幼儿生存和健康成长的基础保障，也是他们迈向独立生活的第一步。由于这些活动在每日生活中反复出现，其重复性特点有助于幼儿逐步熟练掌握相关技能，并形成稳定的生活习惯。

2. 连续性和整体性

幼儿园的一日生活活动从入园到离园形成一个连续的整体，各个环节相互衔接、彼此影响。例如，晨间入园后的自主整理为后续活动做好准备，餐前洗手与进餐环节紧密相连，午睡后的整理则为下午活动创造条件。这种连续性不仅为幼儿提供了稳定有序的生活环境，还帮助他们理解时间顺序与活动逻辑，促进其时间观念和计划能力的初步形成与发展。

3. 情境性和渗透性

生活活动始终处于真实的情境中，幼儿在与同伴、教师及环境的互动中自主学习。例如，在进餐环节中，幼儿不仅学习如何使用餐具，还通过与他人分享食物培养社交能力；在盥洗环节中，他们通过观察水流、感知水温，积累科学经验。教育元素潜移默化地渗透于这些情境中，无论是语言表达、规则遵守，还是对环境的感知与适应，都为幼儿提供了丰富的学习契机。

（二）生活活动的意义

幼儿园生活活动是幼儿成长道路上不可或缺的重要组成部分。日常生活中的点滴细节，如卫生习惯、饮食规律和睡眠安排等，不仅帮助幼儿养成良好的生活习惯，还将伴随他们一生。同时，生活活动为幼儿提供了与同伴和教师交流的宝贵机会，促进了他们的社会性发展，使他们学会合作与分享。在此过程中,幼儿还能学习到自我保护的知识和技能,增强自我保护意识。更为关键的是,依据《3-6岁儿童学习与发展指南》科学安排的生活活动,包括教育教学、游戏、户外活动等,全面促进了幼儿的身心健康发展。

1. 促进身体健康发展

合理的进餐安排保障幼儿获得充足的营养,午睡为幼儿提供休息和恢复精力的时间,而日常的盥洗等卫生习惯有助于幼儿保持身体健康。这些活动共同促进幼儿身体的正常发育和良好体质的形成,为其健康成长奠定基础。

2. 培养生活自理能力和习惯

通过日复一日的生活活动,幼儿学会自己穿衣、整理物品、洗手等基本自理技能,逐渐形成独立自主的意识。这种能力的培养不仅提升了幼儿的自信心,还为他们今后的独立生活奠定了坚实的基础。

3. 发展社会交往能力

在生活活动中,幼儿与同伴和教师密切接触,他们在共同生活的过程中学习分享、合作、关心他人等社会交往技能。这种互动不仅有助于培养幼儿良好的人际关系,还增强了他们的社会适应能力,为其未来融入集体生活做好准备。

4. 激发学习兴趣和探索欲望

生活中的各种现象和问题都能引起幼儿的好奇心,成为他们探索世界的起点。生活活动所蕴含的丰富资源为幼儿提供了多样化的学习体验,激发他们对周围环境的兴趣和探索欲。这种基于生活情境的学习方式,不仅促进了幼儿认知能力的发展,还培养了他们的观察力、思考力和解决问题的能力。

二、课程资源在生活活动中的意义和价值

开发和利用幼儿生活活动中有价值的教育资源,能够极大地丰富幼儿园的课程资源。幼儿生活中的真实事件和活动与他们的兴趣、需求及体验紧密相连,为幼儿提供了调动已有经验、解决问题并实现发展的机会。生活活动涵盖了幼儿在园期间的所有生活环节,是幼儿学习与发展的重要途径。而课程资源则是为这些生活活动赋予教育价值的关键元素。二者紧密交织:生活活动为课程资源提供了实践与展现的平台,课程资源则如同催化剂,将生活活动转化为

生动的教育场景。丰富多样的课程资源融入生活活动中，能使幼儿在自然、轻松的氛围中获得全面发展，将生活中的每一个细节都变成学习的机会，实现教育与生活的有机融合。

（一）课程资源是幼儿园生活活动的支撑

生活活动的场地、过程、结果和材料中蕴含着丰富的课程资源，这些资源对幼儿的教育和成长具有重要意义。生活活动的过程是幼儿学习和成长的重要途径。在这个过程中，幼儿通过亲身参与、体验和实践，获得了各种知识和技能，助力自身习惯的养成和能力的提升。

幼儿园生活活动的有效开展离不开丰富的课程资源作为保障。这些资源为生活活动提供了多样化的教育素材，有助于幼儿良好生活习惯的养成。例如在盥洗环节，通过生动形象的洗手步骤图、儿歌等课程资源，幼儿能更直观地学习正确的洗手方法，增强自我卫生意识，逐步养成勤洗手的好习惯，为其健康成长奠定基础。在进餐活动中，教师利用食材、餐具等资源，引导幼儿了解食物的营养价值、学习正确的用餐礼仪，培养幼儿健康的饮食习惯和良好的餐桌礼仪。在整理活动中，通过提供分类收纳盒、标识贴等材料，教师帮助幼儿学习整理物品的方法，培养其秩序感和责任感。

（二）幼儿园生活活动是课程资源的重要来源

幼儿园生活活动是课程资源的重要来源。这些活动贴近幼儿的实际生活，蕴含丰富的教育资源，有助于幼儿的全面发展，具有灵活性和多样性，并能促进家园共育。因此，应充分重视幼儿园生活活动的开发和利用，为幼儿创造更加丰富多彩、富有教育意义的生活活动环境。

1. 生活活动贴近幼儿的实际生活

幼儿园生活活动通常围绕幼儿的日常生活展开，如进餐、如厕、睡眠、游戏、学习等。这些活动贴近幼儿的实际生活，能够让幼儿在熟悉的环境中学习和成长。通过参与这些活动，幼儿可以更好地理解生活、体验生活，并从中获取丰富的知识和经验。

2. 生活活动蕴含丰富的教育资源

幼儿园生活活动不仅满足了幼儿的基本生活需求，还蕴含了丰富的教育资源。例如，在游戏活动中，幼儿可以通过角色扮演、玩具操作等方式，锻炼自己的想象力、创造力和社交能力；在进餐活动中，幼儿可以学习基本的餐桌礼仪，养成健康的饮食习惯，培养自己的自理能力和独立性；在户外活动中，幼儿可以接触大自然，感受阳光、空气和水等自然元素，培养对自然的热爱和好奇心。

3. 生活活动能增强情感体验

合理利用课程资源可以让幼儿在生活活动中获得积极的情感体验。比如在"小小值日生"活动中，幼儿通过参与班级生活环境的维护和管理，如摆放餐具、照顾植物等，增强了责任感和自信心，感受到自己是班级的小主人，从而培养热爱集体、关心他人的积极情感。

三、课程资源在生活活动中的运用（案例："光盘城堡"活动）

《幼儿园教育指导纲要（试行）》明确指出，教育活动内容的选择应紧密贴近幼儿的生活实际，契合他们的兴趣点，同时助力其积累经验与拓展视野。幼儿园教育应综合利用各种教育资源，为幼儿创造良好的学习条件，尊重幼儿身心发展的规律和学习特点，充分关注幼儿的已有经验，引导他们在生活和活动中主动地学习。教师应为每一位幼儿提供发挥潜能的机会，帮助他们在已有水平上获得进一步发展。幼儿园一日活动中蕴含着丰富的培养幼儿自主性的契机。教师应从内心深处认识到生活资源对幼儿成长的重要性，并充分利用生活环节中的教育契机，助力幼儿的自主成长。

（一）活动起源

在小班阶段，教师巧妙地整合资源，确保资源的有效利用。通过奖励贴纸的方式激励幼儿积极参与"光盘行动"，贴纸的数量直接反映幼儿的光盘次数。这一策略初期成效显著，激发了幼儿们为获取贴纸而积极践行光盘的热情（图6-30、图6-31）。然而，随着孩子们步入中班，情况出现了转变。在日常教学活动中，教师观察到，曾经备受珍视的贴纸如今却频繁掉落在地，逐渐遭到幼儿的冷落。原因在于，随着年岁的增长和认知能力的提升，中班幼儿对那些容易脱落且形式单一的贴纸已失去了昔日的浓厚兴趣。他们不再将贴纸视为一种宝贵的奖励，这一变化直接导致了"光盘行动"在中班推进时遇到了挑战，幼儿们的参与热情和积极性明显不如小班时期那般高涨。面对这一变化，教师迅速调整策略，利用各种资源开启了一场以问题为导向、记录光盘次数、促进幼儿深度学习之旅（见表6-4）。

图 6-30　幼儿正在进餐

图 6-31　奖励的贴纸

表 6-4　"光盘城堡"活动资源表

资源类型	资源运用
人力资源	(1)教师：设计活动，引导幼儿参与 (2)幼儿：积极参与光盘行动，自主做好"光盘"记录 (3)后勤人员：准备适量且营养均衡的食物 (4)家长：鼓励幼儿在家中也践行节约粮食的理念
信息资源	(1)关于食物营养的资料 (2)幼儿的食谱 (3)幼儿开学时的身高体重测量结果 (4)幼儿的光盘统计数据 (5)其他幼儿园类似活动的经验 (6)关于勤俭节约与饮食文化的绘本或视频等 (7)幼儿进餐时播放的音乐资源
物质资源	(1)积木：用于展示幼儿的光盘成果 (2)贴纸、小标签：奖励给成功光盘的幼儿 (3)记录册：教师用于登记幼儿的光盘情况 (4)展示板：鼓励幼儿参与"光盘行动" (5)电子时钟、计时器、沙漏：让幼儿了解科学的进餐时间

资源类型	资源运用
文化资源	(1)节约粮食文化：借助"光盘城堡"活动，向幼儿传递"粒粒皆辛苦"的理念，培养他们珍惜食物、杜绝浪费的意识 (2)班级竞争文化：以"光盘城堡"为依托，开展班级之间的光盘率评比活动，激发幼儿的集体荣誉感 (3)榜样文化：对表现突出的幼儿授予"光盘小明星"称号，并将他们的照片张贴在"光盘城堡"附近，发挥示范引领作用 (4)将关于珍惜粮食的儿歌、故事、诗词、谚语等文化资源融入活动中，丰富教育内容，增强活动的趣味性和教育意义

（二）活动过程

1. 活动初期：贴纸奖励到乐高积木打卡的转变

(1)资源运用(见表6-5)。

表6-5　生活活动资源运用表

资源运用阶段	资源类型	资源运用方式
小班	物质资源：贴纸 人力资源：教师、幼儿	教师根据小班幼儿对色彩鲜艳、具有奖励性质物品的喜爱的特点，选择贴纸作为奖励资源，以此激发幼儿参与"光盘行动"的积极性。通过将光盘行为与获得贴纸的愉悦感建立联系，教师成功调动了幼儿的参与热情
中班	物质资源：乐高积木 人力资源：教师、幼儿	教师在发现幼儿对贴纸的兴趣逐渐减弱后，及时调整策略，通过组织讨论引导幼儿探索新的记录方式。在此过程中，教师敏锐地捕捉到幼儿对乐高积木的兴趣点，并以此为契机，将乐高积木作为新的奖励资源。为了进一步激发幼儿的参与热情，教师设计了"用乐高积木搭建光盘城堡"的打卡活动，将"光盘行动"与幼儿的兴趣相结合。这一转变不仅满足了幼儿的兴趣需求，还持续调动了他们参与"光盘行动"的积极性

(2)问题解决。

①贴纸兴趣减弱：通过讨论和投票(见图6-32)，孩子们选择了乐高积木作为新的记录工具，解决了贴纸奖励效果减弱的问题。

②设计打卡形式：在教师的引导下，孩子们共同设计出了"光盘城堡"的样子，为打卡活动提供了具体的实施方案。

图6-32　讨论和投票

2. 活动实施："用乐高积木搭建光盘城堡"打卡活动的规则制定与实施

（1）资源运用。

在资源运用和实施过程中，孩子们积极参与"光盘行动"，并通过乐高积木搭建"光盘城堡"来记录自己的打卡情况（见图6-33）。然而，实践中出现了混乱无序和积木数量减少的问题。为此，教师与孩子们共同商讨，制定了班级的"光盘城堡"使用规则，例如"吃完饭菜才能打卡""不能剩饭"等。同时，为了解决积木混淆和统计不准确的问题，孩子们主动提出制作"光盘城堡"统计表的建议。教师根据孩子们的想法制作了统计表，并引导他们每天记录自己的光盘次数，进一步规范了打卡行为。

图6-33　"光盘城堡"

（2）问题解决。

①混乱无序问题：通过师幼共同制定班级规则，明确了打卡行为的具体要求，有效解决了活动中的混乱无序问题。

②积木数量减少问题：通过制作统计表，实现了对积木数量的精准统计和管理，避免了积木丢失或混淆的情况，确保了资源的有效利用。

3. 活动深化：签到表与数学的结合

（1）资源运用。

在课程资源的开发与运用中，教师将每周五定为"光盘城堡统计日"。孩子们在饭前饭后常常争论谁是吃饭的第一名、第二名。教师敏锐地捕捉到这一现象，并将其转化为数学学习的机会，设计了"今天我是第几名"的签到表。该签到表不仅结合了孩子们的现有数学能力，还融入了数学概念，如排序、数序等。为了确保签到表的顺利实施，教师充分利用家长资源，提前在家长群发布通知，争取家长的理解与配合。同时，教师利用晨会时间带领孩子们进行统计和讨论，实时观察他们的数学思维过程并展开互动。

此外，教师还提供了多样化的物质资源，如电子时钟、计时器、沙漏等与时间相关的材料，并将其投放在区角中，供孩子们在自主游戏时使用。这些材料和支持活动进一步促进了孩子们对时间的认知（见图6-34）。

图6-34　结合材料的表征

（2）问题解决。

①争论名次问题：通过设计签到表，教师巧妙地将孩子们的争论转化为学习数学的机会，有效解决了名次争论的问题（见图6-35）。

②数学能力提升：通过签到表的实施和时间相关材料的提供，孩子们的数学能力得到了显著提升，尤其是在排序、数序和时间认知方面。

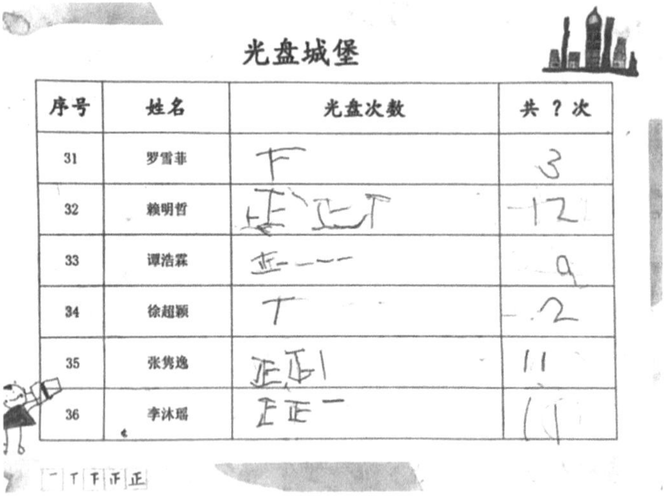

光盘城堡

序号	姓名	光盘次数	共？次
31	罗雪菲	下	3
32	赖明哲	正正正丁	12
33	谭浩霖	正一一一一	9
34	徐超颖	丁	2
35	张隽逸	正正一	11
36	李沐瑶	正正一	11

一 丁 下 下 正

图 6-35　签到表

（三）教师的思考

在“光盘城堡”这一充满趣味与教育意义的生活活动案例中，教师通过资源的开发与利用，将教育目光聚焦于幼儿一日生活的“进餐环节”，深入挖掘其中的教育价值，捕捉教育契机，促进幼儿在生活中养成良好的进餐行为习惯。此案例充分体现了幼儿自身的课程资源价值。教师通过整合人力资源（如家长的支持与配合）、信息资源（如统计表和签到表的设计）、物质资源（如乐高积木、电子时钟、计时器等）以及文化资源（如规则意识和数学概念的融入），将这些资源巧妙地运用到“进餐环节”中。这不仅提升了活动的趣味性和参与度，还有效解决了活动过程中阶段性出现的问题，如混乱无序、积木数量减少以及名次争论等。

通过这一案例，教师将日常生活中的普通环节转化为富有教育意义的学习机会，既培养了幼儿的规则意识和自我管理能力，又促进了他们在数学认知、时间观念等方面的综合发展。这一实践充分体现了以幼儿为中心的教育理念，展现了课程资源在生活活动中的灵活运用与创新价值。

四、生活活动资源的拓展与创新（案例：入园签到）

（一）活动起源

入园自主签到环节作为幼儿园一日生活的起始部分，蕴含着丰富的教育契机与资源整合空间。一方面，幼儿教育强调以儿童为中心，尊重幼儿的主体地位，而自主签到正是幼儿展现自我管理与自主意识的良好平台。另一方面，资源在教育中的有效利用成为提升教育质量的关键因素。无论是物质资源还是人力资源，都需要巧妙地融入教育活动中，以促进幼儿的全面发展。入园自主签到活动不仅有助于建立入园秩序，还能培养幼儿的规则意识和时间观念。通过丰富多样的签到资源与形式，幼儿园能够打造独特的教育文化氛围，展示其教育特色与创新理念。例如，签到活动可以结合数字、图形、颜色等元素，融入数学认知、艺术表达等多领域的学习内容。同时，这一活动还能促进家园共育，使家长更好地理解幼儿园的教育实践，共同关注幼儿的成长与发展。

（二）巧用签到活动，贴合差异促成长

在幼儿教育领域，尊重个体差异、把握学习发展的整体性与年龄特点，是助力孩子健康成长的关键。班级入园签到台的设计，便是这一教育理念落地的生动实践，巧妙借助多元资源，分年龄段打造特色签到模式，全方位赋能幼儿发展。

1. 小班组：绘本赋能情绪签到

（1）资源挖掘与运用：幼儿刚入园时，面对陌生的物质环境和人文环境，学会情绪管理和表达是重点。教师敏锐地捕捉到这一需求，结合绘本《情绪小怪兽》的内容，利用幼儿园丰富的物质资源创设了情绪签到台。教师提取书中直观的情绪色彩与形象，制作了色彩各异、萌趣可爱的情绪贴纸人物，并配套设计了与色彩相对应的情绪小怪兽图案（见图6-36）。同时，教师还用幼儿喜爱的小积木打造了沉浸式签到环境（见图6-37），进一步增强了活动的趣味性和吸引力。

图 6-36　色彩情绪签到台　　　　图 6-37　拼搭情绪签到台

(2)签到实践：每日入园时，孩子们一看到熟悉的小怪兽贴纸，兴致瞬间被激起。他们主动对照自己的内心情绪，挑选相应的贴纸贴在签到台上。这一过程轻松自然，不仅帮助孩子们表达了情绪，还迅速拉近了他们与幼儿园的距离，有效化解了入园焦虑。

(3)问题攻克：当个别孩子闹情绪、不愿沟通时，教师巧妙地运用绘本中的"话术"，轻声询问："今天你的小怪兽是不是迷路啦？咱们学学书里，把它找回来。"借助绘本情节，教师成功安抚了孩子的情绪，打开了沟通的大门。通过这种方式，教师能够精准掌握孩子的情绪波动，及时给予关怀和引导，帮助孩子更好地适应幼儿园生活。

2. 中班组：生活资源点燃探究热情

(1)资源整合(见表 6-6)。

表 6-6　中班生活活动资源运用表

资源类型	资源运用方式
物质资源：计时器、时钟、彩色签到笔、塑料小圈、配套小积木	在入园签到环节中，孩子们用自己喜欢的方式表达出勤情况：蓝色的标记代表准时入园，红色的标记代表迟到。这种方式不仅帮助幼儿逐渐形成时间观念，还潜移默化地培养了他们的书写能力。每个塑料小圈代表一天的出勤记录，到了周五，孩子们可以通过统计小圈的数量来了解自己一周的来园天数。这种统计过程不仅有助于孩子们理解数量的概念，还能让他们直观地感受到一周时间的流逝和周期性

资源类型	资源运用方式
人力资源：教师、幼儿、家长	教师负责提供蓝色和红色的表征材料，并教会幼儿如何正确使用它们进行签到。在日常签到过程中，教师了解幼儿是否按时入园，并引导幼儿正确选择表征颜色。通过观察幼儿的签到行为，可以及时发现幼儿在时间观念上的问题，并进行个别指导。每周五，教师负责统计幼儿一周的来园天数，通过塑料小圈的数量直观了解幼儿的出勤情况。教师可以分析幼儿的签到数据，发现幼儿出勤的规律性问题，例如某些幼儿经常迟到，从而采取相应措施进行干预。此外，教师可以将幼儿的签到情况和出勤统计结果反馈给家长，让家长了解孩子在园的时间观念和出勤状况。同时，教师与家长沟通时间观念培养的重要性，共同商讨如何在家园共育中加强幼儿时间观念的培养

（2）日常操作流程：入园后，孩子们化身为"小记录员"，熟练地翻找园历定位日期，并工整地写下自己的名字。接着，他们观察温度计和天气状况，用创意十足的图画、数字或符号记录相关信息。到了周五，教师利用时钟教具，带领孩子们开启统计与时间认知的小课堂，帮助他们理解一周的时间流逝和周期性规律。

（3）难点化解策略：在记录和统计过程中，记录出错或统计混乱是常见难题。为此，教师采取了以下策略。

小组合作：教师组织小组合作活动，邀请能力较强的孩子分享经验，通过同伴互助的方式帮助其他孩子掌握记录和统计的技巧。

技术支持：当遇到复杂的天气或时间概念时，教师借助手机气象 APP 和动画时钟软件，直观呈现知识要点，帮助孩子们扫清认知障碍，提升理解能力。

3. 大班组：幼小衔接专项资源助力成长（见表6-7）

表6-7 大班生活活动资源运用表

资源类型	资源运用方式
物质资源：计时器、时钟、温度计、日历、签到记录单	大班阶段是幼小衔接的关键时期。为促进幼儿全面发展，幼儿园可以创新性地将自主签到活动与幼小衔接教育相结合，设计实施表格签到制度。该活动要求幼儿每日到园后，在签到表上书写自己的姓名，并通过观察认识同伴的姓名，同时记录来园天数
人力资源：教师、幼儿、家长	教师：教师是生活活动的主要组织者和引导者，通过制订教学计划、运用多种教学方法和手段，以及定期观察和反馈，确保活动有序进行并满足幼儿的发展需求 幼儿：幼儿是生活活动的主体，通过积极参与、发挥主动性和创造性，以及与同伴合作，培养良好的生活习惯和社交能力 家长：家长是生活活动的重要支持者，通过多种形式的互动，家长能够深入了解幼儿的在园情况，积极参与幼儿园组织的各类活动，与教师共同制订教育计划，并在家庭环境中开展相应的生活实践活动。这种家园合作模式，形成了强大的教育合力，为幼儿的全面发展提供了有力保障

在大班这一幼小衔接的关键时期，教师高度重视幼儿书写与统计能力的培养，并巧妙地利用签到台这一日常活动场景中的资源来实现教育目标。教师精心设计了专属签到表格，细致规划了表格内容，设置了姓名书写栏，旨在引导幼儿在每日签到时规范书写自己的姓名。通过反复练习，幼儿能够熟悉汉字的基本笔画和结构，激发书写潜能，培养主动书写的兴趣，从而提升书写能力。此外，表格中还设置了来园日期栏和简单的统计模板，利用幼儿对自身出勤记录的兴趣以及初步的数字感知能力，引导他们关注日期变化，并尝试进行简单的数据统计，例如统计一周内的出勤天数（见图6-38）。这种多功能分区的签到表格将原本普通的签到活动转化为培养幼儿多方面能力的有效工具，使其成为重要的课程资源，为幼儿顺利过渡到小学阶段奠定坚实基础。

（1）签到中的能力提升：幼儿每日认真书写自己的姓名，认读同伴的名字，填写来园情况，并定期统计出勤天数。在此过程中，教师进行巡回指导，及时纠正书写错误和格式，帮助幼儿逐步掌握书写和统计的基本技能。

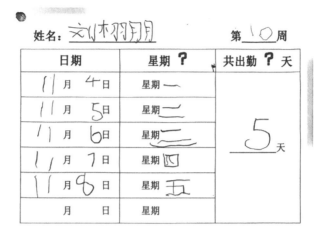

图 6-38 幼儿书写签到

（2）解决书写与统计难题：针对部分幼儿书写歪扭或统计失误的情况，教师根据个体差异提供多样化的书写材料和工具，让幼儿在潜移默化中提升书写能力。对于统计理解较慢的幼儿，教师通过实物演示和柱状图等形式，直观展示统计过程，帮助幼儿加深理解（见图 6-39）。这种分层指导的方式有效夯实了幼小衔接的必备技能。

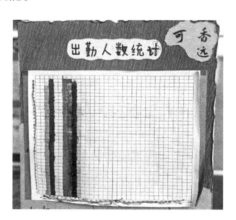

图 6-39 出勤人数统计柱状图

从激发兴趣到主动参与，再到自主衔接，入园签到活动通过巧妙的资源利用和年龄适配的设计，逐步攻克教育难题。签到台不仅是班级环境的装饰，更是隐形的课堂，潜移默化地培养幼儿的情感与能力，为他们的未来发展铺就了一条坚实的道路。

(三)教师思考

在大班幼小衔接的过程中，教师巧妙结合生活资源，支持幼儿开展入园自主签到活动。通过采用表格签到形式，记录幼儿每日来园情况，幼儿在练习书写自己姓名、认识同伴姓名以及统计来园天数的过程中，不仅有效提升了书写能力，还逐步掌握了简单的统计方法。这一活动充分挖掘了幼小衔接的教育价值，幼儿专属的签到表设计清晰明了，日期、班级、姓名等关键信息一目了然，精准的统计功能开启了幼儿自主管理的第一步。

多样化的资源为活动注入了丰富的内容。例如，书写工具配备了粗细适中的铅笔、无毒水彩笔以及足量的橡皮擦，契合幼儿手部精细动作的发展需求；示范样本中的姓名和数字书写卡片为幼儿提供了直观参照，帮助他们规范笔画顺序；磁性数字贴片、大型彩色日历与时钟等统计辅助道具则巧妙地将抽象的数字关系和时间概念具象化，帮助幼儿直观理解，锻炼数学思维能力。在此过程中，教师团队分工明确，充分利用各类学习资源。主班教师悉心引导幼儿签到、纠正书写，整理表格并总结问题，定期交流优化教学策略，全方位护航幼儿的成长。此外，家园联动进一步借助资源，无缝衔接小学所需的核心素养培育，使幼儿的入学准备更加充分。这种多元化的资源整合与运用，不仅丰富了活动形式，更为幼儿的全面发展奠定了坚实基础。

第三节　课程资源在大型活动中的运用

在幼儿园的大型活动中，课程资源的科学运用与精准表达构成了活动成功举办的核心要素。大型活动作为幼儿园教育体系中的关键环节，不仅承载着促进幼儿全面发展的教育使命，还扮演着展现幼儿园教育理念与文化底蕴的重要角色。课程资源，涵盖人力资源、自然资源、场馆资源、信息资源及文化资源等多维度内容，其在大型活动中的深度融合与高效利用，对于丰富活动内涵、提升活动品质具有重要价值。

一、幼儿园大型活动的概念

大型活动，广义上是指由某一组织或机构主办，涉及众多人员参与，具有明确主题、计划和组织流程，旨在达成特定教育、娱乐或社交目标的综合性活动。这类活动通常规模较大，影响力广泛，能够吸引大量观众或参与者的关注。

幼儿园大型活动，即幼儿园组织的有目的、有计划、有步骤的校园活动，对提高幼儿合作意识、激发活动兴趣、促进潜能开发、实现课程融合、助力幼儿健康快乐成长等具有十分重要的意义。[1] 这些活动不仅规模宏大，而且内容丰富多样，通常包括文艺汇演、运动会、亲子活动、节日庆典等多种类型。这些活动通过歌曲、舞蹈、戏剧、游戏、手工制作等多种形式，展现幼儿的才艺与创造力，锻炼幼儿的体能，培养幼儿的团队协作精神和竞争意识，增进家长与孩子之间的情感联系，加强家园合作，同时让幼儿在参与中了解传统文化，感受传统文化的魅力，激发幼儿对传统文化的兴趣和热爱，促进幼儿多方面能力的发展。

综上所述，幼儿园大型活动是一种集教育性、娱乐性、社交性于一体的综合性活动，是幼儿园教育体系中不可或缺的重要组成部分。

二、课程资源在幼儿园大型活动中的意义与价值

课程资源是课程实施不可或缺的基本要素，独立、有效地开发和利用课程资源不仅是新课程实施的基本条件，而且也是教师专业权利的基本体现。同时，课程资源只有真正进入课程创生实践，进入师生活动过程，与幼儿们发生互动，才能最终体现课程资源的价值。而幼儿园大型活动作为有目的、有计划、非个别班级师生参与的、具有一定规模的综合性教育活动，正是课程资源与幼儿发生互动的重要平台。

在幼儿园教育实践中，大型活动作为重要的教育载体，不仅为幼儿提供了展示自我、锻炼综合能力的平台，更是整合园内外资源、促进家园协同育人的关键途径。本节将系统探讨各类教育资源在幼儿园大型活动中的整合策略与实

---

[1] 何娜."活教育"思想引领下开展幼儿园大型活动之我见[J].甘肃教育，2020(21)：112-113.

践价值，重点分析如何通过科学规划和有效实施，将多元资源有机融入活动全过程，从而深化活动内涵，提升育人实效。

（一）人力资源，加强活动保障

大型活动的组织与实施是一项系统工程，需要投入大量的人力、物力和精力。其中，人力资源的合理配置与有效利用是确保活动成功开展的核心要素。教师、家长以及社区志愿者等多元主体的协同参与，不仅能够为活动提供充足的人力保障，更能通过其专业背景和独特视角，为活动注入创新元素，丰富活动的教育内涵与实施形式。

《幼儿园教育指导纲要（试行）》明确指出："幼儿园应与家庭、社区密切合作，与小学相互衔接，综合利用各种教育资源，共同为幼儿的发展创造良好的条件。"大型活动作为家园共育的重要载体，为家长深度参与幼儿园教育工作提供了有效途径。在活动筹备阶段，幼儿园应当深入挖掘家长资源。家长群体具有多元化的职业背景、丰富的社会阅历和专业特长，这些独特优势构成了幼儿园宝贵的教育资源库。在活动实施过程中，幼儿园应当建立家长参与机制，充分发挥家长的主体作用。教师应在充分沟通的基础上，根据家长的专业特长和兴趣爱好，合理分配活动任务。活动结束后，幼儿园应当建立系统的反馈与改进机制。通过组织家长座谈会、发放活动反馈表等方式，及时收集家长对活动的评价和建议。教师应与家长共同总结活动成效，反思存在问题，并就活动的持续改进和优化达成共识。

以"客家情·润童心"客家庙会大型活动为例，该活动通过系统整合多元人力资源，构建了全方位、立体化的文化体验平台。在活动筹备阶段，幼儿园充分发挥家长资源的独特优势，特别邀请具有客家文化背景的家长担任"文化使者"。这些家长通过故事讲述、方言教学、童谣传唱等形式，将客家文化的精髓娓娓道来。同时，幼儿园还发起了"客家文化家庭日"活动，鼓励家长在家中使用客家方言与幼儿交流，通过日常对话、亲子游戏等方式，营造沉浸式的语言环境，使幼儿在潜移默化中感受客家文化的独特魅力。在活动实施过程中，幼儿园积极引入社区资源，构建了多方协作的支持网络。社区"社工队"成员承担了现场引导、秩序维护等服务工作；同时，幼儿园还特别邀请了街道的非物质文化遗产传承人及民间艺术家入园展演，包括客家舞狮、传统剪纸、面塑技艺等多项非遗项目。这些文化传承人不仅进行了精湛的技艺展示，还通过互动体验环节，手把手指导幼儿参与传统工艺制作，让幼儿在亲身实践中感受传统文化的深厚底蕴。

（二）场馆资源，拓展体验空间

场馆资源作为大型活动开展的物质基础，其合理配置与创新运用直接影响活动的实施效果和教育价值。幼儿园应当建立场馆资源的统筹规划机制，充分挖掘和利用园内外各类场地资源，为大型活动的开展提供有力保障。在园内资源利用方面，幼儿园应当建立多功能厅、体育馆、音乐厅等专用场地的弹性使用机制。教师需要根据活动需求，科学规划场地，合理设计动线，确保活动安全有序开展。例如，在开展文艺汇演时，可将音乐厅划分为表演区、候场区和观众区，并设置清晰的指示标识；在组织运动会时，可利用体育馆和户外场地的联动，设置不同项目的活动区域。在场地环境创设方面，教师应当遵循"环境即课程"的理念，充分考虑幼儿的年龄特点、兴趣需求和发展水平。通过创意性的空间布局和环境装饰，将教育目标转化为直观的环境元素。例如，在开展传统文化主题活动时，可以运用传统纹样、民间工艺品等元素进行环境布置，营造沉浸式的文化体验空间。

以"客家情·润童心"客家庙会大型活动为例，该活动通过系统规划场馆资源，实现了空间利用的最大化。具体而言，将多功能厅改造为客家文化展览区，通过实物展示、图文介绍等方式呈现客家民俗文化；将足球场划分为传统游戏体验区，设置投壶、蹴鞠等传统游戏项目；将户外场地规划为动态展演区，安排舞狮、山歌等民俗表演；同时设置美食品鉴区，提供客家特色小吃。这种分区设计不仅确保了活动的有序性，还通过环境氛围的营造，加深了幼儿对客家文化的感知和理解。

（三）信息资源，增强活动效果

在大型活动的策划与实施过程中，信息资源的战略整合与创新应用是提升活动质量的关键要素。幼儿园应当建立系统化的信息资源管理机制，通过多元化渠道获取、筛选和利用优质信息资源，为活动的开展提供全方位支持。首先，在信息资源收集方面，幼儿园应当构建多渠道的资源获取体系。一方面，充分利用互联网资源库、数字图书馆等平台，系统收集与活动主题相关的文献资料、图片素材和视频资源，建立分类清晰、便于检索的资源库。另一方面，可以通过与高校、科研机构建立合作关系，获取专业的学术资源和研究成果，为活动设计提供理论支撑。其次，在信息资源应用方面，幼儿园应当建立资源转化机制。可以将收集到的信息资源进行二次开发，制作成适合幼儿认知特点的多媒体教学资源，如互动电子书、动画短片、虚拟现实体验等。例如，在开展客家文化主题活动时，可以制作客家围屋3D模型、客家民俗动画等数字化资源，为幼儿提供沉浸式的文化体验。再次，在信息传播方面，幼儿园应当构建全媒体宣传矩阵。通过微信公众号等社交媒体平台，采用图文、短视频、直播等多种形式，全方位展示活动亮点。可以设立"客家文化小课堂"专栏，定期推送文化知识；开设"文化传承人直播间"，邀请专家进行线上互动；创建"文化体验打卡"活动，鼓励家长和幼儿分享学习心得，形成良好的互动氛围。最后，在信息资源管理方面，幼儿园应当建立长效机制。可以将活动过程中积累的优质信息资源进行分类整理，形成可重复使用的资源库。同时，建立资源更新机制，定期补充新的信息资源，确保资源的时效性和实用性。例如，可以将客家文化活动的优秀案例、教学资源等进行系统整理，形成可供其他幼儿园参考的资源包。

通过以上策略，幼儿园不仅能够提升大型活动的组织实施水平，还能建立起可持续发展的信息资源库，为后续活动的开展提供有力支持，实现信息资源利用效益的最大化。

（四）文化资源，厚实底蕴

文化资源作为幼儿园大型活动的核心要素，其深度融入不仅丰富了活动的文化内涵，更提升了活动的教育价值。文化资源与幼儿园大型活动的有机融合，构建了一个立体的文化传承与创新平台，使活动既具有趣味性，又富有教育性，实现了文化传承与幼儿发展的双重目标。

在传统文化传承方面，幼儿园应当建立系统化的文化资源整合机制。通过深入挖掘地方特色文化元素，如民间故事、传统节日等，将其转化为适合幼儿认知特点的活动内容。例如，可以将传统节日与大型活动相结合，设计系列化的文化体验活动，让幼儿在参与中感受传统文化的魅力，培养文化认同感和民族自豪感。这种文化传承不是简单的复制，而是通过创新性的活动设计，使传统文化焕发新的生机。

在活动形式创新方面，文化资源的融入为幼儿园大型活动提供了丰富的创意源泉。幼儿园可以结合地域文化特色，开展"文化月""民俗周"等主题系列活动。以客家文化为例，可以通过设置文化体验区、手工艺制作区、美食分享区等多元活动空间，让幼儿在沉浸式体验中感受文化的多样性。同时，可以邀请非遗传承人、民间艺术家等参与活动，通过现场展示、互动教学等方式，增强活动的专业性和趣味性。

在多元文化教育方面，幼儿园应当构建开放的文化教育体系。在全球化的背景下，既要重视本土文化的传承，也要培养幼儿的跨文化理解能力。可以通过对比不同地域、民族的文化特色，设计多元文化体验活动，帮助幼儿建立文化包容意识。例如，在开展客家文化活动时，可以同时介绍其他文化，通过比较异同，培养幼儿的文化鉴赏能力。

以"客家情·润童心"客家庙会大型活动为例，该活动通过系统整合文化资源，构建了多层次的文化体验平台。在物质文化层面，通过展示客家服饰、手工艺品等实物，让幼儿直观感受客家文化的独特魅力；在行为文化层面，通过组织客家美食制作、民间游戏体验等活动，让幼儿在参与中理解文化内涵；在精神文化层面，通过客家故事讲述、山歌传唱等形式，传递客家人的价值观念和精神追求。这种全方位的文化体验，不仅激发了幼儿的文化兴趣，也培养了他们的文化创造力和团队协作能力，为文化传承注入了新的活力。

（五）自然资源，丰富活动内容

自然资源作为幼儿园大型活动的重要载体，其生态价值和教育功能的深度开发，为活动的创新开展提供了无限可能。自然资源以其直观性、互动性和可塑性等特点，不仅能够激发幼儿的探究兴趣，更能促进其多元智能的全面发展，在幼儿园教育实践中发挥着独特的作用。

在教育活动设计方面，幼儿园应当建立自然资源的开发与利用机制。通过系统整合园内外自然资源，设计系列化的自然探究活动。例如，可以开展"四季物语"主题活动，让幼儿观察植物生长变化；组织"自然艺术家"创意活动，利用树叶、石头等自然材料进行艺术创作。这些活动不仅能够培养幼儿的观察力、想象力和创造力，还能增强其对自然环境的认知和情感联结。在活动质量提升方面，自然资源的巧妙运用能够显著增强活动的趣味性和教育性。教师可以设计"自然寻宝"游戏，让幼儿在探索中发现自然的奥秘；组织"自然工坊"活动，指导幼儿利用自然材料制作手工艺品。这些活动既贴近幼儿的生活经验，又能满足其动手操作的兴趣，有效提升了活动的教育效果。在家园共育方面，自然资源为亲子互动提供了天然平台。幼儿园可以组织"家庭自然日"活动，鼓励家长带领幼儿进行户外探索；开展"自然物语"亲子工作坊，指导家长与幼儿共同创作自然艺术作品。这种基于自然资源的家园互动，不仅增进了亲子关系，也促进了教育理念的共识形成。

以客家庙会大型活动为例，自然资源的多维度运用展现了其独特的文化价值。在物质层面，利用当地竹材、纸张等制作的传统灯彩和仿生动物，既体现了地域特色，又展示了工匠智慧；在场景营造方面，通过自然材料的创意运用，构建了富有乡土气息的活动空间；在文化传承方面，将自然资源与传统技艺相结合，通过竹编、纸艺等制作体验活动，让幼儿在动手实践中感受文化魅力。

这种自然与文化的深度融合，不仅丰富了活动内涵，更构建了一个立体的文化传承场域。幼儿在参与自然材料制作、传统技艺体验的过程中，不仅培养了动手能力，更深化了对本土文化的认知和理解。同时，这种基于自然资源的传统文化创新实践，也为社区文化认同感的提升和文化传承注入了新的活力。

三、课程资源在幼儿园大型活动中的运用案例

（一）案例一：大型活动"客家情·润童心"客家庙会

《幼儿园教育指导纲要（试行）》明确指出，应充分开发和利用社会资源，引导幼儿切身感受祖国文化的博大精深与独特魅力，体验家乡的发展变迁，从而培养其热爱家乡、热爱祖国的深厚情感。地方传统文化作为重要的教育资源，其融入幼儿园教育实践不仅能够丰富教育形式、提升教育内涵，更能有效促进幼儿的文化认知与全面发展。将地方传统文化有机融入幼儿园课程体系，既能彰显园所特色，又能构建具有地域文化特征的园本课程体系。

我园地处深圳龙岗客家人聚居区，多年来始终秉持"文化育人"的理念，深入挖掘客家文化资源，系统构建具有客家文化特色的园本课程体系。我们重点提炼了客家文化中勤劳质朴、崇德向善、孝亲敬长、团结协作等核心价值，

通过课程转化，将其有机融入"涵养"课程体系，使之成为园本课程的重要组成部分。

在课程实施过程中，我们充分发挥地域优势，系统整合客家文化资源，重点从三个维度推进文化传承：其一，提炼客家文化精髓，将客家民俗、传统技艺、民间艺术等元素转化为课程资源；其二，创设文化体验环境，通过打造客家文化主题墙、设置文化体验区等方式，营造沉浸式的文化氛围；其三，创新文化传承方式，设计符合幼儿认知特点的文化体验活动，让客家文化在潜移默化中浸润幼儿心灵。为增强文化传承效果，我们精心设计并实施了为期一个月的"客家文化月"系列活动，其中"客家庙会"大型活动成为文化传承的重要载体（见图6-40）。该活动通过"文化体验、艺术展演、互动游戏、美食品鉴"等多元形式，构建了一个立体化的文化传承平台。孩子们在参与舞狮表演、客家山歌传唱、传统手工艺制作等活动中，不仅感受到客家文化的独特魅力，更在实践体验中深化了对本土文化的认知与认同。

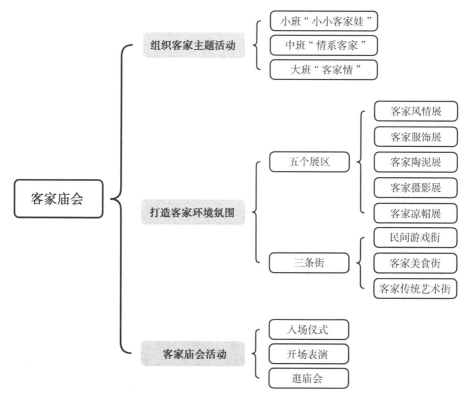

图6-40 "客家庙会"大型活动流程

通过系统梳理课程资源在"客家庙会"大型活动中的运用效果（见表6-8），我们发现：文化资源的课程转化显著提升了活动的教育价值；多元化的活动形式有效激发了幼儿的参与兴趣；家园社区的协同参与强化了文化传承的效果。这种基于地方文化的课程实践，不仅丰富了园本课程的内涵，更为传统文化的创新传承提供了可借鉴的实践范式。

表6-8 "客家庙会"活动资源表

资源类型	资源内容	对幼儿发展的价值	资源开发与利用策略	开展的活动
文化资源	客家的历史文化、起源；客家民俗风情；客家传统技艺；客家物质文化	帮助孩子养成良好的习惯、了解不同的民族文化	通过讲述、表演、参观等方式让孩子接触和了解	讲述客家传说故事、演唱客家歌谣、参观客家建筑等
人力资源	家长义工、家长助教	为孩子提供拓展认知体验的机会	组织专业讲解、亲子互动、教学引导等活动	家长志愿者协助开展活动
	客家文化传承人	传承客家文化，提供专业指导	邀请传承人在活动现场展示技艺，与幼儿互动	传承人现场教学客家传统技艺
	社区人员	丰富活动内容，提升活动的专业性和趣味性	邀请社区人员参与活动表演和教学，为活动增添色彩	社区人员表演客家舞蹈、戏曲等；活动现场协助和组织
自然资源	客家的服饰、传统手工艺品、美食	丰富孩子的认知和体验	提供实物让孩子观察和体验	试穿客家服饰、制作客家手工艺品、品尝客家美食
场馆资源	幼儿园内外的场馆（大厅、走廊、足球场等）	提供多样化的活动空间，满足幼儿的活动需求	合理规划幼儿园内外的场馆，布置不同主题的活动区域	多功能厅举办客家风情展览、足球场设为游戏区

资源类型	资源内容	对幼儿发展的价值	资源开发与利用策略	开展的活动
信息资源	活动宣传海报、活动信息、现场活动报道	（1）通过宣传海报和活动信息的发布，引起幼儿、家长和社区人员对活动的期待和兴趣，提升参与积极性 （2）帮助家长和社区居民了解活动内容和目的	（1）制作活动宣传海报，突出活动主题和亮点，吸引幼儿和家长的关注 （2）通过各班家长群、微信公众号、小区业主群等渠道发布活动信息，确保信息的及时性和准确性	活动预告分享、活动精彩瞬间回顾、家长意见收集

为确保幼儿园大型客家庙会活动的顺利开展与有效实施，系统化的文化资源挖掘与整合工作成为首要任务。这一基础性工作不仅决定了活动的文化内涵和教育价值，更直接影响着文化传承的效果。我们秉持"深度挖掘、系统整合、创新转化"的原则，从多个维度推进客家文化资源的开发与利用。

1. 探文化，寻资源

（1）文献研究——构建理论基础。

在活动筹备初期，我们建立了系统的文献研究机制。通过图书馆文献检索、数据库资源查询、地方志研究等多种途径，广泛收集与客家文化相关的学术著作、研究报告、影像资料等。重点聚焦客家庙会的历史沿革、民俗特征、艺术形式等内容，深入挖掘其文化内涵与教育价值。这一过程不仅为活动策划提供了坚实的理论支撑，更为文化资源的转化奠定了基础。

（2）田野调查——获取第一手资料。

为深化对客家文化的理解，我们组织了专业的教师调研团队，开展了田野调查。调研团队深入客家聚居区，采用参与式观察、深度访谈、实物采集等方法，系统收集客家文化资源。具体包括：实地考察客家围屋、宗祠等传统建筑，记录其建筑特色与文化寓意；走访客家博物馆，收集传统服饰、手工艺品等的图像资料；观摩民俗活动，记录仪式流程与文化内涵；访谈文化传承人，整理技艺传承脉络与个人故事。这些第一手资料为活动的真实性、专业性提供了有力保障。

(3)资源库建设——建立长效支持系统。

基于前期调研成果，我们建立了系统化的客家文化资源库。第一，收录多位客家文化传承人的详细信息，包括技艺特长、传承经历等，形成艺人资源库；第二，收集传统服饰、手工艺品、生活器具等实物，形成实物资源库；第三，整理图片、视频等资料，形成数字资源库。资源库的建立不仅服务于本次活动，更为后续的文化传承工作持续提供支持。

(4)社区协同——构建多元支持网络。

我们积极拓展社区合作渠道，构建了多元化的支持网络。例如，与社区文化站建立合作关系，获得场地、设备等支持；通过家长委员会招募文化志愿者；建立"文化传承人驻园"机制，邀请艺人定期来园指导；设立"客家文化资源角"，展示社区捐赠的实物资料。这种深度合作模式不仅丰富了活动资源，更促进了社区文化认同感的提升。

通过系统化的资源挖掘与整合，我们深刻认识到文化传承是一项需要多方协作的系统工程。资源的收集与整合过程，本身就是一次文化认知的深化过程。应持续完善资源库建设，探索资源利用的创新模式，为幼儿提供更优质的文化体验，为传统文化的传承注入新的活力。

2. 聚智慧，研资源

在客家文化资源的开发与利用过程中，资源的有效运用成为关键。我们对收集到的客家文化资源进行了系统化的分类整理，涵盖了客家传统服饰、美食、民间艺术、童谣等多个方面。在整理过程中，我们特别注重筛选出既具有鲜明客家文化特色，又符合幼儿认知特点和体验需求的内容。例如，我们选择了色彩鲜艳、图案丰富的客家服饰供幼儿欣赏和试穿；挑选了制作简单、口感独特的客家美食让幼儿品尝；同时选取了易于理解、富有教育意义的客家传说故事和童谣进行讲述和传唱。

在资源的开发利用过程中，我们始终围绕幼儿学习与发展的核心经验，结合幼儿的当前兴趣和已有经验，巧妙地将主题核心经验与幼儿的兴趣点相融合。教师在设计活动时，既要有明确的教育目标，又要充分关注幼儿的兴趣、经验及最近发展水平，确保资源与幼儿之间能够产生有效的互动。为此，我们组织了多次大型活动研讨会，围绕"如何有效利用资源"这一主题展开深入讨论。教师们结合幼儿的认知特点、兴趣点以及活动目标，制定了详细的活动方案，将复杂的客家文化元素转化为简单易懂、生动有趣的活动形式。在活动设计中，我们将客家传统服饰、美食、民间艺术、游戏等作为核心内容，同时注重将客家文化与幼儿的日常生活经验相结合，设计了一系列贴近幼儿实际、易于幼儿理解和接受的活动环节。例如，我们设计了讲述客家传说故事、表演客家歌谣、参观客家建筑模型、制作客家手工艺品等活动。这些环节不仅符合幼儿的年龄特点，还能让他们在轻松愉快的氛围中深入了解和体验客家文化。

通过分类整理文化资源、分析幼儿的兴趣点和认知特点、召开研讨会以及将资源有效运用到活动中，我们成功设计并实施了一系列符合幼儿年龄特点的客家文化体验活动（见表6-9）。这些活动不仅帮助幼儿了解了客家文化的丰富内涵，还激发了他们对传统文化的热爱和传承意识，为幼儿的文化启蒙教育奠定了坚实的基础。

表6-9 "客家庙会"活动准备

准备项目	准备类型	具体准备内容
场地环境	客家风情展	(1)完善展区布局，确保客家生活工具的展示清晰有序 (2)制作并安装二维码标识，便于扫码了解工具名称及使用方法 (3)设立"小导游"区域，准备必要的讲解道具和麦克风
	客家服饰展	(1)布置服饰展示架，确保服饰、凉帽等物品摆放整齐 (2)灯光调整，突出服饰的色彩和细节
	客家陶泥展	(1)布置陶泥作品展示区，确保作品稳固展示 (2)准备标签说明，介绍作品的创作者和创作背景
	客家摄影展	(1)布置摄影作品展示墙，确保照片清晰展示 (2)设置主题区域，如"客家风光""客家人文"等，便于观众分类欣赏 (3)提供投票区，给自己喜欢的作品送小红花
	客家庙会街	(1)划分客家美食街、客家传统艺术街、民间游戏街等区域，确保各区域互不干扰 (2)布置庙会入口，设置祝福飘带和入场仪式区域 (3)准备表演舞台和音响设备，确保开场表演顺利进行

续表

准备项目	准备类型	具体准备内容
活动材料	客家风情展	(1)客家生活工具的实物或模型 (2)二维码标签及打印设备
	客家服饰展	(1)客家服饰、凉帽等实物 (2)展示架、灯光设备
	客家陶泥展	(1)幼儿陶泥作品 (2)展示台、标签纸
	客家摄影展	(1)精选的客家摄影作品 (2)摄影作品介绍册,包含摄影师简介和作品背后的故事 (3)准备各种小红花,供投票使用
	客家庙会	(1)美食街所需食材、工具(如糖画工具、糍粑制作工具等) (2)传统艺术街所需材料(如面人材料、剪纸工具等) (3)民间游戏街所需道具(如独轮车、跳皮筋等)
家长配合	参与教学	(1)家长进班讲述客家文化、故事,教唱客家童谣 (2)在家与孩子用客家话交流,营造文化氛围
	资源收集	(1)收集客家生活工具、服饰、凉帽等物品 (2)拍摄客家文化相关照片,参与摄影比赛 (3)"三条街"的自然材料、会场的用品等
	活动参与	(1)鼓励家长参与"客家庙会"活动,与孩子共同体验客家文化 (2)协助布置会场、维护现场秩序等志愿服务
社区资源	民间艺人	(1)与相关协会联系,邀请民间艺人进行传统艺术表演和教学 (2)安排表演时间和地点,确保演出顺利进行
	表演团队	(1)邀请专业人员进行舞狮表演 (2)与其他表演团队沟通,确定表演内容和时间
	社区志愿者	(1)招募社区志愿者,进行活动前的分工 (2)负责活动现场引导、秩序维护、卫生清洁等工作

3. 融资源，创活动

"客家庙会"活动通过整合多方资源，打造了一个充满客家文化氛围的盛会，旨在让幼儿在参与中深入体验客家文化的魅力，增进对传统文化的理解和认同，同时促进家、园、社协同共育，增强社区文化认同。以下是活动的具体流程（见表6-10）。

表6-10 "客家庙会"活动流程

环节	内容		说明
入场仪式	祝福飘带		家长带孩子入园，在祝福飘带上写上孩子和家长的名字。营造浓厚的节日氛围，增强观众的参与感和归属感
开场表演	（1）腰鼓 （2）客家山歌 （3）醒狮表演		为庙会活动拉开序幕，营造欢乐祥和的氛围。展现客家文化的独特韵味和深厚底蕴，为庙会增添喜庆气氛
逛庙会	五个展区	客家风情展	各种客家农具和用具，现场可以体验和操作
		客家服饰展	各种各样的客家服饰，可以欣赏和体验
		客家陶泥展	幼儿可以现场制作
		客家摄影展	摄影内容包括客家建筑、人物、美食、美景、民俗活动等
		客家凉帽展	幼儿和家长可以现场制作客家凉帽
	三条街	传统艺术（艺术街）	剪窗花、画灯笼、客家小戏台、陶泥、捏面人、木偶戏、草编、舞狮、客家凉帽
		民间游戏（游戏街）	套圈、花轿、高跷、独轮车、斗鸡、滚铁环
		客家美食（美食街）	酿豆腐、糍粑、萝卜茶果、客家擂茶、豆浆、水果糖葫芦、棉花糖、糖画

（1）文化资源深度整合——打造沉浸式客家文化体验。

围绕客家文化的核心元素，精心设计了"五展三街"等活动区域。五展包括客家风情展、客家服饰展、客家陶泥展、客家摄影展和客家凉帽展，展示了客家的历史、服饰、艺术和传统手工艺；三街则包括民间游戏街、客家美食街和传统艺术街，幼儿可以在互动中体验客家文化的独特魅力。活动中，幼儿穿着客家服饰自由探索，品尝由家长和幼儿共同制作的客家美食（如艾米果、酿豆腐等），感受客家饮食文化的独特风味；参与手工艺制作（如编织竹篮、制作捏面人等），体验传统技艺的乐趣；观看客家山歌、舞蹈、腰鼓等民间艺术表演，领略客家文化的艺术风采。家长和幼儿的共同参与不仅增强了活动的互动性，也促进了家园共育的深入发展。

（2）人力资源运用——家、园、社共参与。

活动充分发挥了家、园、社三方力量，形成了协同共育的良好局面。家长们带来了客家美食、传统手工艺品等，为活动增添了丰富的文化内涵；社区义工和志愿者积极参与活动的筹备和表演，提供了物资保障和人力支持，扩大了活动的影响力；多位客家文化传承人和民间艺人受邀来到现场，为孩子们提供专业的讲解、指导和表演，他们的生动讲解和精彩表演深受孩子们喜爱。

（3）自然资源巧妙融合——营造生态客家文化氛围。

在自然资源运用方面，我们深入挖掘了竹子、泥土、竹篾和稻草等自然材料，同时巧妙结合客家服饰、传统手工艺品、客家美食及农具用具等具有鲜明客家特色的资源，共同营造出一种浓郁而独特的文化氛围。幼儿们身着天然纤维编织的客家服饰，在庙会上自由穿梭，不仅亲身感受到了客家服饰的精致与韵味，更体会到了自然材料带来的舒适与环保。在手工艺品的制作环节，我们引导孩子们利用竹篾、稻草等自然素材，亲手编织竹篮、制作稻草人，这一过程不仅锻炼了孩子们的动手能力，更让他们在实践中加深了对客家传统文化的理解与认同。此外，家长与孩子们携手合作，利用自然材料制作艾米果、酿豆腐等客家美食，孩子们在品尝地道客家味道的同时，也了解了美食背后的文化故事与制作工艺。同时，我们展示了犁、耙、镰刀等多种客家农具，并设置体验区，让孩子们有机会亲手操作这些农具，亲身感受客家农耕文化的深厚底蕴。在各个体验点，我们还充分利用了绳子、凉帽等自然材料，为孩子们提供了丰富多彩的互动体验，这些材料不仅环保安全，更激发了孩子们的创造力与想象力，让他们在玩乐中学习更多的客家文化。

（4）信息资源高效运用——拓宽活动宣传与记录渠道。

利用现场直播和社交媒体宣传等现代科技手段，对活动进行了广泛的宣传和推广。这不仅提高了活动的知名度和影响力，还吸引了更多家长和孩子的关注和参与。通过摄影、摄像等方式对活动进行了全程记录，并整理成活动相册和视频资料。这些资料不仅为后续的总结和反思提供了有力支持，还成为了幼儿园文化建设的宝贵财富。

通过本次"客家庙会"活动，我们充分利用了前期整合的资源，确保了活动的顺利开展和孩子们的积极参与。活动不仅让幼儿感受了客家文化的魅力，还增进了亲子关系、促进了家园共育、加强了社区文化认同。同时，我们也意识到在资源运用过程中需要注重资源的合理配置和有效利用，以充分发挥它们的作用。在未来的活动中，我们将继续加强资源的运用和管理工作，为孩子们提供更多优质的教育资源和活动体验。

4. 共反思，促成长

在活动圆满落幕之际，我们深刻认识到资源在庙会活动中的核心价值。从资源的寻找、研究到巧妙运用，每一步都凝聚着我们对客家文化的热爱与传承的决心。在寻找资源阶段，我们广泛搜集，不仅涵盖了丰富的客家歌谣、传说故事等文化资源，还深入挖掘了客家服饰、传统手工艺品等物质资源。我们走进社区，拜访民间艺人，建立了艺人资源库，并招募志愿者，形成了志愿者资源库，为活动的成功举办奠定了坚实的基础。在研究资源阶段，我们对收集到的各类资源进行了细致的梳理与研究。通过分类整理和提炼升华，我们更深入地理解了客家文化的精髓，同时也为如何将这些资源融入庙会活动提供了清晰的思路。这一过程不仅加深了我们对客家文化的认识，也为活动的设计注入了更多文化内涵。在运用资源阶段，我们巧妙地将文化资源、人力资源等融入活动之中，使孩子们在参与中深刻感受到客家文化的魅力。活动效果显著，孩子们对客家文化的了解程度和认同度显著提升，同时也在动手能力、团队协作等方面得到了锻炼。家长和社区的反馈也极为积极，对活动的设计和实施给予了高度评价。

在此基础上，我们进一步将活动中的教育资源进行提炼和升华，形成了具有客家特色的庙会活动资源库。这个资源库不仅包括了活动方案、教学资源等内容，还涵盖了艺人档案、志愿者信息等，为未来的活动提供了极大的便利和支持。这一资源库的建立，不仅是对本次活动的总结与升华，也为今后开展类似活动积累了宝贵的经验。

（二）案例二：蜗牛园"主题畅游日"活动

在蜗牛园里，我们始终秉持着"慢下来，和儿童一起学习"的教育理念，将课程资源的有效运用视为提升教育质量的核心。在蜗牛园的教育实践中，每学期各班教师都会以班级为基点，基于幼儿、教师、家长及资源的特点，贯彻落实幼儿园主题课程，形成独具特色的班级主题课程。每学期末，各班级的主题展演活动更是精彩纷呈：无论是"纸"主题的亲子自制创意服装走秀、《西游记》主题的幼儿续编表演，还是"红红的新年"主题庙会活动，每一个班级主题课程都以独特的方式生动展现了孩子们的研究成果。然而，这些精彩的瞬间往往被局限在幼儿园的各个角落。加之场地和邀请范围的限制，大多数幼儿只能参与本班的主题展演活动，全园幼儿和家长难以亲眼见证、亲身参与这些充满创意与意义的展演活动，这无疑是一种遗憾。

我们不禁思考：为何不让这份精彩与资源惠及全园幼儿，乃至整个社区的居民呢？这不仅能让更多人了解我们幼儿园的课程开展情况与水平，展现孩子们的成长与进步，还能借此机会扩大幼儿园在社区的影响力，搭建起家园共育、社区联动的桥梁。于是，蜗牛园"主题畅游日"应运而生。我们积极与小区物业沟通协作，将此次活动移至幼儿园所在的小区内举办，旨在打造一场别开生面的主题活动盛宴。

活动中，各班级根据主题研究成果，设置了特色鲜明的主题体验区。例如，研究扎染的班级展出扎染作品，并邀请参与者亲手体验扎染的乐趣；研究动物的班级设置动物体验区，向其他班级讲解动物的成长故事及饲养注意事项，还能让其他幼儿与动物互动。在这样一个开放、包容的主题课程体验环境中，全园的孩子不仅能畅游于不同的主题世界，共享各班主题研究成果的资源，还能在担任讲解者的过程中，锻炼自己的表达能力与自信心。

蜗牛园"主题畅游日"不仅是各班级主题课程成果的精彩展示，更是一次促进家园共育、社区融合的生动实践。我们期待通过这次活动，让更多人走进孩子们的世界，亲身体验他们在主题探索与学习过程中的乐趣与成长。同时，向社区居民展现蜗牛园的课程实力与教育魅力，扩大幼儿园的社会影响力。以下，我们将详细阐述课程资源在大型活动"主题畅游日"中的运用效果（表6-11）。

表6-11 大型活动"主题畅游日"资源汇总表

资源类型	资源内容	对幼儿发展的价值	资源开发和利用策略	开展的活动
人力资源	教师团队	提供专业指导和支持，确保活动的教育性和安全性，促进幼儿认知、情感和社会性的全面发展	制订详细的活动计划，明确教育目标，设计适合幼儿发展的活动内容和形式	进行活动指导和巡视
	家长志愿者	增强家园共育的参与感，通过亲子互动加深亲子关系，促进幼儿家庭教育的连续性	招募并培训家长志愿者，明确分工，发挥各自的特长，协助教师组织活动	在本班的主题体验区进行支持
	物业工作人员	提供场地维护和安全保障，确保活动顺利进行，为幼儿创造安全、舒适的活动环境	提前与物业沟通，确保场地设施完好，安排专人负责安全巡逻和紧急处理	（1）帮助活动宣传（2）维护活动现场秩序

资源类型	资源内容	对幼儿发展的价值	资源开发和利用策略	开展的活动
自然资源	绿植、树木、动物	(1)培养幼儿对自然环境的观察力和探索欲，增强环保意识 (2)通过亲近自然，促进幼儿身心健康发展，提升幼儿的情绪管理能力	结合主题活动，设置自然材料探索区，让幼儿观察绿植、树木和动物，了解它们的特性和生长习性	利用场地内的自然材料进行相关的活动准备
场地资源	幼儿园所在小区内	(1)提供宽敞、安全的活动空间，满足幼儿户外活动的需求 (2)增进幼儿对社区环境的了解和归属感，促进幼儿的社会性发展	(1)充分利用小区内的公共区域，如草坪、花坛、树木等，设置不同的活动区域 (2)与社区管理部门沟通，确保活动期间的场地安全和秩序	在场地内设置了不同的主题体验区：泥染体验区、扎染区、表演区、鸭鸭互动区、自然材料手工区等
物质资源	各类主题体验材料、展架、桌椅等	(1)提供丰富的操作材料，满足幼儿动手操作的愿望，提升幼儿的手眼协调能力和创造力 (2)通过展架和桌椅的布置，营造有序、美观的活动环境，激发幼儿的学习兴趣	(1)根据不同的主题活动，准备相应的体验材料和教具，确保活动的趣味性和教育价值 (2)合理布置展架和桌椅，确保幼儿能够舒适地参与活动	各类不同的主题活动体验
信息资源	活动宣传海报、活动信息	(1)通过宣传海报和活动信息的发布，引起幼儿对活动的期待和兴趣，提升参与积极性 (2)帮助家长和社区居民了解活动内容和目的	(1)设计精美的宣传海报，突出活动主题和亮点，吸引幼儿和家长的关注 (2)通过各班家长群、微信公众号、小区业主群等渠道发布活动信息，确保信息的及时性和准确性	活动预告分享、活动精彩瞬间回顾、家长意见收集

1. 观环境，觅资源

在筹备此次大型活动时，鉴于活动规模庞大，预计全园幼儿、家长以及社区居民将共同参与，我们首要面对的挑战便是活动场地的选择。最初计划的幼儿园内部场地在初步评估后发现难以容纳如此众多的参与者，因此，我们将目光投向了幼儿园所在的小区。幼儿园所在的小区虽然面积不大，但其绿地规划、景观设计、人口密度及建筑布局都十分合理，有一种宁静、绿意盎然的氛围。为了满足全园性"主题畅游日"的需求，我们决定充分利用这一得天独厚的社区环境。于是，幼儿园组织教师团队对小区进行了全面而细致的实地考察，旨在挖掘并充分利用小区内的自然资源、场地资源以及潜在的社区和家长资源，确保活动的顺利开展。

在实地考察和研讨过程中，教师们不仅聚焦于如何充分利用小区内的绿植、树木等自然资源，以激发幼儿对自然环境的观察力和探索欲，还深入探讨了如何合理规划小区内的公共区域，如草坪、花坛、休闲广场等，以设置不同主题课程的体验区域，满足幼儿多样化的体验需求。同时，教师们还积极探讨如何与社区管理部门沟通协作，确保活动期间的场地安全和秩序维护。

付老师：这块地方很宽敞，非常适合搭建舞台。大三班的主题是树叶创意服装秀，到时候活动可以在这里开场，效果一定很棒。

余老师：刚刚在小区里走了一圈，发现最多的就是花儿、草儿、树叶和泥土，这些都是丰富的自然资源。如果有班级要做花草纸，可以直接收集这些自然材料。把体验区设在这里，树叶和落花自然飘落，应该会非常漂亮。

黄老师：我们班计划做泥染体验区，这片草坪非常宽敞，旁边刚好有大量黄泥巴，可以就地取材，直接设置成泥染体验区，让孩子们尽情体验自然美育的艺术魅力。

张老师：这块空地很宽敞，小朋友们研究了这么久的鸭子，可以把鸭子放在这里，让他们介绍鸭子的生活习性，并让他们为鸭子搭建房子，小朋友们一定会非常感兴趣。

杨园长：大家都觉得小区的场地不错，也有了很好的规划。接下来，就让后勤主任去跟物业沟通一下，看能否借用这个场地，并请他们提供一些维护上的支持。

最后通过走访和研讨，在综合考虑自然资源与场地资源的可利用性后，幼儿园选定了一条长条形长廊和圆形花坛的场地作为"主题畅游日"的主要活动区域(见图6-41)。这个场地空间宽敞，能够满足大量人流的通行和各个活动区域的设置需求。更重要的是，场地两边布满了高低错落的绿植，展现了小区独特的自然风貌。我们可以充分利用场地中的树木、花草等自然景观，悬挂与主题相关的装饰物，用大石块摆放孩子们的主题作品等，使整个活动更加生动有趣。为此，我们绘制了蜗牛园"主题畅游日"的场地规划图(见图6-42)，确保活动有序、高效地进行。

图6-41 "主题畅游日"场地实景 　　图6-42 "主题畅游日"场地规划图

2. 发调查，聚资源

鉴于蜗牛园"主题畅游日"是幼儿园首次在园外举办的全园性活动，我们深知在活动策划和筹备过程中，需要充分汇聚和利用家长与教师的资源，以确保活动的顺利进行。为此，我们通过召开家长会、家委会以及发放调查表的方式，深入了解家长和教师的资源与意愿，为活动的筹备提供有力支持。

在家长会和家委会上(见图6-43)，幼儿园发起了一场关于此次活动的讨论。家长们积极响应，分组讨论，各抒己见，为活动提出了许多富有创意和实用价值的建议(见图6-44)。教师们也全程参与，结合自身的专业知识和教学经验，为活动的设计与实施提供了专业指导。

家长代表A：我们这一组的家长们为蜗牛园"主题畅游日"提出了一个既环保又富有教育意义的创意。我们班绵绵老师在家长会上介绍了班级正在开展的"自然美育"主题，因此我们计划利用小区内的空地和绿化带，搭建一个"自然探索乐园"。我们将收集各种自然材料，如树叶、树枝、石头等，让孩子们在探索中学习自然界的奥秘。同时，我们还将设置一些与自然相关的互动游戏，

图 6-43　家委会正在分组讨论　　　**图 6-44　家委会代表发言**

比如"寻宝大冒险"，让孩子们在寻找宝藏的过程中，了解植物的生长、动物的习性等自然知识。我们相信，这样的活动不仅能让孩子们亲近自然，还能培养他们的观察力和动手能力。

家长代表 B：我们组计划设立一个节气美食摊位。我看到老师们在每个节气都会制作一些传统美食，因此我们邀请擅长制作节气美食的家长们参与，设置节气美食品尝区，比如冰糖葫芦、萝卜糕、糍粑等。这样不仅能让孩子们品尝到美味的食物，还能让他们重温二十四节气的食育相关知识。同时，畅游日上的各种美食也将为活动增添更多乐趣，毕竟孩子们都爱吃嘛！

家长会和家委会虽然只有部分家长代表和教师代表发言，但为了更全面地了解家长和教师的资源，幼儿园分别向家长和教师发放了"家长资源调查表"和"教师资源调查表"。这两份调查表旨在征求家长和教师们对于"主题畅游日"活动的意见和建议，内容涵盖了家长可以为活动提供的资源种类、数量以及他们对活动的期望，同时也详细询问了教师们对于活动设计的创意、教学资源的整合以及他们在活动中可以扮演的角色等。

通过调查，我们获得了大量宝贵的家长和教师资源信息。这些资源的汇聚与整合，为"主题畅游日"活动的成功举办奠定了坚实的基础。我们期待在家长和教师的共同努力下，活动能够呈现出更加丰富多彩、充满教育意义的内容。

在筹备过程中，我们了解到一位家长是小区物业的经理。通过这位家长的牵线搭桥，我们顺利与物业公司进行了沟通，并得到了他们的认可和大力支持。物业不仅为我们提供了场地使用的便利和活动宣传的支持，还安排专门的物业工作人员在活动当天协助维护现场秩序和安全，确保活动的顺利进行。

3. 集智慧，研资源

在广泛调研小区及周边资源，并通过家长会、家委会会议以及调查问卷等形式深入收集家长和教师资源，并与物业沟通获得场地支持后，我们正式进入了"主题畅游日"的筹备与资源优化配置阶段。这一阶段的核心在于集众人智慧，深入探讨如何将各类资源与各班级的主题探究及"畅游日"主题体验场地紧密结合，同时优化教师资源的配置，确保每个主题区都能充分体现班级主题探究的精髓，并为幼儿提供丰富多样的学习体验，让他们能够直接感知、实际操作、亲身体验。为此，我们重点进行了以下几个方面的研讨。

（1）课程资源与幼儿经验的连接。

我们深知，儿童的学习是以直接经验为基础的，主要发生在游戏和日常生活中。因此，我们聚焦各类资源的可利用性，集思广益，共同探讨如何利用这些资源创设富有教育意义、趣味性强且易于幼儿接受的主题体验区。老师们围绕"直接感知、实际操作、亲身体验"的理念，精心规划如何将课程资源融入"畅游日"活动，让幼儿在参与和体验中获得新的经验。为了激发更多教师的灵感，我们选取了具有代表性的班级进行典型案例研讨。

例如，大一班正在深入探究传统文化中的扎染艺术。在整个主题探究过程中，孩子们通过了解扎染的历史、学习扎染技巧、创作扎染作品等活动，对扎染文化有了深刻的认识和体验。基于此，有老师提议在"畅游日"活动中设立"传统文化扎染体验区"，让幼儿在互动体验中感受传统文化的魅力。在体验区内，我们设计了多个互动环节：

扎染历史展示：通过图片、文字、视频等多种形式，展示扎染的历史沿革和文化内涵，帮助幼儿了解扎染的起源和发展。

扎染技巧教学：由专业教师现场演示扎染的基本技巧，如扎结、染色、晾晒等，让幼儿在观察和学习中掌握扎染的基本方法。

扎染作品创作：提供丰富的材料和工具，让幼儿在体验区指导人员（教师、家长义工、幼儿）的指导下亲自创作扎染作品，体验创作的乐趣和成就感。

通过这样的典型案例研讨，其他班级的教师也深受启发，纷纷结合本班的主题探究内容，设计出更加丰富多样的互动式体验区。例如，有的班级围绕"自然探索"主题，设计了"树叶创意工坊"；有的班级以"节气文化"为主题，设置了"节气美食品尝区"。这些体验区不仅贴近幼儿的生活经验，还充分体现了各班主题探究的深度与特色。

（2）人力资源与"畅游日"活动的融合。

在整合资源时，活动主要会使用到三种人力资源，分别是教师资源、家长资源和物业工作人员资源。以下是经过研讨后，针对这三种资源开发和利用的具体策略。

①教师资源：点亮"畅游日"活动的创意火花。

我们尤为重视教师资源的开发与利用。在"畅游日"活动的筹备中，教师们基于班级主题活动，以自身的专业知识和教学经验为基石，为活动的设计与实施贡献了独特的智慧。教师们不仅是活动的策划者，更是实施者。他们围绕班级的主题，精心规划了一系列富有教育意义的体验区域。例如，以食育为特色主题的班级，教师可以与热衷于此的家长资源携手，共同策划美食主题体验区。在这里，孩子们可以近距离接触并亲手制作冰糖葫芦、山楂雪球等传统节气美食，在享受动手乐趣的同时，也能学习到关于食材、制作方法和健康饮食的知识。

通过教师的精心策划与引领，"畅游日"活动不仅成为孩子们展现自我、拓宽视野的平台，更是一次教育与实践相结合、资源共享与交流的快乐体验日。

②家长资源：主题体验日的特色共创。

在筹备主题体验日的过程中，我们深度开发和利用了家长资源。通过系统分析前期的家长资源调查结果，我们发现家长群体中拥有多样化的技能与独特才能，如制作美食、书写毛笔字、制作手工艺品等，并据此匹配了即将开展的主题体验区。以大班"汉字主题体验区"活动为例，我们邀请擅长毛笔字书写的家长作为该区域的指导教师资源。据了解，往年春节前，许多小区居民都会找他书写对联。这位家长不仅拥有深厚的书法功底，更对汉字文化有着独到的见解与热爱。在体验日中，他可以亲自指导孩子们进行毛笔书写，不仅教授正确的握笔姿势与书写技巧，还能通过生动的讲解，让孩子们更深入地了解汉字的历史与文化内涵。

通过这样的方式，我们不仅能充分利用家长资源，更能为主题体验日增添丰富的文化内涵与教育价值，让每一位参与者都能在活动中有所收获。

③物业工作人员资源：活动宣传与现场支持的关键力量。

针对物业工作人员资源的开发和利用，幼儿园将充分发挥其专业优势。具体而言，幼儿园将与物业团队紧密合作，确保活动场地的及时、便利使用，并借助物业的宣传渠道，如小区公告栏、社区微信群等，广泛传播活动信息，吸引更多家庭参与。同时，活动当天，我们将依靠物业工作人员的专业支持，进行现场秩序的维护与安全监督，确保所有参与者能在安全、有序的环境中享受畅游日的乐趣，为活动的成功举办奠定坚实基础。

（3）自然资源与场地资源的整合利用。

在整合自然资源与场地资源的过程中，我们深刻认识到两者结合所带来的无限可能性。自然资源，如绿植、树木、动物等，为大型活动提供了丰富的素材和生动的场景；而场地资源作为活动的载体，其合理规划和使用则直接决定了活动的顺利进行以及参与者的体验感受。

①自然资源的深度挖掘。

结合对社区的走访以及各班主题课程的开展情况，我们发现活动当天可以设置许多与自然资源相关的体验区。探究自然相关主题的班级在活动中特别注重让孩子们与自然资源亲密接触。例如，泥染和自然美育艺术创作体验区通过泥染、自然美育创作等互动环节，让孩子们使用泥土、树叶、石头等自然材料，亲手制作艺术品，体验大自然的奇妙与美丽。通过这样的方式，我们希望孩子们能更加珍惜身边的自然环境，学会从日常生活中发现自然之美，培养他们对自然的热爱与保护意识。

②场地资源的合理规划。

我们充分利用幼儿园所在小区的公共区域，如草坪、花坛、树木等，设置不同的活动区域。通过与社区管理部门的沟通与协调，我们确保了活动期间的场地安全与秩序。在场地内，我们设置了多个主题体验区，如泥染体验区、扎染区、表演区等，为孩子们提供了一个丰富多彩的活动空间。这些区域的合理布局不仅优化了活动流程，还为孩子们创造了自由探索与互动的机会，使他们在轻松愉快的氛围中感受主题活动的乐趣。

（4）物质资源与信息资源的高效运用。

物质资源与信息资源的高效运用，是大型活动成功举办的重要保障。在活动的策划与实施过程中，我们充分认识到这两类资源的重要性，并采取了有效措施加以利用。

①物质资源的丰富准备。

为了确保"主题畅游日"活动的顺利进行,我们准备了丰富的物质资源,包括各类主题体验材料、展架、桌椅等。这些物质资源不仅满足了孩子们动手操作的愿望,还提升了他们的手眼协调能力与创造力。通过合理布置展架与桌椅,我们营造了一个有序、美观的活动环境,激发了孩子们的学习兴趣。例如,在泥染体验区,我们提供了充足的泥土、颜料和工具,让孩子们能够自由创作;在扎染区,我们准备了多种布料和染料,让孩子们体验传统工艺的魅力。

②信息资源的广泛传播。

我们充分利用信息资源,通过设计制作精美的宣传海报、发布活动信息等方式,激发了孩子们、家长以及社区居民对畅游日活动的期待与兴趣。同时,这些信息资源也帮助家长和社区居民了解了活动的内容和目的,促进了家、园、社共育的沟通与合作。在活动过程中,我们还通过社交媒体等渠道实时分享活动的精彩瞬间,收集家长的反馈与建议,为未来的活动改进提供了宝贵的参考。例如,我们通过小区公告栏、社区微信群等平台提前发布活动预告,吸引更多家庭参与;活动当天,我们通过直播和照片分享,让未能到场的家长也能感受到活动的热烈氛围。

4. 家、园、社齐动员

在"畅游日"活动开展当天,我们充分发挥了家、园、社共育的作用,实现了家、园、社齐动员。通过邀请家长、教师和社区工作人员共同参与活动的筹备与组织工作,我们形成了强大的合力,为孩子们打造了一场丰富多彩的文化盛宴。

活动中,家长们充分展示了他们的智慧与才能,为孩子们带来了多样化的活动体验。作为幼儿活动的陪伴者与支持者,家长们积极参与"畅游日"的各项准备工作,与孩子一起制作主题手工艺品、参与主题相关的游戏,不仅增进了亲子关系,也让孩子们在动手实践中获得了成长。同时,家长们还扮演了资源提供者的角色。他们发挥自身特长,为体验日提供了大量的资源支持。例如,在传统食育主题体验区中,家长们精心挑选并提供了丰富多样的食材,让孩子们在亲手制作传统美食的过程中,不仅学会了简单的食物制作技能,还深刻体会到了食物的文化内涵与珍贵价值。而在"秋叶"主题中,家长们更是发挥创意，利用秋叶这一自然资源，精心制作了一系列别出心裁的树叶服装，为孩子们打造了一场视觉与艺术的盛宴。这些由家长亲手制作的服装，不仅展现了孩子们的个性与风采，更为"畅游日"增添了无限的创意与乐趣，让整个活动更加生动有趣。

教师们则负责活动的整体策划与指导工作，确保活动的顺利进行。他们结合班级主题探究内容，设计了富有教育意义的体验环节，引导孩子们在活动中学习与成长。社区工作人员则协助我们进行现场秩序维护和安全保障工作，为活动的顺利开展提供了有力支持。

在家、园、社的共同努力下，"畅游日"活动取得了圆满成功。孩子们在家、园、社的共同陪伴下，积极参与各类主题体验区的活动，感受着活动的乐趣，享受着童年的快乐与幸福。以下是较具代表性的"主题畅游日"活动的图片（见图6-45、图6-46、图6-47、图6-48）。

图 6-45　泥染体验区

图 6-46　幼儿的泥染作品

图 6-47　扎染体验区作品展

图 6-48　花草纸体验区作品

5. 共反思，促提升

在此次的"主题畅游日"活动中，我们成功实现了各类资源与大型活动的深度融合，为幼儿、家长及社区居民呈现了一场精彩纷呈、富有教育意义的活动。然而，成功的背后也隐藏着诸多值得反思与提升的地方。以下是我们对此次活动的深入反思，并结合课程资源，探讨了未来提升的方向。

（1）课程资源的开发利用：从活动素材到教育理念的转变。

自然资源作为大自然赐予的宝贵财富，在幼儿园教育中的价值不应仅限于活动装饰或简单体验，而应深入挖掘其教育内涵，转化为自然美育活动的课程资源，成为教育活动的核心支撑。

①活动素材向课程资源的转变。

在"主题畅游日"活动中，大班以"纸"为核心主题，巧妙地融合了小区内的丰富自然资源，如叶子、花草等，精心打造了一个制作花草纸的体验区。这一创意活动不仅吸引了同园其他班级幼儿和家长的热情参与，还赢得了社区居民的广泛赞誉与喜爱，他们纷纷对这种别具一格的体验活动表示高度赞赏。

展望未来，我们计划将这一活动中的自然素材进一步引入日常教学之中，通过深入挖掘其教育价值，设计并实施一系列以自然素材为主题的精彩课程活动。例如，"自然观察日记"将引导孩子们细致入微地观察自然界的奇妙变化，记录下每一天的新发现；"植物成长记"则让孩子们亲手种植并照料植物，亲身体验植物的生长过程，从而培养他们的耐心、责任感与创造力。这样的课程设计旨在让孩子们在亲近自然的过程中，收获知识，启迪智慧，实现全面发展。

②活动形式与课程内容的融合。

自然资源不仅丰富了"主题畅游日"的活动内容，更让孩子们在自然中汲取了成长的力量。通过亲身参与自然活动，孩子们对自然有了更深刻的认识和感受。因此，我们计划在未来减少表演类、招生类等大型活动的频率，转而更多开展以自然为依托的大型活动，如户外远足、自然探索、公园徒步、户外迷你马拉松等，让孩子们在亲近自然的过程中获得全面发展。

③活动理念与课程目标的契合。

"主题畅游日"活动不仅是一场娱乐盛宴，更是一次教育契机。我们始终坚持"做中求进步"的教育理念，让孩子们在参与活动的过程中获得知识的积累和技能的提升。未来，我们将继续深化这一理念，将自然资源融入日常教学中，让孩子们在动手实践中感受自然的魅力，体会成长的快乐。

（2）家长资源的深度挖掘：从被动参与到课程共建的转变。

家长是孩子们成长道路上的重要伙伴，也是幼儿园教育不可或缺的力量。在"主题畅游日"活动中，我们充分感受到了家长资源的巨大潜力。未来，我们将进一步探索家长资源的利用方式，促进家长从被动参与到课程共建的转变，真正实现家园共育的深度融合。

①在履行责任中促进课程共建。

在此次活动中，家长们积极参与筹备和实施工作，为活动提供了丰富的资源和支持。通过履行家长责任，家长们不仅为孩子们创造了良好的活动环境，也在这个过程中获得了自我成长。例如，许多家长主动承担了活动物资的准备、场地的布置以及现场的组织工作，他们的热情与投入为活动的顺利开展提供了有力保障。未来，我们将继续鼓励家长们参与到幼儿园的各项活动中来，让他们在履行责任的过程中不断发展和提升。例如，通过设立"家长志愿者团队"，让家长们在课程设计、活动组织等方面发挥更大的作用，真正成为课程共建的参与者与推动者。

②在参与和感受中深化课程理解。

家长们通过参与"主题畅游日"活动，深刻感受到了幼儿园的教育理念和大型活动的价值取向。他们与孩子们一起制作主题手工艺品、参与主题游戏，不仅增进了亲子关系，也让自己在参与和感受中获得了成长。例如，在传统食育主题体验区，家长们与孩子一起制作传统美食，不仅让孩子们学会了简单的烹饪技能，也让家长们更加理解幼儿园"生活即教育"的理念。未来，我们将为家长们提供更多参与幼儿园教育的机会和平台，如"家长课堂""亲子工作坊"等，让他们在陪伴孩子成长的过程中不断学习和进步，进一步深化对幼儿园课程的理解与认同。

③在应对实际问题中提升课程质量。

在"主题畅游日"活动的筹备和实施过程中，家长们遇到了许多实际问题，如资源调配、活动安排等。他们通过协商解决这些问题，不仅提升了自身的组织协调能力，也增强了与幼儿园和社区的联系。例如，在活动场地规划中，家长们与教师团队共同商讨，优化了体验区的布局，确保了活动的流畅性与安全性。未来，我们将继续加强家、园、社合作，共同应对教育中的实际问题，为孩子们创造更加良好的成长环境。例如，通过定期召开"家园社三方会议"，针对课程实施中的问题展开讨论，形成解决方案，进一步提升课程质量。

（3）链接课程资源，推动教育创新。

通过此次畅游日活动的深入反思，我们不仅深刻认识到各类资源在幼儿园教育中的重要地位和作用，还进一步意识到充分利用多元资源是推动教育创新、为孩子们创造更加丰富多彩且富有教育意义学习体验的关键。基于此，我们提出了以下未来发展方向。

①构建课程资源库。

我们将建立一个全面、系统的课程资源库，广泛收集、整理和分享包括自然资源、家长资源、社区资源及场地资源在内的各类资源。这一资源库不仅为教师们提供了一个丰富的教学素材库和灵感源泉，还能支持他们在教学中大胆创新，设计出更具吸引力的课程活动。通过资源库的建立与共享，我们希望能够为教师提供更多教学支持，同时激发他们的创造力与课程设计能力。

②开展课程研发活动。

我们将组织教师们开展深入细致的课程研发活动，专注于如何将多元资源巧妙融入幼儿园课程体系中。通过群策群力，探索设计出既符合孩子们身心发展特点，又富有教育深意，且能充分利用各类资源的课程活动。这些课程研发活动不仅能够提升教师的专业能力，还能为孩子们提供更加丰富、多元的学习体验。

③加强家、园、社合作。

我们将进一步加强与家长的沟通与协作，邀请他们共同参与课程目标的设定、课程内容的规划以及教学活动的组织。同时，积极拓宽与社区的合作关系，充分利用社区资源，如文化设施、公共场地等，为孩子们提供更广阔的学习空间和更多元的学习机会。通过家、园、社的紧密合作，我们将共同为孩子们营造一个充满爱与智慧的教育环境，让他们在快乐中成长，在成长中收获。

第四节　课程资源在区域活动中的运用

课程资源作为幼儿园教育的重要组成部分，其丰富性和多样性为区域活动提供了坚实的物质基础。在幼儿园教育中，区域活动是一种重要的教育形式，它旨在通过创设特定的环境，让幼儿在自主、自由的活动中获得全面发展。而课程资源的有效运用，正是实现这一目标的关键。接下来，我们将具体阐述区域活动的概念及其在教育实践中的应用。

一、区域活动的概念

区域活动作为一种"舶来品"，自 20 世纪 80 年代从美国引入中国学前教育领域以来，逐渐成为我国幼儿园教育实践中广泛应用的重要形式。这种活动方式被赋予多种名称，如"区角活动""活动区""区域游戏"等，在我国更多使用的是"区角活动"。① 该教育形式在我国幼儿园教育领域广泛应用，为幼儿创设适宜的活动环境和条件，推动儿童自发活动、自主挑选、互动交流及持续探究，实现全面提升素质的目标。区域活动的实质在于，教育工作者依据儿童的兴趣、成长需求与教育宗旨，科学规划活动区域，调整、提供与幼儿心理及年龄相契合的教育资源，并制定相应的活动规则。在这种宽松、和谐的环境中，幼儿可以根据个人兴趣和能力，自主选择活动区域、学习内容及伙伴，积极开展操作与互动。这种方式不仅能满足幼儿的好奇心和探索欲望，还能培养其主动性、创造力和协作能力，最终实现自主学习和全面发展。

区域活动的类型丰富多样，既包括室外区域（如沙池、小树林、大型玩具区等），也涵盖室内区域（如建构区、角色区、美工区、图书区、科学区和植物角等）。通过合理规划和资源整合这些区域，我们为幼儿创造了一个融合生活体验、学习探索和游戏互动的环境，充分发挥了区域活动的教育功能。

从教育理论角度来看，区域活动的有效实施是体现教师教育理念的重要途径。教师不仅需要构建支持幼儿游戏和探索的区域环境，还应根据幼儿在活动

---

① 赵玲. 利用区域活动培养幼儿的学习品质[J]. 学前教育研究，2018(3)：64-66.

中的表现和需求，提供适时的引导与支持，帮助幼儿积极利用材料，深化其学习体验和认知发展。区域活动的质量直接影响对幼儿的教育效果，因此优化资源投放和增强教师的指导能力，是区域活动成功实施的关键。

综上所述，区域活动作为一种以幼儿为中心的教育形式，通过整合环境、材料和教师指导的优势，促进幼儿多方面能力的协调发展，体现了现代幼儿教育"以儿童为本"的核心理念。

二、课程资源对区域活动的意义

在区域活动中，资源的有效利用是提升活动质量、促进幼儿全面发展的关键支撑。区域活动作为一种主要的教育组织形式，通过与集体活动的有机结合，并依托环境的整体设计，能够充分挖掘和发挥课程资源的教育价值。课程资源在区域活动中发挥着不可替代的作用：一方面，它为幼儿提供了丰富的学习、探索和实践机会，能够有效激发儿童的学习兴趣，培养其自主学习能力和合作交流意识；另一方面，通过优化资源配置和利用效率，为教师实现教学目标、完善活动设计提供了有力支持，确保活动内容更加契合幼儿的兴趣特点和发展需求，从而促进幼儿的个性化学习和综合素质的全面提升。

（一）激发幼儿的探索欲

课程资源的科学投放能够有效激发幼儿的学习兴趣与求知欲望，为其创设安全、开放的学习环境，促进幼儿自主选择活动区域和学习内容。具体而言，通过投放符合幼儿年龄特征和心理发展规律的操作材料，能够支持幼儿在游戏和实践活动中进行深度学习，逐步提升其动手操作能力、探究能力和思维能力。同时，丰富的课程资源为区域活动提供了多元化的素材支持，如科学实验器材、绘本读物、实物标本等，这些资源不仅能够充分满足幼儿的探索需求，更能培养其勇于尝试、乐于实践和善于发现的科学精神，从而持续激发幼儿对知识的渴求和学习的兴趣。

教师通过巧妙运用课程资源，能够创设多样化的学习情境，如角色扮演区、科学探索区和艺术创作区等，这些精心设计的活动区域能够有效激发幼儿的学习热情，培养其创造性表达能力。在轻松愉悦的学习氛围中，幼儿得以开展自主探索活动。此外，课程资源中蕴含的问题情境和探索挑战能够促使幼儿调动已有知识经验，尝试解决实际问题。这一过程不仅有助于提升幼儿的逻辑思维能力和问题解决能力，更能培养其独立思考意识和自主学习能力，为终身学习奠定基础。

（二）支持个性化发展

从心理学视角来看，"个性"（亦称"人格"）是指个体所具有的独特而稳定的心理特征总和，它体现了一个人区别于他人的整体精神面貌，是由多种具有倾向性的心理特质构成的有机整体。在学前教育领域，个性化发展是指教育者基于每个幼儿独特的兴趣倾向、能力水平、发展速度及个性特征，为其提供适宜的教育支持，促进其全面而和谐的发展。这一教育理念强调尊重个体差异，关注每个幼儿的兴趣爱好、能力特点及社会性发展需求，通过因材施教的方式，使幼儿能够在符合自身发展规律的基础上获得健康成长。

《幼儿园教育指导纲要（试行）》明确指出，教育实践应当充分重视儿童的个体差异，促进儿童的个性化发展。由于家庭环境、成长经历、生理条件及情感特征等方面的差异，每个儿童的身心发展都呈现出独特的特点。区域活动中的课程资源为幼儿的个性化发展提供了广阔空间：幼儿可以根据个人兴趣和能力水平自主选择活动区域，在发挥已有优势的同时探索新的发展领域。这种自主选择的学习方式不仅能够帮助幼儿在实践过程中获得成就感和自我认同，更能促进其个性化发展，培养积极的自我概念。

（三）促进社交互动与合作能力发展

课程资源在区域活动中的投放具有多元化的特征，不仅包括支持个体操作的材料，还涵盖能够促进集体互动的资源，如建构积木、角色扮演道具等。这些共享性资源为幼儿创造了丰富的合作学习机会，使他们能够在同伴互动中共同探索、操作与创造。正如曹中平等人所强调的，建构游戏的价值不仅体现在促进幼儿认知发展方面，更通过物品建构、认知建构和社会建构三个维度推动幼儿的全面发展。[①]

在建构游戏中，幼儿通过合作互动，不仅能够提升实践操作能力，还能习得重要的社会交往技能，如分享、轮流、等待和协作等。这种互动过程促使幼

---

① 曹中平，龙姗. 关于建构游戏价值的分析[J]. 幼儿教育，2012(25)：40-41.

儿自然而然地建立情感联结，培养其社交能力和团队协作精神。此类资源的配置不仅为幼儿提供了具有挑战性的学习任务，还营造了积极、和谐的社交氛围，使幼儿的个人潜能得以充分发挥，社会性发展得到有效促进。

（四）增强对幼儿的教育性与目的性

区域活动中的课程资源并非随意选择，而是根据教育目标和幼儿的实际发展需求精心设计和投放的。例如，在角色区投放贴近生活场景的道具，在建构区提供多种搭建材料。这些资源不仅满足了幼儿的探索需求，还有效支持了教育目标的实现。通过这种有目的的、有计划的资源投放，区域活动能够在幼儿发展的各个关键阶段，为其认知能力、情感发展和社会性成长提供精准支持。

1. 激发学习兴趣

课程资源具有丰富的内容维度，涵盖多元主题、多样素材和多种活动形式，为区域活动的开展提供了坚实的素材基础和丰富的创意启发灵感。特别是那些与儿童日常生活紧密相关、与其兴趣爱好高度契合的课程资源，能够有效激发儿童的学习兴趣和求知欲望。例如，利用自然资源（如植物、动物标本等）开展科学探究活动，或借助社区资源（如图书馆、博物馆等）组织文化体验活动，这些精心设计的课程资源能够使儿童在愉悦的游戏氛围中自然而然地获取知识，实现"寓教于乐"的教育效果。

2. 促进区域活动目标对接

课程资源的规划与设计始终以明确的教学目标和教育目标为导向，这些目标紧密结合儿童的学习需求和发展阶段，旨在促进幼儿在特定领域或技能方面实现精准提升。当这些经过系统设计的课程资源应用于区域活动时，活动的目标导向性和教育针对性得到显著增强。以"儿童建筑师"活动区为例，教师通过投放建筑模型、设计图纸等教学资源，不仅能够帮助幼儿理解建筑的基本结构知识，更能激发其通过实践搭建个人建筑作品的兴趣，从而深入体验建筑创作的全过程。这类活动有效培养了幼儿的操作技能、空间思维能力和创新思维能力，使幼儿在实践探索中明确学习方向，建立自信心和成就感。通过这样的活动，幼儿不仅获得了知识技能的提升，更培养了问题解决能力，促进了独立思考能力和团队协作能力的发展。

教师通过精心设计和投放课程资源，能够为幼儿创设多元化、富有挑战性且蕴含教育价值的学习环境。这些资源不仅有效促进了幼儿认知能力的发展，更推动了其在情感表达、社会交往、创造性思维等领域的综合进步。课程资源的科学运用使区域活动朝着更高质量、更具个性化的方向迈进，为幼儿的全面发展提供了广阔的空间和更多的可能性。

三、课程资源在区域活动中的运用

在幼儿园区域活动的创设与实施过程中，教师要以幼儿的兴趣特点和生活经验为基础，系统规划多样化的活动区域。在区域创设前期，教师通过多维度挖掘、科学筛选和创造性转化，精心选择可操作的课程资源，深入挖掘符合幼儿认知特点和学习规律的教育内容。教师要从儿童视角出发，系统分析各类资源的教育价值，有计划、分阶段、有目的地投放区域材料。在资源运用过程中，教师要注重资源预设与儿童经验生成之间的动态转化，重点关注课程资源的利用形式是否能够支持幼儿通过直接感知、实际操作和亲身体验等方式建构新经验。

为了确保课程资源能够充分支持幼儿在游戏情境中体验社会生活的多样性，促进其语言表达、社会交往、合作意识及问题解决能力的全面发展，我们建立了系统的资源分类与转化机制。具体而言，将社区资源、文化资源、自然资源、人力资源和信息资源等进行科学分类和创造性转化，有机融入角色游戏等活动中，开展符合当代儿童发展需求的教育实践。

(一)课程资源在角色区中的运用与表达(案例：角色区"美美发廊")

本案例聚焦大班角色区"美美发廊"的创建与实施过程，通过系统整合和创造性运用各类课程资源，充分发挥其独特的教育价值。活动旨在为幼儿创设一个高度仿真的社会情境，使其通过角色扮演深入体验理发师的职业特点，增进对社会角色的认知与理解。在游戏过程中，幼儿不仅能够培养社交技能和语言表达能力，还能提升合作意识，发展创造性思维，从而全方位促进其社会认知水平和语言表达能力的发展。

1. 活动缘起

开学初恰逢"二月二，龙抬头"的传统节日，班级里掀起了一股剪发热潮。

孩子们纷纷分享自己的理发经历：苗苗小朋友尝试自己剪发，结果头发长短不一；梓浩小朋友剪了时尚的"闪电"发型，显得格外兴奋（见图6-49）；语桐小朋友则分享了妈妈染发的经历；而子墨小朋友坦言自己每次理发都感到害怕。这些生动的分享引发了孩子们对理发的浓厚兴趣，大家热烈讨论着自己的发型和理发体验，并萌生了

图6-49　分享自己的理发经历

在班级开设"理发店"的想法。于是，班级角色区"理发店"的创设之旅就此展开。

2. 创设"理发店"

在创设"理发店"的过程中，教师引导孩子们展开了一系列富有建设性的讨论（见图6-50）。

幼儿1："开店需要先选个好地方（选址问题）。"

幼儿2："我们可以用教室里的树枝、树叶来装饰理发店。"

幼儿3："每个理发店都有名字，我们也该给我们的店取个名字。"

幼儿4："我爸爸会剪头发，可以请他帮忙。"

图6-50　小组讨论：创设"理发店"

幼儿5："我上学路上看到有理发店，可以去问问老板。"

通过孩子们的讨论，教师发现他们对角色游戏充满热情，并展现出丰富的生活经验。同时，也梳理出可用于创设"理发店"的多种资源：自然资源（班级里的树枝、树叶、干花等物品），人力资源（幼儿4的爸爸，家长资源），社区资源（幼儿园附近的理发店）。基于这些发现，班级教师成立了专门的调研小组，对活动开展进行了首次审议，重点挖掘和整合可用于创设"理发店"的各

类资源(见表6-12)。

表6-12　创设"理发店"可运用的资源

资源类别	分类	资源应用
自然资源	自然材料	1. 木质材料 (1)可运用木块、木棒、木片等材料制作理发店招牌、装饰架、工具架等 (2)木质梳子、发簪等亦可作为道具,增强可信度 2. 竹制品 (1)竹材可加工成竹篮、竹筐等器物,用于储存理发用具或饰品 (2)竹制"剪刀"与"梳子"可用作游戏用品,自然氛围浓厚 3. 石材 (1)粗糙石块可作头部按摩器,提供仿真头皮按摩等服务 (2)小型石盆可作脸盆使用,提升游戏娱乐性 4. 藤条与草编 (1)藤条可制成各式各样的饰品,如挂件、屏风等,营造理发店的生态氛围 (2)编织的篮筐、垫片等可用作储存或铺设,营造和谐氛围
	自然植物	(1)理发店内布置花卉与绿植,可改善空气质量,使环境美观 (2)鲜花可用作装饰物,适用于制作花环、花束等,营造游戏的浪漫氛围
社区资源	借用工具	与社区理发店协商,借用一些废旧或不再使用的理发工具,如剪刀、梳子、吹风机等,作为角色区游戏的道具
	获取理发店宣传资料	向社区理发店索取一些宣传资料,如发型海报、优惠券等,用于角色区游戏的装饰和道具
人力资源	家长	家长可以提供理发工具、服装等物资,为游戏的开展提供必要的物质保障
	幼儿、教师	一起布置理发店

3. 走访理发店

在创设区域环境的过程中，教师对周边社区资源进行了系统调研，发现3公里范围内分布着10家理发店，这为幼儿开展实地参观提供了便利条件。通过与社区理发店店主的充分沟通，教师成功组织了一次富有教育意义的实地走访活动。在参观过程中，幼儿仔细观察了理发师的工作流程，深入了解了理发工具的功能和服务项目。当看到理发师熟练使用剪刀、吹风机，以及各式各样的染发剂和烫发工具时，孩子们表现出极大的兴趣(见图6-51)。

图6-51　实地走访

参观结束后，幼儿积极参与到角色区的环境创设中。孩子们自发带来了小梳子、小镜子等个人物品，家长也协助准备了理发围布和假发等道具，充分体现了家园共育的重要性。在教师的引导下，孩子们运用彩纸、画笔等材料，亲手制作了理发店的招牌和装饰品，将"美美发廊"角色区打造得生动而富有童趣。"美美发廊"开张后，孩子们热情高涨，争相扮演理发师和顾客。他们模仿理发师的动作，为"顾客"洗头、剪发、吹发，并热情推荐"染发"或"烫发"服务。

教师通过观察发现，社区理发店资源为游戏设计提供了丰富的素材与灵感。通过实地探访，幼儿不仅深入了解了理发店的设备、工具和工作流程，还感受到了理发店的文化氛围，这些元素都成功转化为游戏中的场景、角色和任务，极大地提升了游戏的层次感和教育价值。

4."理发店"游戏

在"美美发廊"角色区活动中，幼儿通过扮演"理发师""洗头师"和"收银员"等角色，逐渐熟悉了理发店的基本工作流程。然而，随着时间的推移，教师发现游戏内容趋于重复，导致参与该区域活动的幼儿逐渐减少，热情度也有所下降。同时，部分幼儿对活动流程不够清晰，角色服务意识也较为薄弱。

（1）问题1：理发流程不清晰。

在游戏过程中，教师观察到幼儿对理发流程缺乏明确认知，存在顺序混乱的现象。例如，有的幼儿先剪发再洗头，有的则先洗头再剪发，甚至直接进行染发，导致"顾客"体验不佳。

（2）问题2：没有客人怎么办？

随着游戏新鲜感的消退，"理发店"的客流量明显减少。教师发现"理发师"们常常无所事事，询问原因时，孩子们反映："没有人扮演'客人'，理发店的生意不好。"针对这些问题，班级教师组织幼儿进行了第二次活动审议，重点讨论以下议题："理发流程应该是怎样的？如何接待顾客？如何解决客源不足的问题？"孩子们积极发表意见："我爸爸说洗了头发湿湿的才好剪，干头发容易飞不方便剪。""我们可以制作流程图给顾客参考。""可以请真正的理发师来我们店里指导。""我们可以放一些轻松的音乐给客人听，让客人放松。"

教师及时将孩子们的想法与家长分享。在周末，家长带领孩子再次走进社区理发店，观察前台与顾客的沟通方式，并亲身体验服务过程。通过这次亲子走访，孩子们不仅深入理解了理发店工作人员的职责分工，还认识到优质服务的重要性。为进一步提升活动质量，班级邀请了从事理发师职业的家长来园指导。在他的专业指导下，孩子们学习了发型设计技巧和接待顾客的礼貌用语。这些实践经验不仅丰富了角色游戏的内容，还延伸到了其他区域活动：幼儿将所学知识应用于美工区的绘画创作，并在日常生活中实践礼貌用语，实现了区域活动的有机整合。

这种跨区域的联动不仅拓展了幼儿的认知视野，深化了职业理解，还促进了社会交往能力的提升，显著增强了角色游戏的教育价值。通过持续的反思与改进，"美美发廊"角色区活动实现了从简单模仿到深度学习的转变，为幼儿提供了更丰富的学习体验。

5. 成果展示

经过一段时间的深入探索与实践，为了全面展示幼儿在角色区活动中的学习成果，教师与孩子们共同策划了一场别开生面的"成果展示会"（见图6-52）。此次活动特别邀请了其他班级的幼儿、教师以及家长作为观众，共同见证孩子们在"美美发廊"中的成长与收获。在展示过程中，幼儿不仅与观众积极互动，邀请他们扮演顾客，现场展示专业的理发技能和优质的服务态度，还在区域中陈列了丰富多彩的创作成果，比如精心制作的各种发饰、创意假发、角色扮演的精彩照片，以及以理发为主题的绘画作品。这些作品生动展现了孩子们的创意构思和手工技艺，让参观者能够近距离感受幼儿的想象力与创造力。

图 6-52　成果展示会

6. 角色区"理发店"活动中的资源运用成效

在"理发店"角色游戏活动中，通过有效整合人力资源、自然资源、社区资源和信息资源，取得了显著的教育成效。各类资源的合理运用不仅促进了幼儿多方面能力的发展，也为游戏注入了丰富的教育内涵。人力资源的优化配置强化了家园共育，促进了幼儿社交能力和团队协作能力的提升；自然资源的创造性使用激发了幼儿的游戏兴趣，拓展了幼儿的认知领域，丰富了游戏情节；社区资源的引入丰富了幼儿的生活经验，为角色扮演提供了真实而生动的素材；信息资源的巧妙运用则培养了幼儿的审美素养和语言表达能力。

（1）促进语言表达与社交能力的发展。

通过充分利用社区资源和人力资源，采用"走出去、请进来"的方式，引导幼儿开展角色游戏。在"理发店"游戏中，幼儿能够自如地进行顾客与理发师之间的对话，显著提升了语言表达能力和社交技能。例如，扮演发型师的幼儿会主动迎接顾客，并询问"水温合适吗？"等专业问题，展现出良好的责任意识和沟通技巧。

（2）培养创造力与想象力。

活动中创造性使用替代材料（如用饮料瓶模拟洗发液、积木代替卷发棒等），帮助幼儿生动再现理发店的环境氛围。通过这种方式，幼儿不仅加深了对理发师工作流程和职责的理解，还培养了创新思维，使角色扮演更加生动有趣，丰富了游戏内容。

（3）增强解决问题的能力。

在角色游戏中，幼儿展现出独立解决问题的能力。例如，当遇到客源不足时，幼儿会主动邀请家长再次实地考察，向专业理发师请教，并创新性地提出在店门口张贴广告或展示理发技艺等吸引顾客的方法。这种问题解决能力在游戏过程中得到了充分锻炼和提升。

（4）依据认知水平和兴趣点选择信息资源。

教师根据幼儿的认知特点和兴趣取向，精心选择适宜的信息资源，如图书、网络视频等，为"理发店"角色游戏提供丰富的背景知识和素材。这些资源不仅增强了幼儿的学习效果，也提升了游戏的趣味性和教育价值，使角色游戏成为促进幼儿全面发展的有效途径。

（二）课程资源在科学区的运用与表达（以光影区为例）

科学区作为幼儿园教育环境中的重要组成部分，为幼儿创设了一个探索自然奥秘、发现科学规律的学习空间。其中，课程资源的有效运用在科学区发挥着关键作用，而光影区的教育价值和实践效果尤为突出。

影子作为一种普遍存在的自然现象，对幼儿而言却充满了神秘色彩。在日常生活中，幼儿常常会对阳光下物体的影子产生浓厚的兴趣和疑问：影子是如何形成的？为什么影子是黑色的？是否存在彩色的影子？为什么影子时有时无？这些观察激发了幼儿强烈的好奇心和探究欲望。《3-6岁儿童学习与发展指南》明确指出："幼儿的科学学习是在探究具体事物和解决实际问题中，尝试发现事物间异同和联系的过程。"光影游戏正是基于这一理念，引导幼儿对身边的科学现象产生持续的兴趣和探索动机。班级科学区创设的光影角，通过精心设计的活动和材料，充分满足了幼儿对光影现象探索的需求，为他们提供了观察、实验和发现的平台。

1. 光影区的特点

光影区是一个通过多样化工具创造奇妙视觉影像的游戏空间，旨在为儿童提供观察、探索和学习光影知识的互动平台。作为一种独特的教育环境设计，光影区具有鲜明的特点，对儿童的发展具有显著的促进作用。在光影区中，教师投放了丰富多样的游戏材料，如手电筒、彩色玻璃纸、镜子、三棱镜、导光柱、投影设备等。通过调整光源的位置、角度和强度，结合不同工具和材料的使用，能够改变光线的传播路径和色彩，创造出丰富多彩的视觉景象。在光影区中，教师精心布置了柔和而多变的光源，搭配各种材质的物品，营造出五彩斑斓、形态各异的光影效果。儿童可以通过直接触摸、细致观察和动手操作，亲身体验光影的奇妙变化。例如，他们可以用手掌遮挡光线，观察影子的形成与消失；或者利用彩色薄膜和镜子，探索光影的色彩变化与方向转换。通过巧妙的光源设置和镜面、物体的布局，创造出丰富多变的光影效果，使儿童能够与光影进行深度互动，从而更直观地理解和感受光影现象。这种互动式学习环境不仅促进了儿童对科学现象的初步认知，激发了他们的好奇心，还让他们在与材料的互动中感知光影的奇妙，逐步建构光影科学知识。每一次光影探索都带给儿童惊喜与乐趣，使他们在愉悦的游戏体验中获得科学启蒙，培养其探究精神和创新能力。

2. 光影区对儿童发展的影响

幼儿园中班的光影区通过巧妙融合科学探索与艺术创作，为儿童的发展提供了多维度的支持。在这个充满趣味的学习空间中，儿童通过操作手电筒、彩色玻璃纸、镜子等多样化材料，直观感知光的直线传播、反射、折射等自然现象，在探索过程中培养了敏锐的观察力、丰富的想象力和独特的创造力。光影区精心设计的科学小游戏和电子编程游戏，能够激发儿童主动思考、大胆尝试和培养儿童解决问题的能力，有效促进了逻辑思维能力和动手实践能力的发展。在光影的奇妙变幻中，儿童不仅能够感受美、欣赏美，更能创造美，从而提升审美情趣和艺术表现力。特别值得一提的是，光影区的探索过程具有极强的趣味性和互动性，使儿童在轻松愉快的游戏氛围中自然而然地吸收知识，体验到学习的乐趣。这种寓教于乐的学习方式，不仅为儿童开启了科学启蒙的大门，更为他们提供了探索科学奥秘的宝贵空间，培养了能够终身受益的科学探究精神和艺术创造能力。

3. 光影区的课程资源开发

光影区课程资源的开发始终秉持以儿童为中心的理念，确保课程内容兼具趣味性和教育价值。教师通过多途径收集、系统审议和科学论证，筛选出适宜且可操作的课程资源，深入挖掘符合中班幼儿认知特点和学习规律的内容。从儿童视角出发，全面分析资源的教育价值，有计划、分阶段、有目的地投放光影区材料。在资源运用过程中，教师准确把握资源预设与儿童经验生成之间的动态转化，重点关注以下三个方面：一是课程资源是否源于儿童的生活经验；二是课程资源能否调动儿童的已有经验并促进新经验的生成；三是课程资源的利用形式是否支持儿童通过直接感知、实际操作和亲身体验的方式建构新经验。

为确保课程资源在光影区游戏活动中能够充分支持儿童通过"直接感知、实际操作、亲身体验"来获取光与影的科学知识，使儿童在与材料和各类资源的互动学习中建构知识经验，并能将所学经验迁移运用到实际生活中解决问题，我们对各类资源进行了系统分类和创造性转化（见表6-13）。通过整合社会资源、文化资源、自然资源、人力资源和信息资源，将其有机融入光影游戏中，开展符合当代儿童发展需求的教育实践。

表6-13　光影区课程资源表

资源类别	资源内容	资源的转化与运用
社会资源	城市灯光秀展示区、博物馆、科技馆等	在教室打造光影科普馆
文化资源	中秋节灯会、元宵节灯会、城市灯光秀、无人机表演、传统皮影戏	皮影制作及皮影戏表演、LED霓虹光影剧场、光影魔法屋等
人力资源	教师：负责光影区的打造、资源收集与整理 家长：扮演助教角色、提供社会实践场所、协助收集光影区材料等 幼儿：参与活动设计与实施 专业人士：如皮影师、科普馆工作人员 电工：负责安装灯管、灯泡、路灯	开展光影区家长助教活动； 家长、幼儿、教师共同收集光影区材料，并在区域中分类投放使用； 邀请专业人士指导皮影戏制作与表演； 电工协助安装电路，设计电路游戏等
自然资源	社区公园：阳光、树影、人影、水影等自然光影现象 城市夜景：灯光与建筑的光影效果	收集自然中的光影材料，投放在光影区使用； 收集生活中的光影材料，投放在光影区使用
信息资源	光影编程技术或平台：如编程游戏、光影互动装置 光影科学实验：提供光影现象的科学原理演示 线上光影素材：如图片、视频、动画等	开展电子编程游戏，探索光影与科技的融合； 利用光影科学实验视频，引导幼儿观察与思考； 整合线上光影素材，丰富光影区的学习内容
其他资源	电子书、投影仪、平板、手机、手电、彩灯、投影幕布等	

光影区课程资源的收集途径丰富多样且细致入微，我们通过系统整合和创造性运用这些资源，致力于为儿童打造一个充满趣味性和探索性的学习环境。在这个精心设计的空间中，儿童能够在真实的情境中感受光与影的奇妙变幻，通过亲身体验和深入探索，逐步建构对光影现象的深刻理解，获得宝贵的科学经验。

4. 各类资源在光影区的运用

一个融合了艺术、科学与创意的光影区，在主题资源的渗透与应用中，能够衍生出丰富多彩的光影游戏（见表6-14）。例如，在皮影小剧场中，幼儿可以亲手制作皮影角色道具，借助光影的舞台，演绎出一个个生动有趣的故事，让光影成为讲述故事的魔法媒介。在光影科学实验中，幼儿通过探索光线的传播、影子的形成，以及利用光影创造奇妙现象，逐步建构对光影科学的理解。而在光影魔法屋中，幼儿可以运用彩色玻璃纸、投影机等工具，创造出令人惊叹的光影效果，体验光影变幻的无限可能。这些游戏不仅激发了幼儿的创造力与想象力，还为他们提供了艺术表达与科学探索的独特平台，使光影区成为幼儿学习与成长的奇妙空间。

表6-14 光影游戏资源表

光影游戏	环境准备	各类资源	资源运用流程
皮影小剧场	投影仪、LED灯、幕布、皮影道具等	社会资源：皮影戏科普馆 物质资源：皮影道具、灯光、幕布等 教育资源：故事绘本、剧本等 人力资源：教师、家长、皮影师或相关专业人士	（1）观看皮影戏表演，激发兴趣，初步了解光影原理 （2）创作皮影道具，学习简单的皮影制作流程 （3）操作皮影道具讲述故事，与同伴合作完成表演 （4）开设皮影剧场，不断丰富新剧目

光影游戏	环境准备	各类资源	资源运用流程
光影科学实验	封闭条件较好的角落，设置光影游戏桌、光影游戏台等	自然资源：树叶、树枝、石头等自然材料 物质资源：透明塑料片、不透明纸张、镜子、手电筒、LED灯 信息资源：科学实验科普视频 人力资源：家长、电工	(1)开展光影科学实验，探究不同材质物体对光线的影响，观察影子的变化 (2)儿童通过实验记录和讨论，了解光影的科学原理及其应用方法
光影魔法屋	封闭的空间(如帐篷)、已连接电源的LED灯带	物质资源：不同颜色的透明卡片或彩色玻璃纸、投影机、彩灯 人力资源：家长、电工 文化资源：皮影戏文化	(1)将各种材料、皮影道具放置在LED灯幕前，观察光影的变化 (2)通过互动探索，感受光影的奇妙变幻，激发创造力与想象力

四、结束语

课程资源在区域活动中的创新应用，极大地丰富了幼儿园的教育形式，有效弥补了园内教育资源的局限性。在角色区，课程资源成为幼儿角色扮演游戏的重要支撑。教师根据教育目标和幼儿的兴趣点，巧妙整合社区资源，如"理发店""麦当劳""医院""超市"等，将其融入角色区活动中。幼儿通过角色扮演，体验不同的社会场所和职业特点，增进对社会角色的认知与理解。教师作为活动的引导者和支持者，在区域活动中发挥着关键作用，而家长及社会人士的参与则进一步提升了游戏的真实性和教育价值。教师精心挑选或设计了一系列与主题相关的道具、服装和场景布置，这些资源不仅激发了幼儿的想象力，还促使他们主动参与角色扮演。通过相关资源的整合，幼儿能够更好地运用已有生活经验，在模仿学习与问题解决中锻炼语言表达和社会交往能力，同时深化对不同职业、身份和文化背景的理解。

光影区则是课程资源与创新思维深度融合的典范。教师利用信息资源帮助幼儿开拓视野，掌握操作信息工具及解决问题的能力；运用自然资源引导幼儿感知光影的投射、反射等科学原理，激发其对科学现象的探究兴趣；同时，将文化资源(如传统节日、节气文化、地域特色文化、幼儿园文化等)与主题教学、区域游戏有机结合。例如,传统皮影戏资源的引入,不仅弘扬了传统文化,还让幼儿在活动中始终保持对皮影戏的兴趣。家长和社会各界专业人士的参与,进一步加强了家、园、社共育的紧密联系,全面提升了教育的影响力,充分体现了各类资源在幼儿区域活动中的重要教育价值。

综上所述,课程资源在幼儿园角色区与科学区的创新应用,不仅拓展了幼儿的游戏与学习体验,还推动了他们在认知、情感、社会性等多领域的全面发展。两大区域的实践成效显著,有力彰显了课程资源在区域教育中的核心价值与实效。未来,我们将继续深入挖掘课程资源的潜力,进一步优化幼儿的学习环境,为幼儿的成长提供更加全面的支持。

第七章
课程资源在家、园、社协同育人中的整合与运用

随着基础教育课程改革的深入推进，国家层面日益重视家庭、幼儿园和社会协同共育体系的建设与完善。近年来，一系列相关政策法规相继出台，为构建协同育人机制提供了政策支持和实践指引。2021年，《中华人民共和国家庭教育促进法》正式公布，明确规定了政府在指导家庭教育、建立家庭-学校-社会协同育人机制中的责任，强调家长应与教育机构、社区紧密合作，积极参与公益家庭教育活动，共同促进未成年人健康成长。2022年，全国妇联、教育部等十一部门联合发布《关于指导推进家庭教育的五年规划（2021—2025年）》，提出系统推进家庭教育指导服务体系建设，将家庭、家教、家风建设有机融合，深化学校、家庭、社会协同育人机制，全面提升家庭教育质量。2023年1月，教育部等十三部门发布《关于健全学校家庭社会协同育人机制的意见》，将协同育人机制建设列为重要任务，明确提出到2035年形成定位清晰、机制健全、联动紧密、科学高效的学校家庭社会协同育人机制。这一系列政策举措充分体现了国家对构建全方位、多层次家校社协同教育生态的高度重视与持续推进，为幼儿教育的创新发展提供了坚实的制度保障和实践方向。

第一节　课程资源的阶段式运用策略

家、园、社协同育人模式通过深度整合家庭与幼儿园之间的双向互动机制、幼儿园与社区之间的紧密协作纽带，以及社区对家庭教育的积极支持与强化作用，构建了一个三维立体的联动框架，将家庭、幼儿园与社区有机联结在一起。这一模式旨在提升课程资源的整合效率，全面实现教育目标。它聚焦于资源开发与利用的阶段性特征，灵活实施个性化教育方案，确保从家庭到幼儿

园再到社区的每一环节都能高效协同运作，共同为儿童营造全面、均衡的成长与发展环境。

一、家、园、社课程资源的识别和整合

课程资源的开发与利用应以儿童的需求为核心，紧密贴合儿童的真实生活经验。家庭和社区作为幼儿生活经验的主要来源，是识别和挖掘有价值教育资源的重要途径，也是实现幼儿园教育与儿童生活经验有效衔接的最佳桥梁。资源整合包含两个关键维度：一是依据发展适宜性实践原则，筛选符合幼儿年龄特点和发展需求的优质资源；二是将幼儿园、家庭和社区的优质资源进行系统化整合，以实现教育效果的最大化。只有通过科学的资源整合，才能充分发挥各类资源的优势互补作用，形成教育合力，从而全面促进幼儿在认知、情感、社会性等多领域的整体发展。[①]

（一）家、园、社课程资源的识别

家、园、社课程资源的识别是幼儿园教育工作中的关键环节，它要求教育工作者全面了解并有效整合家庭、幼儿园及社区中的各类课程资源。以下是对家、园、社课程资源识别的详细分析。

1. 家庭课程资源的识别

幼儿的每个家庭成员都拥有独特的人生经历和专业技能，这些都可以转化为宝贵的教育资源。例如，擅长制作客家美食的家长可以分享客家擂茶、酿豆腐等传统美食的制作技巧，不仅能够培养幼儿的动手能力，还能增进他们对食材的认识和对传统文化的理解。此外，家庭中常见的藏书、玩具、艺术品和科技装置，经过科学筛选和适龄化设计，可以成为富有教育意义的学习工具。

2. 幼儿园课程资源的识别

幼儿园作为儿童早期教育的专业机构，其课程资源的识别与利用对儿童的全面发展具有深远意义。幼儿园课程资源涵盖人力资源、物质资源、文化资源等多个维度，这些资源不仅具有系统性和专业性，还为儿童的学习与成长提供了全方位支持。

---

① 吴冬梅. 幼儿园、家庭、社区协同共育[M]. 上海：复旦大学出版社，2020.

在人力资源方面，幼儿园的教师团队是课程资源中的核心力量。他们不仅具备扎实的教育学、心理学专业知识，还拥有丰富的实践经验。每位教师独特的教学风格和专长，能够为儿童提供个性化的指导和支持。此外，保育员和后勤人员同样是重要的课程资源。他们负责儿童的日常生活照顾和幼儿园环境维护，为儿童营造安全、舒适的学习与生活环境，是幼儿园教育不可或缺的组成部分。

在物质资源方面，幼儿园的教学设施和设备是课程实施的重要基础。这些设施和设备应充分满足儿童的学习与发展需求，例如图书角、科学实验室、音乐室等，为儿童提供多样化的学习空间。玩具和教具是幼儿园课程实施中不可或缺的物质资源，它们不仅能够吸引儿童的注意力，还能帮助儿童在游戏中学习和发展。此外，幼儿园的自然环境也是宝贵的课程资源。例如，通过开展"探秘幼儿园的果树"主题活动，孩子们可以在真实的自然环境中观察果树的生长过程，学习相关的科学知识。这种亲身体验的学习方式能够激发儿童的好奇心和探索欲，培养他们的观察力和动手能力。

在文化资源方面，每个幼儿园都有自己独特的幼儿园文化，包括教育理念、幼儿园精神、规章制度等。这些文化资源为儿童营造了积极向上的学习氛围，有助于培养他们的集体意识和归属感。同时，幼儿园的节日和庆典活动也是重要的文化资源。通过参与这些活动，儿童能够了解不同文化背景下的庆祝方式和习俗，增强文化认同感和多元文化意识，促进其社会性与文化认知的协调发展。

3. 社区课程资源的识别

社区课程资源是儿童学习与发展的重要支撑，它不仅能够拓展儿童的学习视野，还能提升他们的社会实践能力。社区内的图书馆、博物馆等公共设施，以及丰富的文化传统、民俗活动和节日庆典，都是极具价值的课程资源，值得我们深入挖掘和充分利用。在资源识别与利用的过程中，可以根据幼儿的年龄特点和课程需求，开展多样化的实践活动。例如，组织幼儿参观客家博物馆，了解传统服饰文化；邀请民间艺人和非遗传承人走进幼儿园，开展传统技艺教学；带领儿童参与包粽子、赛龙舟、制作月饼、写春联等民俗活动和节日庆典。这些活动不仅能够增进儿童对传统文化的认知，还能培养他们的动手能力、团队协作精神，同时增强民族自豪感和文化归属感，为儿童的全面发展提供丰富的实践机会和文化滋养。

(二)家、园、社课程资源的整合

幼儿园课程资源的识别与整合利用是一项复杂且系统性的任务，涉及物质、人力、信息、自然以及社会文化等多维度的资源。这些资源种类繁多且各具特性，要求教育工作者在识别与整合过程中具备高度的专业性和灵活性。由于幼儿在不同年龄段表现出不同的认知水平和兴趣倾向，课程资源的选择必须精准对接每位幼儿的学习需求，这种需求的多样性进一步增加了资源识别的挑战性。同时，幼儿园课程资源始终处于动态变化之中，例如新教学设备的引入、教师团队的调整、幼儿兴趣的转移等，这些变化要求幼儿园在资源识别与整合中展现出敏锐的洞察力和灵活的应变能力。

幼儿园课程资源的识别与整合利用需要一套全面而周密的规划体系作为支撑，包括资源目标的清晰设定、内容的科学筛选、结构的合理设计、执行策略的有效制定以及效果的评估与反馈等多个关键环节。这些环节环环相扣，共同构成了一个紧密相连的有机整体。在资源整合与应用的过程中，多方力量的紧密协作至关重要，包括教师之间的协同合作、教师与幼儿的积极互动，以及幼儿园与家庭、社区的深入沟通与合作。这种协同机制不仅确保了资源的最大化利用与共享，还为幼儿创设了一个内容丰富、多元且充满教育价值的学习环境。

在育人实践中，家庭、幼儿园和社区的课程资源并非孤立存在，而是可以通过整合实现优势互补。通过整合这些资源，能够加强家庭与幼儿园、社区之间的联系与合作，形成教育合力，共同为儿童的成长和发展创造更好的条件。具体而言，资源整合利用的方式包括三个方面。一是深度发掘家庭资源，利用家庭成员的职业经验、文化背景和专业技能，开展亲子活动或主题教学，例如邀请家长分享传统技艺或职业故事，丰富幼儿的学习体验。二是全面整合幼儿园资源，将幼儿园的自然环境、教学设施与主题活动相结合，例如利用种植区开展自然观察活动，或结合科学实验室进行探究式学习，提升教育质量。三是深入挖掘社区资源，组织儿童参观博物馆、图书馆等公共设施，或邀请社区专业人士参与教育活动，拓展幼儿的视野和实践能力。

通过巧妙整合家庭、幼儿园和社区的课程资源，不仅能够丰富教育内容、创新教育方式，还能为儿童未来的全面发展奠定坚实基础。这种资源整合模式充分体现了教育的系统性和协同性，为幼儿的成长提供了更加多元化和高质量的支持。

二、家、园、社协同育人中资源运用的阶段与策略

资源运用是一个在实践中不断优化的过程，需要家庭、幼儿园和社区的协同努力。通过深入挖掘和高效利用各类资源，为儿童创设丰富且适宜的学习环境，使其在亲身体验和实际行动中获得持续成长。为实现课程资源的最大化利用与教育目标的深度达成，需根据资源应用的不同阶段特点采取相应策略。下面以"遇见老房子，探寻旧时光"主题活动为具体案例，详细阐述家、园、社协同育人中资源运用的不同阶段与策略。

（一）规划阶段运用目标导向策略

在规划阶段，明确教育目标是至关重要的环节。通过清晰界定儿童在参与活动后预期达到的知识、技能和情感发展水平，教育实践者能够更精准地匹配教育资源，确保所选资源与活动需求高度契合，从而促进教育目标的顺利实现。这一过程特别强调资源的针对性和适用性，旨在通过科学合理的资源配置，为家、园、社共育活动奠定坚实基础。

在开展分享假期趣事的活动中，一张教师参观客家建筑物的图片（见图7-1）引发了幼儿的浓厚兴趣，并激发了他们的热烈讨论。

幼儿A："这房子看上去和我们现在的房子不一样。"

幼儿B："这房子看起来旧旧的，破破的。"

幼儿C："老师，我暑假回老家玩，也看到了这样的房子，我老家有很大院子，我和哥哥在院子里跑来跑去。"

图7-1　鹤湖新居

幼儿D："这房子里面有人住吗？"

在上述案例中，教师通过幼儿对于鹤湖新居的讨论，敏锐地捕捉到幼儿对

鹤湖新居的初步但零碎的认识。教师意识到幼儿对鹤湖新居缺乏深入了解，而鹤湖新居作为深圳市龙岗区的代表性建筑，是了解客家文化的重要资源。因此，教师决定利用这一本土资源优势，设计一系列教育活动，引导幼儿深入探索鹤湖新居的文化与历史，培养他们对社区和家乡的情感认同。教师在规划阶段对幼儿兴趣的敏锐捕捉，不仅体现了幼儿好奇心和探索欲的自然流露，也为引导他们深入了解本土文化、培养社区和家乡情感提供了重要契机。鹤湖新居作为深圳市龙岗区的重要文化遗产，蕴含着丰富的客家文化和历史信息，是开展本土文化教育的宝贵资源。通过明确教育目标，教师能够更有针对性地设计活动内容，确保资源的有效利用和教育目标的顺利实现。

明确教育目标的重要性不仅在于为儿童设定参与活动后预期达到的知识、技能和情感发展水平，更在于确保整个教育活动的方向正确、内容充实和方法得当。这一过程要求教育实践者深入理解儿童的发展特点，精准把握教育资源的特性和潜力，将两者紧密结合，以实现教育效果的最大化。通过明确目标，教育实践者能够科学筛选和配置教育资源，确保这些资源不仅与活动需求紧密贴合，还能激发儿童的学习兴趣，促进他们在认知、情感和社会性等多领域的全面发展。

（二）设计阶段运用成长促进策略

为了全面把握鹤湖新居客家博物馆的资源概况，并依据幼儿年龄特征有效整合利用这些资源，幼儿园与工会携手策划了一场资源探索活动。鹤湖新居作为龙岗客家民俗博物馆、广东省文物保护单位及国家三级博物馆，其地理位置优越，距离我园仅 400 米，步行仅需 6 分钟，为幼儿园的课程实践提供了宝贵的本土资源支持。

为更好地将鹤湖新居融入课程体系，我们首先从教师视角出发，细致分析幼儿的年龄特点及其对鹤湖新居可能产生的兴趣点；同时，教师自身也需深化对鹤湖新居的全面认知。基于此，幼儿园工会为教师团队策划了一场深入的鹤湖新居探索之旅（见图7-2）。此次探索以任务为驱动，引导教职工围绕"建筑风貌、艺术价值、文化底蕴"等核心议题，深度挖掘鹤湖新居的丰富资源，并鼓励他们以直观生动的方式分享探索心得。

在探索过程中，教师们分组协作，从建筑特色、文化内涵和艺术风格等多个维度深入探讨鹤湖新居的独特价值。
通过互动交流，教师们对鹤湖新居的
资源有了更深刻的理解。课程中心小
组则聚焦中班与大班年龄段，围绕可
融入的教育资源展开专题研讨。我们
认识到，鹤湖新居的瓦片、窗格、屋
脊装饰等建筑元素，是引导幼儿探索
中国传统建筑艺术的绝佳素材；而博

图7-2　教师探访鹤湖新居

物馆内承载的家风传承、感恩精神、勤劳品质等文化故事，则有助于幼儿深刻
理解客家文化的精髓。此次探索之旅不仅为教师们积累了丰富的课程资源开
发经验，也展现了我园对教育活动的专业态度与严谨精神。我们深信，这将为后
续资源的开发与运用提供积极的推动作用。

教师作为课程实施的中坚力量，承担着资源开发与应用的双重职责。在探
索如何深度挖掘并创造性整合社区资源以服务教学的过程中，园方深刻认识
到，促进教师对资源的有效利用需要采取针对性策略。为此，幼儿园推行了基
于任务的团队协作模式，为教师设定了清晰的目标与职责。这种模式不仅激发
了团队成员的积极性与培养了创新能力，还增强了团队凝聚力，使每位教师在
实践中不断学习与成长。

在资源探索过程中，教师们从建筑学、文化意蕴及艺术特色等多个维度探
讨社区资源，这种多维度的学习方式有助于全面理解和深入挖掘资源的价值；
课程中心小组聚焦特定年龄段(中班与大班)，研讨可融入的教育资源，确保
了课程内容的适宜性和有效性。将鹤湖新居的资源融入课程，不仅体现了对中
国传统文化的尊重与传承，还通过个性化教学策略满足了幼儿的不同学习需
求，促进了他们的全面发展。此次资源探索实践为教师团队积累了宝贵的课程
资源开发经验，彰显了持续学习与改进的重要性。所积累的经验为后续的资源
开发与运用提供了重要参考，构建了一个促进教师与幼儿共同成长的良性循环
体系。

（三）审议阶段运用适应性调整策略

通过建立多层次、多维度的审议机制，包括年级内部对资源分配和活动策

划的精细审核，以及全园层面对资源教育潜能的深度挖掘，我们形成了家、园、社资源审议后的预设运用表，确保资源运用既精准又符合实际需求。以"遇见老房子，探寻旧时光"主题活动审议为例，教师根据活动内容，结合幼儿的年龄特征和兴趣点，首先对家、园、社的资源进行系统分析与初步筛选，并据此拟定了资源预设运用表的初步框架（见表7-1）。

表7-1 家、园、社资源审议后的预设运用表

资源类型	资源运用
人力资源：教师、家长、幼儿、社区工作人员	(1)教师：负责资源的开发、收集与整理 (2)家长：带领幼儿参观、提供资源、参与助教活动 (3)幼儿：分享经验、参与活动 (4)社区工作人员：协助开发与运用社区资源，保障活动安全
物质资源：社区基础设施、公共服务设施、商业资源	(1)教育资源：幼儿园设备设施、室内外学习环境等 (2)医疗卫生资源：如社区健康服务中心，提供职业教育和主题资源支持 (3)职业资源：如社区警务室，提供职业教育和主题资源支持 (4)文娱资源：如党群服务中心，补充延伸园内学习活动，延展园内实践场域 (5)客家博物馆——鹤湖新居：支持客家文化主题活动、传统文化项目活动及家园共育等
文化资源：文化设施、文化活动	(1)社区传统节日庆祝活动：如党群服务中心的中秋灯会、鹤湖新居的迎新年团圆饭、非遗文化展演等 (2)传统文化：如书法、剪纸、客家山歌、舞龙舞狮等，丰富幼儿的文化体验

通过分析上述资源预设运用表的规划详情，我们可以更深入地理解该幼儿园在课程资源管理与运用方面的策略与实践。在这一过程中，幼儿园不仅展现了对课程资源的高度重视，还体现了其灵活应变与持续优化的能力。园方对课程资源进行了初步的分类与整合，依据科学的逻辑框架与标准，对多样化的资源进行了系统化梳理，旨在实现更高效的管理与利用。此外，幼儿园积极吸纳家长资源，通过邀请家长参与幼儿园活动，形成家园共育的合力，共同促进幼儿的成长；同时，充分利用周边社会文化资源，如组织幼儿参观客家博物馆，拓宽幼儿的视野，丰富其生活经验。在资源梳理与运用的实践中，幼儿园能够

根据活动的实际需求，灵活调整资源配置，确保资源的最大化利用。

(四)执行阶段运用计划执行策略

鉴于家、园、社区共育活动的复杂性和多样性，制订详细的资源运用计划显得尤为重要。在活动推进的实践中，教师需要提前规划，明确各阶段的任务目标，灵活应对不同教育场域和形式下的挑战，确保教育资源在共育活动中发挥最佳效能，甚至超越预设目标。

经过幼儿园对资源的实地探访与细致审议，班级决定围绕"遇见老房子，探寻旧时光"这一主题开展活动。在此过程中，教师充分考虑了幼儿的年龄特征和兴趣点，并结合家、园、社资源审议后的预设运用表，初步设计了预设活动资源表(见表7-2)。这一过程重点梳理了在不同活动阶段可加以利用的相关资源，确保资源的合理配置与高效利用。

表7-2 "遇见老房子，探寻旧时光"预设活动资源表

活动过程	资源运用计划
第一阶段：寻觅探访，初识老房子	1. 教师参观鹤湖新居 物质资源：社区设施(鹤湖新居) 人力资源：专业解说员 2. 幼儿图片观察与兴趣激发 人力资源：教师收集、统计幼儿的观察点与兴趣点 3. 我的参访计划 人力资源：馆长协助 网络信息：获取相关背景资料
第二阶段：实践探索，老房子的奇妙	1. 老房子大不同 人力资源：家长参与、幼儿作品表征 网络信息：补充相关知识 软件运用：辅助学习与展示 2. 探寻老房子不一样的美 人力资源：幼儿作品表征 网络信息：拓展学习内容

续表

活动过程	资源运用计划
第三阶段：体验制作，我们来宣传	1. 宣传海报 人力资源：家长参与、幼儿作品表征 软件运用：设计工具支持 2. 作品展 人力资源：家长、社区工作人员协助 物资资源：公共服务设施（如展览场地） 3. 戏剧表演 文化资源：非遗展演（如客家山歌、舞龙舞狮等）

1. 活动一：初识鹤湖新居

经过讨论发现，尽管幼儿对鹤湖新居有一些零碎、浅显的认知（见图 7-3），但深入的了解并不多，甚至部分幼儿提出了疑问（见图 7-4）："鹤湖新居在哪里呢？"带着对鹤湖新居的好奇与期待，幼儿展开了一场关于鹤湖新居的深入讨论（见表 7-3）。

图 7-3　"我知道的鹤湖新居"　　　　图 7-4　幼儿的困惑

表 7-3　讨论内容

我知道	我不知道
幼儿 A："我每天放学都会经过这里。" 幼儿 B："我妈妈带我去参观过。" 幼儿 C："我知道，这里是鹤湖新居，我也去过。" 幼儿 D："我知道里面很大，有很多房间。"	幼儿 E："鹤湖新居在哪里？" 幼儿 F："里面有什么好玩的？" 幼儿 G："我们怎么去？"

教师的思考：幼儿对身边既熟悉又陌生的鹤湖新居产生了浓厚的兴趣与好

奇心。他们用自己的方式梳理对鹤湖新居的已有经验，并通过问题清单记录下
自己的困惑，例如："鹤湖新居有多大？""里面住过哪些人？""为什么房子看起
来这么特别？"这些问题不仅反映了幼儿的探究欲望，也为后续活动的设计提
供了重要依据。这种基于问题的学习方式，触发了幼儿对鹤湖新居进行实地参
访的强烈愿望，为他们在真实情境中探索与学习奠定了基础。通过实地参访，
幼儿能够将零散的认知转化为系统的理解，进一步激发他们对本土文化的兴趣
与认同感。

2. 活动二：幼儿的参访计划

通过前期对鹤湖新居的初步了解，幼儿的好奇心越发浓厚，驱使他们迫切
希望前往鹤湖新居一探究竟。

幼儿 A："鹤湖新居很近，我们走路过去吧。"

幼儿 B："对呀，我们可以向园长
妈妈申请，我们做一个申请书吧。"（见
图 7-5）

第一次参观鹤湖新居，幼儿对这
座老房子充满了新奇与兴奋（见图 7-
6）。参访结束后，幼儿满怀激情，积
极分享他们的发现（见图 7-7）。针对
实地参访，幼儿对鹤湖新居有了许多
新的认识，并进行了详细的记录与统计。

图 7-5　外出参观申请书

图 7-6　初次集体参观

图 7-7　参访后的分享

教师的思考：初次集体参观和网络查询已无法满足部分幼儿对鹤湖新居的
深入探究需求。因此，我们鼓励家长利用周末时间，与孩子结伴探访鹤湖新

居，进一步加深对客家建筑、服饰、物件及美食的记忆。在这个过程中，我们看到幼儿与家长对鹤湖新居建立了更深的情感联结，这种情感的深化将持续驱动幼儿对客家文化的深入探索与学习。

3. 活动三：探秘鹤湖新居

经过周末亲子结伴探访鹤湖新居后，幼儿对鹤湖新居房屋的外形特征、内在结构及其独特之处有了初步的了解。在家长对参访活动的反馈和建议下，教师基于幼儿现有的知识经验和近期的发展需求，精心策划了分组活动（见表7-4）。这些活动旨在引导幼儿更深入地探索鹤湖新居文化中的某一特定内容，如客家美食、传统服饰和围屋建筑文化。

表7-4　分组活动

分组	地点（展厅）	协助家长	小朋友名单
美食	客家美食	家长 A	幼儿 A、幼儿 B、幼儿 C
服饰	客家服饰	家长 D	幼儿 D、幼儿 E、幼儿 F
围屋	牌坊（牌坊式建筑）、中堂（鹤湖新居模型）、围墙、角楼、望楼（单孔）	家长 H	幼儿 H、幼儿 I、幼儿 J

第一组的幼儿和家长带着问题来到"客家美食"展厅参观（见图7-8），他们发现客家美食有酿豆腐、艾粄、盐焗鸡、酿茄子、炸油果等。

第二组的幼儿和家长来到"客家服饰"展厅参观（见图7-9），他们仔细观察展出的客家传统服饰，发现凉帽中间是镂空的，客家人的衣服衣袖宽大而独特。在家长的详细介绍下，幼儿对客家服饰的设计特点和文化背景有了更深入的了解。

图7-8　了解客家美食　　　　　图7-9　了解客家服饰

在鹤湖新居的中堂，第三组的幼儿和家长们齐聚一堂，他们以一种俯瞰的视角，仔细观察着鹤湖新居的模型。通过这种直观的展示，幼儿们更加清晰地认识到围屋独特的"回"字形构造，其结构之美令他们叹为观止。在欣赏之余，幼儿不禁提出了疑问："为什么围屋要设计成'回'字形的呢？"家长微笑着解答："这是客家人智慧的结晶，它象征着客家人团结、尊长、爱家和爱国的家风。这样的设计让良好的家风得以代代相传，生生不息。"

家长的解释引发了幼儿更深层次的思考："什么是家风？什么又是好的家风呢？"教师敏锐地捕捉到了这一富有教育意义的话题，随即引导幼儿展开了一场关于家风的深入探究活动（案例："好家风，我传承"）。

鹤湖新居幼儿教育探索项目的启动，源于幼儿对鹤湖新居的好奇与兴趣。教师们敏锐地意识到，鹤湖新居是引导幼儿深入了解客家文化的宝贵资源。于是，他们深入探索鹤湖新居的建筑风貌、艺术特色及文化内涵，在此过程中积累了丰富的课程资源，并初步规划了这些资源的应用方案。

随着活动的逐步推进，教师们巧妙地整合了家长与社区的力量，为幼儿设计了一系列从好奇初探到积极参与、从计划制订到实地探访的完整体验流程。这一过程中，不仅深化了幼儿对鹤湖新居历史文化的理解，还留下了许多独特而珍贵的记忆。此次活动极大地丰富了幼儿对客家文化的认知，激发了他们对家乡的深厚情感，同时也充分展现了教师们的专业素养与敬业精神。

从上述案例中可见，前期精心的资源规划使教师在活动执行过程中能够灵活调配资源，确保了资源的高效利用。这不仅让幼儿的探索之旅充满趣味，还让他们在活动中获得了丰富的知识与情感体验，真正实现了教育资源的最大化利用。

（五）调整阶段运用动态适应策略

尽管前期对课程资源进行了详细的审议和规划，但在实际执行过程中，随着幼儿探究兴趣的变化、教育目标的调整以及个体发展差异的出现，教育资源的运用需要持续优化和动态调整。这种动态适应策略对教师的观察能力和分析能力提出了较高要求。教师需要敏锐地发现幼儿在学习、游戏、社交等方面的新需求或挑战，包括对幼儿兴趣、能力、情感状态等方面的细致观察，以及对教育成效的定期评估。在观察与分析的基础上，教师需结合幼儿当前的发展阶段和学习特点，灵活调整课程资源。这可能涉及活动设计的优化、活动内容的更新、材料的调整等，例如增加新的学习资源、调整活动难度、引入新的教学方法等，以满足幼儿的个性化需求。动态适应策略的实施离不开教师、家长、幼儿等多方参与者的紧密合作与沟通。教师需要向家长和社会人士解释资源调整的原因和目的，鼓励他们积极参与幼儿的学习过程，共同为幼儿的全面发展提供支持。同时，教师也要倾听幼儿的声音，尊重他们的选择和意愿，使课程资源更加贴近幼儿的实际需求，真正实现以儿童为中心的教育理念。

在"遇见老房子，探寻旧时光"主题活动的尾声，家长与幼儿的对话引发了幼儿对家风文化的浓厚兴趣与深入思考。教师在当天的活动反思中对幼儿的兴趣点进行了细致分析，并由此生成了新的活动内容——"好家风，我传承"。在活动正式开展前，我们对家庭、幼儿园及社区中可利用的资源进行了系统梳理与预设(见表7-5)。

表7-5　家、园、社可利用资源

资源类型	资源运用
人力资源：教师、家长、幼儿、社区工作人员	(1)教师：负责资源的开发、收集与整理，支持幼儿作品表征 (2)家长：陪同幼儿参观家风阁，参与礼仪文化家庭教育 (3)幼儿：分享经验，积极参与活动 (4)社区工作人员：协助开发与运用社区资源，协调安全保障，并介绍鹤湖新居家风阁的文化内涵
物质资源：社区基础设施、公共服务设施、商业资源	(1)教育资源：幼儿园设备设施、室内外学习环境等 (2)文娱资源：党群服务中心，补充延伸园内学习活动，延展园内实践场域 (3)客家博物馆——鹤湖新居：家风阁，提供家风文化的学习场景
文化资源：文化设施、文化活动	传统文化：家风文化，作为活动核心内容，帮助幼儿理解家庭价值观与文化传承

为了让幼儿更加深入地理解家风、家训的内涵，教师决定带领幼儿走进"鹤湖新居"，实地探索家风阁，并开展一系列以家风文化为主题的活动。通

过这种沉浸式的学习体验，幼儿能够在真实的情境中感受家风文化的魅力，理解其背后的价值观与精神内涵。

1. 活动一：参观"鹤湖新居"家风阁

幼儿在教师的引导下，聆听了杨氏族谱和四知堂的故事，并将看到的、听到的家风家训内容用自己的方式记录下来。在这一环节中，我们充分利用社区资源，发挥临近鹤湖新居的地理优势，通过家、园、社三方的共同参与，加强了幼儿的礼仪美德教育。活动期间，家长义工不仅协助幼儿园维护幼儿的外出安全，还在幼儿对家风文化产生好奇时，积极参与答疑解惑和宣传讲解工作（见图7-10）。在鹤湖新居参观期间，博物馆工作人员制定了详细的参观路线，并安排了专业讲解员（见图7-11）带领幼儿队伍深入参观家风阁，生动讲解其中的文化内涵。这一活动充分体现了家、园、社协同共育的重要性，不仅有助于培养幼儿的美德，还对维护家庭和谐与促进社会和谐起到了积极作用。

图7-10 宣传讲解家风阁A

图7-11 宣传讲解家风阁B

参访结束后，幼儿通过图片、视频、调查表等多种形式，向小伙伴们分享了自己在参观中发现的家风小故事（见图7-12）。这种多样化的表达方式，不仅帮助幼儿巩固了所学知识，还锻炼了他们的语言表达能力和创造力。

2. 活动二：与"礼"相遇

（1）串门活动。

图7-12 幼儿正在分享故事

幼儿在对家风文化有了一定了解后，对其中的"礼仪"产生了浓厚兴趣。在教师的倡议下，幼儿们在周末开展了串门活动。家长在带领幼儿进行串门活动的过程中，通过言传身教，为幼儿展示了具体的串门礼仪。家长结合自身的育儿经验进行思考与探索，通过积极配合与支持，使幼儿园教育目标的落实事半功倍。[①] 在家长的支持下，幼儿对串门礼仪有了初步的认知。新一周归园后，幼儿们纷纷向教师分享自己所了解的串门礼仪。例如：去串门时要先按门铃，而不是直接敲门或大声呼喊，这样显得礼貌得体；进门后要主动向长辈打招呼，这是基本的长幼之礼；不能随意动主人的物品，未经允许不能进入卧室，这体现了对主人隐私的尊重。

此外，一些幼儿从"主人家"的视角分享了待客之礼。例如，有幼儿提到客人到访后，主人需要泡茶招待客人（见图7-13）。这种从幼儿视角出发的串门礼仪分享，让教师看到了他们对"礼"的初步理解与认知，并以此为切入点，开展更深入的"礼"文化学习活动。

图7-13　主人泡茶招待客人

（2）泡茶礼仪。

为了让幼儿更深入地了解泡茶礼仪，幼儿园积极调动家长资源，鼓励家长走进课堂。在幼儿教育中，除了幼儿园的教育和指导外，家长的参与同样至关重要。引导家长进入课堂不仅能够丰富教育活动的内容，还能为幼儿的学习与成长拓展更加广阔的空间，充分发挥家长专业资源的积极作用。家长进课堂活动因此成为一项极具意义的教育实践。

我园特别邀请了职业茶艺师家长走进课堂，充分发挥其专业特长。家长精心准备，结合自身经验，向幼儿详细讲解泡茶的全过程（见图7-14）。从茶叶的选择、茶具的清洗，到水温的控制、茶叶的冲泡，再到最后的分茶，每一个步骤都蕴含着深厚的文化内涵。在讲解喝茶礼仪时，家长告诉幼儿，端茶时要用双手，以示对客人的尊重；喝茶时不能发出大声响，要小口品尝；主人为客人添茶时，客人需用手指轻敲桌面表示感谢。幼儿们听得津津有味，并积极参与互动。他们还邀请客人老师品茶，并认真地递茶。在这一过程中，孩子们将

---

① 朱卉. 学校家庭社区协同育人的实践与探索[J]. 新课程研究，2024（A1）：98-100.

所学的礼仪知识付诸实践，进一步加深了对"礼"的理解。

图 7-14　家长向幼儿讲解泡茶流程

在家长进课堂活动中，幼儿园充分挖掘了家长资源的教育功能，合理运用了家长的职业特长优势。家长作为幼儿的第一教育者和幼儿园课程的重要参与者，积极配合幼儿园课程组织，将自身优势转化为幼儿教育资源，赋能家园共育实践。这种家园合作模式不仅实现了幼儿园与家庭的优势互补与互为支撑，还为幼儿提供了更加丰富、多元的学习体验，促进了他们的全面发展。

3. 活动三：成果展示——亲子情景剧《文明礼仪大家行》

幼儿园需要充分发挥自身的师资力量与专业优势，灵活创新家园合作共育的方式，开展形式多样的共育活动。家庭教育作为幼儿教育中影响最为深远的一环，家长的育人理念需要幼儿园的指导与支持。在家园双方的合力育人中，幼儿的全面发展得到了有效促进。在家风主题礼仪教育活动的后期，我园邀请了有相关特长的家长参与亲子情景剧的编排，并邀请他们在园内的露天舞台上进行演出。

亲子情景剧《文明礼仪大家行》是整个礼仪教育活动的重要成果展示。孩子和家长共同参与到情景剧的编排中。在情景剧中，小朋友们去小伙伴家做客，将串门礼仪表现得淋漓尽致——从提前预约、按门铃、打招呼（见图 7-15），到在客厅里的礼貌行为，每一个细节都体现了"礼"的内涵。家长们和教师在小舞台上将泡茶礼仪全程演绎，通过一步一讲解的方式，清晰展示了泡茶待客的每一个步骤（见图 7-16）。

这场情景剧的表演，让孩子们在欢乐的氛围中进一步加深了对礼仪的理解和记忆。幼儿园通过提供平台，成功举办了一场小型亲子活动。亲子共同参与的过程不仅增进了亲子关系，还让家长更加深入地了解孩子在礼仪教育方面的成长与进步。家园双方在这一过程中达成共识、协同行动，实现了对幼儿的合作共育，为他们的全面发展提供了有力支持。

在活动中，我园集中专业师资力量，结合幼儿身心发展特点，精心设计与

图 7-15　亲子情景剧表演 A　　　　图 7-16　亲子情景剧表演 B

实施活动内容。教师针对衍生的"泡茶礼仪"课程，创设了茶艺区区域角（见图 7-17），为幼儿提供了沉浸式的学习体验环境。幼儿园作为幼儿教育的主体，灵活串联与运用家长资源与社区资源，将家长力量渗透到活动的每个环节。在

课程开展过程中，家长在家中协助幼儿了解家风文化与礼仪内涵，为幼儿园开展家风礼仪课程奠定了经验基础。在活动后期，部分家长走进幼儿园，亲身教授泡茶礼仪并参与编排亲子情景剧《文明礼仪大家行》。同时，我园在活动初期与社区紧密对接，协同开展幼儿参观鹤湖新居家风阁的活动，

图 7-17　茶艺区环境创设

社区为幼儿学习家风文化提供了丰富的场所资源。

　　人力资源是幼儿园课程中最具活力和影响力的一部分，包括教师、家长、社区工作人员等各类参与者。教师作为课程的设计者和实施者，扮演着引导和启发幼儿学习的重要角色；家长作为幼儿的第一位老师，与幼儿园共同促进幼儿的全面发展。[①] 在上述案例中，幼儿园充分调动了教职工人力资源，并协调家庭与社区人力资源，集中家、园、社三方力量，确保活动的顺利开展。案例中的幼儿园在课程资源调整阶段运用了动态适应策略，这是一种以促进幼儿全面发展为目标、以观察评估为基础、以灵活调整为核心、以持续更新为保障的教育实践。这一过程充分体现了教师群体高度的专业素养和创新能力，能够不

---

① 顾芸. 资源观下的幼儿园课程资源利用模式研究[J]. 智力，2023（30）：156-159.

断适应和引领幼儿成长的新需求。

家、园、社资源的开发与利用是一个动态的、持续的过程，既是教师课程观转变的过程，也是园本课程建设的过程，更是将学习与发展主动权还给幼儿的过程。在课程开展过程中，教师结合课程需要灵活开发新的资源，最终生成了此次家、园、社资源运用表(见表7-6)。通过不断优化教育资源配置，提升教育质量，幼儿园为幼儿的全面发展提供了有力支持。

表7-6 家、园、社资源运用表

资源类型	资源运用
人力资源：教师、家长、幼儿、社区工作人员	(1)教师：负责资源的开发、收集与整理，持续追踪活动进展，创设适宜的学习环境(如茶艺角) (2)家长：陪同幼儿参观家风阁，参与礼仪文化家庭教育，并入园开展活动(如茶艺师助教、亲子情景剧) (3)幼儿：分享经验，积极参与活动，并通过亲子情景剧等展示学习成果 (4)社区工作人员：协助开发与运用社区资源，协调安全保障，并专业介绍鹤湖新居家风阁的文化内涵
物质资源：社区基础设施、公共服务设施、商业资源	(1)教育资源：幼儿园设备设施(如茶桌、茶具)、室内外学习环境等 (2)文娱资源：党群服务中心，补充延伸园内学习活动，延展园内实践场域 (3)客家博物馆——鹤湖新居：家风阁，提供家风文化的学习场景
文化资源：文化设施、文化活动	传统文化：家风文化，作为活动核心内容，帮助幼儿理解家庭价值观与文化传承

(六)总结阶段运用优化提升策略

在教育领域，资源的有效性和适用性并非一成不变，而是随着时代的变迁和教育观念的更新而不断演变。特别是在家、园、社区共育活动中，教育资源的运用直接关系到教育效果和质量。因此，我们必须始终保持对教育资源的审视与优化，以确保其在新时代的教育环境中持续发挥积极作用。

在家、园、社区协同共育活动结束后，及时开展回顾与反思工作至关重要。这一环节不仅能够帮助我们总结成功的经验，还能让我们及时发现并纠正存在的问题。通过回顾活动过程中教育资源的使用情况，我们可以筛选出效果显著、深受欢迎的资源，并进一步优化它们，使其在未来的教育活动中发挥更大的作用。

同时，我们需要以时代的视角审视教育资源的适用性。随着科技的飞速发展和教育理念的不断更新，一些传统的教育资源可能已无法满足新时代的教育需求。因此，我们必须密切关注教育的最新趋势和理念，及时调整和优化教育资源，确保它们与时俱进，为家、园、社区的协同教育提供持续的动力。

此外，为了确保教育的持续进步，我们还需要不断更新教育资源库。这需要我们投入更多的时间和精力去研究、探索和实践新的教育资源与方法。同时，我们也应鼓励家、园、社区中的每一位成员积极参与到这一过程中，共同为教育资源的优化和更新贡献智慧与力量。

总之，家、园、社区的共同教育是一项长期且复杂的任务。我们需要在教育实践中不断总结与优化，持续回顾、反思、总结和调整。只有这样，才能确保教育资源的有效性和持续性，为孩子们创造一个更加健康、快乐、充满成就感的教育环境，推动他们不断向前发展。同时，我们还应始终保持开放的心态和创新的精神，积极尝试和接纳新的教育资源与方法，确保我们的教育始终充满活力与创新精神。

第二节　课程资源的审议式整合策略

在现代教育理念不断发展的背景下，家、园、社协同育人已成为教育领域的重要趋势。课程资源作为教育内容的载体，在家、园、社育人过程中发挥着独特且不可替代的作用。家庭、幼儿园和社区各自蕴含着丰富的课程资源：家庭中的文化传承、生活经验以及亲情互动模式，都是宝贵的教育资源；幼儿园拥有专业的教育者、精心设计的课程体系以及适合儿童发展的教学设施；社区则汇聚了多样的社会文化元素、公共设施资源以及不同行业的人力资源。

然而，这些课程资源在家、园、社育人中的表达与运用面临着诸多挑战。不同主体对课程资源的理解和重视程度存在差异，缺乏有效的整合机制。例如，家庭可能注重生活经验的传递，但缺乏与幼儿园课程目标相契合的表达方法；社区资源丰富，却未能深入融入幼儿教育体系。这种资源分散与整合不足的现象，限制了课程资源教育价值的充分发挥。

深入研究课程资源在家、园、社育人中的表达与运用，有助于打破各主体之间的壁垒，充分挖掘和发挥各类课程资源的教育价值。这不仅能够为幼儿提供更加全面、多元的学习体验，还能构建起一个相互支持、协同发展的家、园、社育人网络，促进幼儿的全面健康成长，提升整个社会的教育品质。

为了更好地发挥课程资源在家、园、社协同育人中的使用效果，幼儿园需要通过资源综合分析、预设活动目标、预设活动内容、资源前期审议、活动开展与资源运用、资源回顾审议等六个方面进行课程推进（以深圳市龙岗区龙岗街道国兴花园幼儿园为例）。

一、资源综合分析

家、园、社资源的综合分析与有效利用对于促进幼儿的健康成长具有重要意义。通过加强家园沟通、提高家长参与度、拓展社区资源和提升教师引导能力等措施，可以进一步增强家、园、社资源利用的效果，为幼儿的全面发展创造更加良好的教育环境。

（一）加强家园沟通，促进资源共享

家庭是幼儿成长的第一环境，家长的教育理念和参与度直接影响幼儿的发展。幼儿园应通过家长会、家园联系册、线上平台等多种形式，加强与家长的沟通，帮助家长了解幼儿园的教育目标与课程内容。同时，鼓励家长分享家庭中的教育资源，如文化传统、生活经验等，形成家园资源的互补与共享。

（二）提高家长参与度，深化家园共育

家长不仅是幼儿的第一任教师，也是幼儿园教育的重要合作伙伴。幼儿园可以通过家长进课堂、亲子活动、家长志愿者等形式，提高家长的参与度。例如，邀请有专业特长的家长参与课程设计，或组织家长与幼儿共同完成主题活动，使家长在参与中深化对教育的理解，增强家园共育的实效性。

（三）拓展社区资源，丰富教育内容

发挥社区资源的作用，能够有效丰富家、园、社协同育人的课程内容。家、园、社协同育人模式的核心在于让三方主体主动参与到幼儿活动中，助力

幼儿活动边界与空间的不断拓展，提升幼儿在社区活动中的参与度，从而促进幼儿的全面发展。对于幼儿园的幼儿来说，鹤湖新居客家民俗博物馆内的建筑风格、陈列物品(如客家传统服饰、工艺品)等客家民俗文化，为他们了解传统文化、历史知识和艺术审美价值提供了一个重要窗口。

我园与党群服务中心签约，共建教育实践基地，建立了紧密的合作关系，极大地拓展了幼儿成长的空间和场域。我们采取"走出去，引进来"的模式，开展了各类儿童友好活动，如阅读推广、艺术熏陶、非遗体验等，使幼儿成为活动的主要参与者和受益者。通过这些活动，幼儿不仅能够参与社区活动，了解社区的功能和意义，增强社区归属感，还能获得与不同年龄段人群交往的机会，促进社会交往能力的发展。

(四)提升教师引导能力，优化资源运用

教师作为课程的设计者与实施者，在资源运用中扮演着关键角色。幼儿园应通过培训、教研活动等方式，提升教师的资源整合与引导能力。教师需要根据幼儿的兴趣和发展需求，灵活调整资源配置，设计多样化的活动，确保资源的最大化利用。同时，教师还应注重观察与反思，及时优化资源运用策略，增强教育效果。

二、 预设活动目标

(一)幼儿角度

(1)了解客家文化的基本元素：如客家建筑、服饰、传统习俗等，如强对本土文化的认知与认同。

(2)认识教育资源的重要性：认识到家庭、幼儿园和社区都是重要的教育资源，学会利用这些资源丰富自己的学习和生活。例如，了解社区的功能和重要性，认识社区中的不同角色。

(3)发展社会交往能力：适应不同的社会环境，提升与人交往的能力。例如，与社区工作人员、博物馆讲解员等友好交流。

(4)激发探索欲望：对社区环境产生好奇心和探索欲，鼓励他们走出家门，发现和了解新事物。

（二）教师角度

（1）提升资源整合能力：提高对周边资源的搜集、定位、分析与运用的能力，掌握将资源合理融入课程的技巧。

（2）增强协同共育能力：提高与家长、社区沟通合作的能力，在协同共育中提升教育质量，促进自身专业成长。

（3）增进家园理解：更好地了解家长的育儿理念与需求，增进与家长之间的理解和信任。

（三）家长角度

（1）提升教育理念：在与幼儿园和社区的紧密合作中，提升自身的教育理念，促进家庭教育效果的增强。

（2）促进亲子关系：通过参与幼儿的教育过程，深入了解幼儿的成长状况，促进亲子关系和谐，与幼儿建立更紧密的联系。

（四）社区角度

（1）宣扬本土文化：借助幼儿园和家长的力量，在幼儿教育中宣扬社区本土文化，增强文化传承的影响力。

（2）构建育人体系：通过家、园、社活动，构建更加完善的育人体系，增强家、园、社之间的紧密联系，形成教育合力。

三、预设活动内容

通过系统整合与利用家、园、社资源（见表7-7），幼儿园能够为幼儿创设一个丰富、多元的学习环境，支持他们在认知、情感、社会性等多领域的全面发展。这种资源整合模式不仅提升了教育的实效性，还为家、园、社协同育人提供了有力支持，共同促进幼儿的健康成长。

表 7-7 可开发资源一览表

可利用的资源	可开发的价值	可开展的活动	幼儿可获得的经验和发展
党群服务中心	(1)资源整合：活动场地、设施共享 (2)教育拓展：合作拓展教育内容和形式 (3)文化传承：当地文化历史和传统	(1)红色教育：革命经典故事、红歌、追寻红色记忆等 (2)亲子互动：亲子手工、亲子阅读等 (3)社会实践：参观社区展览、功能室等	(1)社会经验：幼儿可以接触到更多的人和事 (2)情感发展：感受家、园、社的关爱和支持 (3)认知能力：拓展认知领域 (4)社交能力：培养团队精神
大市场	(1)资源整合：与商户建立合作关系 (2)社会实践：观察商品的交易过程	(1)探索活动：观察市场布局、商品种类和价格 (2)角色扮演游戏：模拟交易过程 (3)环保教育：结合商品包装和废旧物处理开展教育活动	(1)生活经验：了解市场的运作和商品交易的基本规则 (2)社交能力：与不同人群交流合作 (3)认知能力：加深对数字、货币等的理解 (4)环保意识：学会垃圾分类和节约资源的方法
社区警务室	(1)安全教育：获取专业的安全教育资源 (2)社会实践：了解警察的工作内容和职责 (3)法治教育：初步接触法律知识和感受法治精神	(1)安全知识讲座：邀请警察来园为孩子讲解安全知识 (2)角色扮演：扮演警察、小偷等角色，模拟场景和情节 (3)法治教育：开展法律小剧场活动、法治知识竞赛等	(1)安全意识：学习安全知识和自我保护的方法 (2)社会认知：了解警察的职责 (3)团队协作：通过角色扮演培养团队协作能力
客家民俗博物馆——鹤湖新居	(1)文化教育：了解客家建筑风格和文化内涵 (2)社会实践：实地参观、体验和学习 (3)审美教育：感受建筑之美	(1)文化体验：制作客家美食、感受客家服饰传统魅力、参与传统手工艺制作 (2)主题教育：客家建筑探索、家风礼仪等 (3)亲子活动：家长一起参与、参观和学习	(1)文化认知：了解客家的历史、建筑和生活习俗 (2)社会实践：接触到真实的社会场景 (3)审美能力：培养对美的感知 (4)情感发展：与同伴和家长进行互动和交流

可利用的资源	可开发的价值	可开展的活动	幼儿可获得的经验和发展
大型超市	(1)社会实践：体验商品选择、价格比较、结算等操作 (2)认知与学习：了解商品的种类、用途及价格 (3)情感与社交：与家长、超市员工及其他顾客互动	(1)购物体验：组织幼儿进行实地购物，感受真实的购物过程 (2)商品分类：能根据商品的种类、用途进行分类 (3)货币与数学：计算商品总价、进行价格比较等	(1)购物技巧与经济意识：学习购物技巧，培养经济意识 (2)知识拓展：加深对商品和货币的理解 (3)社交能力：与他人交流合作
社区健康服务中心	(1)健康教育：提供科学、系统的健康教育内容 (2)家长教育与互动：提供健康的育儿知识，促进家园共育	(1)健康讲座：邀请医生进园举办健康讲座 (2)健康检查：定期健康筛查，提供建议 (3)健康宣传：开展宣传和教育，提高幼儿的健康认知	(1)健康知识与意识：学习健康知识 (2)自我保健能力：掌握简单的保健方法 (3)健康行为与习惯：养成良好的卫生习惯
养老院	(1)敬老爱老教育：幼儿近距离接触和了解老年人，增强其敬老爱老意识 (2)社会情感教育：理解不同年龄段人群的需求和感受，发展其社会情感 (3)生命教育：了解生命的历程	(1)敬老探访：组织幼儿进行探访，与老人互动，如唱歌、讲故事等 (2)手工制作：制作简单的手工作品赠送老人 (3)生命教育讲座：向幼儿讲述生命的奥秘和衰老的过程	(1)敬老爱老意识：理解敬老爱老的意义 (2)社会情感能力：理解他人的需求和感受 (3)生命观：珍惜生命，敬畏生命 (4)感恩意识：学会感恩和回报
公园	(1)自然与生态环境：亲近自然，观察动植物的生长，培养环保意识 (2)身体锻炼与体能发展：进行身体锻炼	(1)自然观察：收集标本、记录天气 (2)亲子游乐：亲子运动、家庭寻宝活动 (3)环保教育：垃圾分类、环保手工制作	(1)自然与生态知识：了解自然界和生态环境 (2)社交与合作能力：学会合作、分享和沟通 (3)环保意识：践行环保行为

续表

可利用的资源	可开发的价值	可开展的活动	幼儿可获得的经验和发展
图书馆	(1)教育资源丰富：提供丰富的教育素材 (2)环境优雅适宜：馆内设施符合幼儿的使用需求 (3)促进家园共育：可以作为搭建幼儿园与家庭共同育儿的桥梁	(1)亲子阅读：增进亲子关系，培养阅读兴趣 (2)故事会：邀请专业老师为幼儿讲述有趣的故事	(1)阅读经验：获得丰富的阅读经验，提高阅读能力和阅读兴趣 (2)情感发展：增进亲子关系，培养情感表达和沟通能力
地铁站	(1)教育资源整合：周边聚集多所幼儿园，形成教育资源共享 (2)社区文化营造：提供丰富的教育资源和社会实践机会 (3)安全出行教育：提高安全意识	(1)地铁站参观：了解地铁站的功能及安全规则 (2)社区文化活动：参观附近的文化场所 (3)亲子互动活动：结合地铁站周边的商业设施，组织亲子游戏等互动活动	(1)认知经验：了解公共交通的构造和运作 (2)社交经验：提高团队合作精神 (3)能力发展：锻炼观察力、想象力和创造力

四、资源前期审议

多样化的课程资源涵盖了不同类型、来源和形式的内容，具有丰富的教育潜力。在将这些资源引入课程之前，开展系统性的资源审议至关重要，这可以确保预设目标的合理性和该资源与课程内容的高匹配度。

(一)审议预设目标的合理性

在资源前期审议的过程中，预设目标的合理性是一个至关重要的考量因素。为了给家、园、社资源运用提供更科学、严谨的依据，我园从以下三个方面对资源预设目标进行了细致的审议与深入分析。

1. 预设目标是否符合各年龄段幼儿的特点

在"遇见老房子，探寻旧时光"寻觅探访活动中，我们充分考虑了不同年龄段幼儿的身心发展特点。对于中班幼儿，他们正处于好奇心旺盛的阶段，对直观、形象的事物表现出浓厚的兴趣。因此，活动设计更多地围绕建筑风格、传统服饰、特色美食等直观元素展开，引导他们通过观察、触摸等方式感知老房子的独特魅力。而对于大班幼儿，他们已经具备了一定的认知能力和理解能力，能够逐渐深入到对文化内涵的了解。通过讲述老房子背后的历史故事、探讨传统建筑与现代建筑的差异等方式，引导他们思考文化传承的意义，从而满足不同年龄段幼儿的发展需求。

2. 预设目标是否具有可操作性

在"我宣传，我代言"活动中，我们注重目标的可操作性，确保活动能够有效实施并达成预期效果。活动设计中，为幼儿提供了明确的观察任务，如观察宣传对象的特点、优势等；设置了具体的操作步骤，引导幼儿通过绘画、手工制作等方式制作宣传作品；同时，制定了详细的评估标准，从创意、表达、合作等多方面对幼儿的表现进行评价。这种具有可操作性的目标设计，不仅能够让幼儿在活动中积极参与，还能为教师提供有效的引导和评估依据，确保活动的顺利开展。

3. 预设目标是否能够通过预设的活动有效达成

在"做美食，献爱心"活动中，我们关注的核心是幼儿情感与价值观的培养。活动的目标是让幼儿通过亲手制作美食并将其送给需要的人，学会关心他人，懂得感恩和分享，增强社会责任感。在活动实施过程中，我们通过引导幼儿了解受助者的背景和需求，激发他们的同情心和爱心；在制作美食的过程中，强调合作与分享的重要性，培养幼儿的团队意识和奉献精神；最后，在赠送美食的环节，鼓励幼儿与受助者交流，感受帮助他人的快乐。通过这一系列活动，我们观察到幼儿在情感和行为上都发生了积极的变化，从而验证了预设目标的有效达成。

(二)审议资源与内容的匹配度

在资源前期审议过程中，资源与课程内容的匹配度是一个至关重要的因素。这直接关系到资源能否有效地服务于预定的内容目标，进而影响整个项目或活动的成果。为此，我园从以下三个方面进行了细致的审议与优化。

1. 基于幼儿视角，捕捉兴趣与需求

在活动前期，我们通过调查、分享、交流、讨论等多种形式，深入了解幼

儿当下的直观感受，梳理他们已有的经验。在此基础上，精准捕捉幼儿的兴趣点和需求，进一步激发幼儿的探索意识。例如，通过与幼儿的互动交流，我们发现他们对"遇见老房子，探寻旧时光"这一主题表现出浓厚的兴趣，这为后续课程设计提供了重要的依据。

2. 筛选转化资源，明确教育价值

教师敏锐地捕捉到"遇见老房子，探寻旧时光"这一兴趣点后，对这一社区资源进行了深入的课程审议。我们深入思考这一资源所蕴含的历史价值和人文价值，分析其对幼儿生活经验发展的教育意义，找寻社区资源与幼儿活动的契合点。通过这一过程，我们将社区资源转化为课程内容，使其更好地服务于幼儿的成长与发展。

3. 选择适宜内容，确定学习路径

在确立主题内容后，教师将幼儿的经验、兴趣与课程目标紧密结合，精心选择适宜的活动内容。同时，我们商讨并设计了多通道、多形式的学习路径，力求让幼儿在亲身体验和操作中获得丰富的学习体验。[①] 例如，在"我代言，我宣传"活动中，我们通过实地考察、策划、宣传、艺术创作等多种形式，引导幼儿学会用心灵感受和发现美，并用自己的方式去表现和创造美。这种多样化的学习路径不仅激发了幼儿的学习兴趣，还促进了他们的全面发展。

五、活动开展与资源运用

家庭教育、学校教育以及社会教育，这三个主要的教育体系共同组成了整个社会教育的基本构架，尽管它们在运作上各自独立，但彼此间却存在着紧密的联系与互动。每个系统都拥有其独特的优势和资源，通过相互间的深入交流与合作，能够形成强大的教育合力，共同促进儿童的健康成长和全面发展。[②]

（一）案例一：家、园、社协奏曲

在初次探索鹤湖新居的活动结束后，幼儿们收获颇丰。他们不仅对鹤湖新居独特的建筑风格有了深刻的感受，还敏锐地发现家长义工团队在活动开展过

---

① 张海燕，潘丽. 聚焦社区资源的园本课程优化实践：课程生长理念下［J］. 教育视界，2024（20）：23-26.

② 王群. 学前教育中家园社协同教育有效路径探析［J］. 当代家庭教育，2024（10）：61-63.

程中能够提供各种有力的支持与帮助。这一发现激发了幼儿们的自主意识，他们主动提出希望进一步整合家长资源的想法。于是，在幼儿的积极主张下，园方组织了深入的探讨，并最终确定成立"家长社团"。在后续的走进社区的大型活动中，我园充分发挥家长社团的资源优势，将其与幼儿园的教育目标和社区的资源紧密结合。

1. 活动一："家长社团"成立

家长们来自不同的行业，具有不同的背景，能够从多方面拓展幼儿的视野和为幼儿提供丰富的经验。将家长纳入幼儿园课程体系，是我园园本课程建设的重要组成部分。家长不仅是教育的参与者，更是幼儿园教育的合作伙伴，共同承担着培养幼儿的责任。家长社团的成立，为家长提供了一个深度参与幼儿园教育的平台，进一步推动了家园共育的发展。

在活动前期，我园通过问卷星对家长的参与意愿进行了详细调研（如图7-18），结合幼儿园的教育目标和家长的资源与专长，最终成立了各具特色的家长社团：摄影组社团、美食组社团、传统活动社团、策划组社团、宣传组社团和故事会社团等。共有206名家长积极参与其中。幼儿园赋予家长监督权和管理权，鼓励他们根据自己的兴趣和特长，深度参与幼儿园的各项工作。[①] 通过这种方式，我们不仅拓展了家长参与幼儿园工作的广度和深度，还充分发挥了不同职业、不同专长的家长的优势，真正做到了尊重家长意愿，促进家园合作的良性发展。

随着揭牌仪式的圆满结束（如图7-19）和家长社团聘书的正式颁发（如图7-20），我园家长社团正式宣告成立。这不仅标志着我园在家园合作方面开辟了新的路径，更象征着我园在家、园、社协同共育工作中，成功完成了与家长资源的有效连接，为幼儿的全面发展提供了更坚实的保障。

2. 活动二：做美食，献爱心

在中秋这一象征团圆与美好的传统节日里，我园充分发挥家长社团资源，紧密连接社区环境资源，精心策划并开展了一场别开生面的"家、园、社协同——做美食，献爱心"活动，为中秋佳节增添了一抹特别的色彩。

---

① 曾淑琴，周燕，李克建. 家园社区协同共育的现状、问题及对策：基于浙江省40所幼儿园的调查研究[J]. 幼儿教育，2021(C6)：68-72.

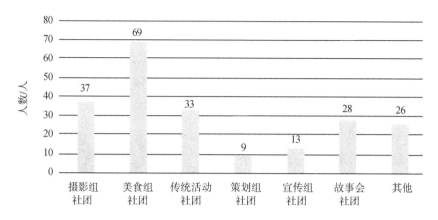

图 7-18　家长调查数据分析

图 7-19　家长社团揭牌仪式

图 7-20　颁发聘书

　　活动伊始，我们发布了一份充满童趣的调查表，旨在了解幼儿对中秋节的认识以及他们内心对这个节日的期待。我们向幼儿们提出了几个简单却富有意义的问题：今年的中秋你想怎么过？做什么美食？做好的美食跟谁分享？幼儿们用稚嫩的笔触和天真的话语，描绘出他们心中的中秋画卷。有的幼儿说想和家人一起赏月吃月饼，有的幼儿则希望能亲手做一份甜甜的桂花糕送给爷爷奶奶。

　　基于幼儿们的美好想法，我们向美食组社团、摄影组社团和宣传组社团发出倡议书，诚挚邀请家长们参与"做美食，献爱心"活动。数十名家长积极响应园方倡议，主动参与到活动的筹备与组织中来。在筹备过程中，家、园、社三方紧密合作，形成了强大的合力。美食组的家长们精心策划美食制作方案，准备了制作月饼的模具，并带领幼儿一起动手制作美食（如图 7-21）；摄影组的家长们提前准备好相机，随时准备记录每一个精彩瞬间；宣传组的家长们则忙着设计活动海报和构思宣传文案，为活动营造浓厚的氛围。同时，家长们还协助幼儿精心设计了美食派发路线图，将敬老院、党群服务中心、社区健康服务中心、警务室和鹤湖新居等地方纳入其中。社区工作人员积极配合园方工作，为活动提供了场地和环境支持。幼儿园的老师们则负责组织协调，确保各个环节有序进行。

活动当天，幼儿园里弥漫着香甜的气息。幼儿们和家长们一起忙碌着，揉面、包馅、烘焙……一道道美食在大家的巧手下诞生，有金黄酥脆的月饼、软糯香甜的绿豆糕、造型可爱的纸杯蛋糕。每一份美食都承载着满满的爱与温暖。最后，幼儿们根据事先制定好的美食派发路线图（如图7-

图7-21　家长带幼儿做美食

22)，分别将亲手制作的美食送到鹤湖新居、敬老院、党群服务中心、社区健康服务中心与警务室等地。当他们将美食递到社区工作人员和老人们的手中时，脸上洋溢着自豪与喜悦的笑容。

在本次活动中，我园充分发挥课程主导作用，积极发掘家长力量，组建了家长社团，并根据家长的不同专业特长进行分类组团。家长社团成立后，我园合理调配家长社团资源，邀请家长走进幼儿园参与幼儿教育活动，极大地丰富了幼儿教育的内容

图7-22　美食派发路线图

与形式。家长们的积极参与为活动的顺利开展提供了有力支持。美食组社团、摄影组社团、宣传组社团的家长们充分发挥各自的专业特长，弥补了幼儿园在教育资源上的短板。通过家园双方的紧密合作，构建了多形式、多内容的共育体系，共同促进了幼儿的身心健康发展。

社区也积极配合我园开展家、园、社协同共育活动。在"做美食，献爱心"活动中，社区充分发挥自身资源优势，精准对接我园的教育需求。此次活动立足社区环境，社区积极配合园方调配，向幼儿开放了敬老院、党群服务中心、社区健康服务中心等多个社区场所，为幼儿提供了"走出去"的教育环境，也为幼儿教育提供了更加生活化、社会化的资源支持。

为了进一步推动家、园、社协同共育，幼儿园需要建立健全沟通平台，为家庭、幼儿园和社区搭建互相交流、同频共振的桥梁，促进三方的沟通与协作。我园通过家长社团开展家园共育活动，组织家庭参与幼儿园和社区的教育活动，加强了家长与教师之间的互动与合作，共同关注幼儿的成长与发展。此外，我园还与社区共同举办丰富多样的社区教育活动，为幼儿提供了更广阔的学习空间和更丰富的资源支持，满足幼儿多元化的学习需求。

（二）案例二：我宣传，我代言

家、园、社协同共育是指家庭、幼儿园和社区三方充分发挥各自优势，相互支持配合，形成教育合力，共同促进儿童健康、全面、和谐发展的教育模式。[①] 我园在实践过程中，始终贯彻这一教育理念，积极构建家庭、幼儿园与社区的联动机制。通过充分调动家长社团的力量，赋予家长更多参与权和主动权，实现了家、园之间的深度协作。

1. 活动一：我是画展策划师

在幼儿对鹤湖新居有了更深入的了解后，许多孩子对客家文化表现出浓厚的兴趣。教师抓住这一契机，在班级内创设了客家文化主题区（见图7-23）。置身于充满艺术氛围的班级中，幼儿萌生了强烈的创作欲望，部分孩子还提出希望自己的作品能在班级里展出，甚至"走出"幼儿园。教

图7-23 客家文化主题区

师敏锐地意识到，这是一次培养幼儿大胆表达、自信社交的绝佳机会。经过与

---

① 王文乔. 学前教育中家园社协同教育有效路径探析[J]. 辽宁教育，2024(2)：53-56.

幼儿的讨论，教师决定为他们举办一场专属画展。

要举办画展，首先需要充足的艺术作品。在这一环节，家长充分发挥"幼儿第一教育者"的作用，在家协助孩子完成客家文化主题创作。在家长的积极配合下，幼儿园共收集到水墨画、手工作品、剪纸等不同形式的艺术作品上百件。策划组家长积极响应幼儿园的号召，五位家长主动参与策展工作。他们走进幼儿园，与孩子们开展"我的画展我做主"主题讨论，认真倾听并记录幼儿的想法，结合实际制定画展方案。教师全程参与，协助家长完成意见收集和策展工作。

在讨论画展选址时，幼儿意见出现分歧：一部分孩子希望在幼儿园户外舞台布展，而另一部分则提议前往党群服务中心或鹤湖新居等更宽敞的场地。面对不同意见，策划组家长提议带领幼儿实地考察。园方迅速联系社区协调场地，并安排教师配合家长组织考察活动。在幼儿园与社区的共同努力下，考察顺利完成，最终确定在党群服务中心二楼举办本次画展。

2. 活动二：我们的画展

随着画展日期临近，教师组织幼儿绘制了"观展邀请函"。宣传组家长带领幼儿走进社区（见图7-24），同时采用线上线下相结合的方式，将幼儿手绘邀请函制作成电子版，并设计成精美的宣传海报（见图7-25）。

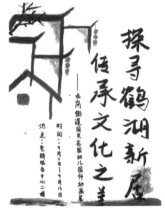

图 7-24　走进社区宣传　　　　　图 7-25　宣传海报

幼儿园教师作为沟通桥梁，积极协调策划组家长与党群服务中心的工作，统筹布展事宜。家长们根据前期与幼儿共同讨论的方案，对党群服务中心二楼进行精心布置（见图7-26）。党群服务中心全力配合，提前清场并安排专人与园方、家长对接布展工作。

本次活动始终坚持以幼儿为主体，通过明确教育目标、整合三方资源，为幼儿全面发展创设优质教育环境。在家园社协同共育模式下，画展取得圆满成功。在此过程中，我园主要发挥协调支持作用：配合家长社团完成策划、宣传和布展工作；促进家庭教

图 7-26　现场布展

育与社区资源的有机融合；搭建三方协作平台。家长社团作为活动主力，主导了画展的全流程工作。党群服务中心等社区力量则积极提供场地支持，全程配合活动开展。这种协同模式充分发挥了各方优势，形成了良好的教育合力。

六、资源回顾审议

在资源整合与运用方面，幼儿园通过系统梳理家、园、社三方的教育资源，能够有效提升资源适配性与使用效能。在实践中，幼儿园坚持"以幼儿园为主导、以家庭为主体、以社区为依托"的协同育人模式，并持续优化完善，能够显著提升教育活动的质量和成效。我园在践行以上协同育人模式时，不断反思调整，优化后续活动资源。在活动实施时，重视过程中的反思，在反思中不断调整主题活动的进程和内容，并总结出了一些亮点与不足。

（一）亮点

1. 合理开发家长力量，丰富幼儿教育内容

我园高度重视家长资源的开发与利用，通过组建家长社团，充分挖掘家长的专业特长，为幼儿教育注入了更多元的形式与内容。例如，在"做美食，献爱心"活动中，我们邀请美食组的家长走进幼儿园，共同开展了"家幼携手做美食"特色课堂。家长们精心准备了丰富的食材和专业的烹饪工具，并以生动有趣的方式指导幼儿动手实践。孩子们不仅掌握了基础的烹饪技能，更在互动中感受到美食文化的乐趣，体验了合作与分享的快乐。

2. 凝聚家园力量，促进幼儿身心发展

家庭作为幼儿教育的首要场所，蕴藏着丰富的教育潜能。我园通过家园协

同育人模式，有机整合幼儿园教育与家庭教育资源，形成教育合力，共同促进幼儿全面发展。例如，在"好家风，我传承"活动中，教师鼓励家长利用周末时间带领幼儿走访亲友。家长们积极响应，在走访过程中不仅详细讲解待客礼仪规范，更以身作则进行示范。这种家、园联动的教育方式，既为园内礼仪课程提供了实践基础，又让幼儿在真实社交情境中自然习得文明礼仪，有效促进了其良好行为习惯的养成。

3. 利用社区资源，拓展幼儿教育空间

社区资源是幼儿教育不可或缺的重要补充。要实现幼儿教育"走出去"的目标，离不开社区提供的多元化资源支持。社区资源的丰富程度直接决定了幼儿教育内容的多样性和实践性。例如，在"我是画展策划师"活动中，当幼儿对画展选址产生多种设想时，家长积极与教师沟通，提出实地考察的建议。经过园方与社区的充分协商，社区最终开放了党群服务中心、鹤湖新居和敬老院三个场所，并全程配合幼儿的实地考察活动。正是得益于社区的有力支持，该活动成功实现了"走出去"的教育目标，让幼儿在真实的社会场景中体验艺术魅力，提升实践能力。

4. 发挥教职工优势，保障课程顺利开展

幼儿园教职工队伍是实施幼儿教育的核心力量。在课程建设方面，我园倡导全员参与、全程投入、全力支持的课程开发模式，充分发挥教职工的专业特长和人力资源优势。在具体实践中，我们注重因课制宜、人尽其才：在"做美食，献爱心"活动中，食堂工作人员发挥烹饪专长，协助开展亲子美食制作；在"亲子情景剧"活动中，教师团队负责剧本创作和演出指导；在"我们的画展"活动中，后勤人员提供技术支持，确保作品布展顺利进行。通过科学配置人力资源，我园各类课程顺利实施，实现了教育效果的最优化。

（二）不足

1. 协同教育活动主体单一

目前，我园开展的家、园、社三方协同育人活动在主体上较为单一，主要以幼儿园为主导，导致共育平台的稳定性不足。这种模式虽然能够充分发挥幼儿园的组织优势，但在一定程度上限制了家庭和社区的主动性和积极性，使得协同育人的多元性和互动性未能得到充分体现。

2. 家庭和社区的协同发展需求未被充分满足

尽管幼儿园能够通过整合家庭、幼儿园和社区资源促进多方共同发展，但在协同育人实践中，家庭与社区的获益往往缺乏清晰界定。当这两个主体难以从幼儿园获得符合其发展需求的有效支持时，不仅会影响协同育人的和谐性，导致整体发展效能不足，还会动摇协同平台的可持续运作。因此，厘清家庭与社区在协同育人系统中的功能定位，精准识别其发展诉求，成为当前需要突破的关键问题。

3. 家、园、社之间的连接性有待加强

在家、园、社协同共育的实践中，幼儿园、家庭与社区之间的联动关系尚未真正形成紧密联结。尽管幼儿园能够主导和调配家庭与社区资源，但家庭与社区之间仍缺乏自主互动，导致协同育人主要表现为"幼儿园—家庭"或"幼儿园—社区"的二元模式，而非一个有机融合、多方协同的多元教育生态。这种碎片化的协作模式，不仅制约了协同育人的深度与广度，也影响了其整体效能的充分发挥。

（三）形成有效资源

1. 有效教育资源的整合与开发

在家、园、社协同育人中，幼儿园应积极吸纳社区工作人员和家长参与课程开发，使其成为资源建设的主体。同时，需构建双向互通的资源流通机制，通过"引进来"（如社区资源入园）和"走出去"（如幼儿园融入社区）实现资源共享。例如，某党群服务中心主动对接我园，联合开展文化教育活动（见图 7-27、图 7-28），不仅丰富了课程内容，还促进了幼儿的全面发展，提升了教育质量。

图 7-27　非遗文化进课堂　　　　图 7-28　非遗文化进校园

2. 活动过程资源的动态利用

社区资源具有动态性和发展性特征，但由于部分社区部门对幼儿教育特点缺乏了解，可能无法精准匹配幼儿园需求。因此，幼儿园需主动关注社区动态，敏锐捕捉潜在的教育契机，及时将适宜的社区资源转化为教育活动，以增强协同共育的实效性。

第八章
课程资源评价

1981 年，美国教育评价标准联合委员会将"评价"定义为对某一对象（如方案、设计或内容）的价值或优点进行的系统探查，并首次明确提出了课程评价的操作性定义：通过特定方法和途径对课程计划、活动及结果等相关要素的价值或特征作出判断的过程。被誉为"课程评价之父"的泰勒在其评价理论中指出，评价过程的本质是确定课程与教学大纲实际达成教育目标的程度。由于教育目标本质上是期望学习者发生的行为改变，因此评价实质上是对行为变化实际发生程度的测定。① 课程资源评价是通过科学的指标体系和方法论，对课程资源进行多维度评估的过程。这一评价贯穿课程资源开发与利用的全周期，具有诊断、反馈、激励等动态功能。本书所述的幼儿园课程资源评价是评估课程实施效果的核心机制，其评价维度包括课程目标的达成度、教师教学的实施质量、幼儿学习与发展成效、课程内容与教学材料的本体价值等四个方面。通过这种系统性评价，可为提升幼儿园教育质量提供实证依据和改进方向。

第一节　基于课程发展的课程资源评价

教育评价作为幼儿园教育工作的重要环节，其核心价值在于评估教育实践的适宜性与有效性，为教育改进提供依据，最终实现促进幼儿全面发展和提升教育质量的双重目标。美国教育评价专家斯塔弗尔比姆等学者突破了传统评价的局限，提出评价应当超越单纯的目标达成度测量，更要为课程决策提供科学依据，切实服务于课程改革实践。在幼儿园教育场域中，课程资源既是教育活动开展的前提条件，更是课程实施的重要载体和支撑要素。基于发展性评价理

---

① 潘丽娜. 小学教师开展课程资源评价的研究[D]. 大连：辽宁师范大学，2008.

念，课程资源评价应当贯穿于教育全过程，形成动态、连续的评估机制。本研究构建了全过程评价框架：在课程实施前期着重评估资源的准备状态与适配性，中期关注资源运用的过程性与互动性，后期则聚焦资源使用的成效与发展性。该评价体系特别强调诊断功能的发挥，通过价值判断、价值发现和价值改进三个递进环节，实现课程资源价值的持续增值。①

一、课程资源的前期评价

在幼儿园课程建设的系统工程中，课程资源的挖掘与筛选等前期准备工作具有奠基性作用，这一阶段的科学性与精准度直接决定了后续课程实施的成效。前期准备工作需要建立在对幼儿园课程资源开发需求的系统性分析基础之上，通过多维度的需求评估和资源诊断，才能确保所开发的课程资源与教育目标、幼儿发展需求以及幼儿园实际情况形成精准匹配。这种"量身定制"式的资源开发模式，不仅能够为课程实施提供有力支撑，更能为课程体系的整体建设持续注入动力。因此，在课程资源开发的前期阶段，评价工作的重点应当放在对资源开发价值和内容要素的动态评估上。

（一）评价方法

在课程资源评价的前期阶段，我们构建了多元主体协同参与的评价机制，通过多维度、多方法的综合评价体系确保评估的科学性与全面性。具体而言，我们采用质性研究与量化分析相结合的评价范式：一方面通过深度访谈等方法，与教师、家长、幼儿及社区代表进行面对面交流，深入了解各方对课程资源开发的需求与期待；另一方面运用标准化的问卷调查工具，对资源类型、内容适切性、开发途径等关键指标进行量化分析，实现数据的交叉验证。

为提升评价的专业性与权威性，我们特别组建了由学前教育专家、课程专家和一线名师构成的评审团队，通过专业论证会、资源评审会等形式，从教育价值、发展适宜性、创新性等维度对课程资源进行专业评估。同时，通过系统的实地考察与资源普查，全面掌握课程资源的实际分布状况与开发潜力，为资

---

① 邱瑜. 论幼儿园课程的诊断与改进[D]. 上海：华东师范大学，2012.

源挖掘的充分性评价提供实证依据。在评价内容上，我们重点考察课程资源的教育价值、内容丰富度、发展适宜性及获取便利性等核心维度。通过建立多维评价指标体系，有效避免了单一评价可能带来的主观性与片面性，确保评价结果的客观公正。

（二）评价内容

幼儿园课程资源的前期评价是确保教育资源有效融入课程体系的关键环节，需要建立系统化、多维度的评估框架。这一评估应当从价值取向、内容质量和开发主体三个核心维度展开深入考察，为课程资源的科学开发奠定基础。

1. 评估课程资源的价值取向

在评价幼儿园课程资源的过程中，应当构建一个多维度的评估框架，综合考虑幼儿发展、课程目标以及生活教育三个核心取向，确保课程资源的开发既符合教育规律，又能切实促进幼儿的全面发展。

从幼儿发展取向来看，评价的核心在于课程资源是否真正立足幼儿的成长需求。幼儿阶段是身心发展的关键期，课程资源的开发必须充分尊重幼儿的兴趣、年龄特点以及认知规律。优质的课程资源应当能够激发幼儿的主动探索欲望，支持他们在游戏和互动中自然习得经验，促进其认知、情感、社会性和身体机能的协调发展。因此，评价时需关注资源是否具有趣味性和发展适宜性，能否为幼儿提供丰富而适当的学习体验。从课程目标取向而言，评价的重点在于课程资源是否与既定的教育目标紧密衔接。课程资源的开发不能脱离教育目标而孤立存在，而应服务于课程的整体架构，确保资源的针对性、系统性和有效性。在评价过程中，需要审视资源是否围绕核心教育目标进行设计，能否帮助幼儿逐步积累关键经验并促进其关键能力的发展。同时，资源的组织与呈现方式是否科学合理，能否支持教师有效实施课程，也是评价的重要维度。从生活教育取向出发，评价应聚焦于课程资源是否与幼儿的实际生活紧密结合。幼儿的学习具有直观性和情境性特点，真正有效的课程资源应当源于生活，并能引导幼儿将所学迁移至生活实践。因此，评价时需要考察资源是否贴近幼儿的生活经验，能否帮助他们建立知识与现实世界的联系，是否提供足够的实践机会以培养其动手能力、问题解决能力和创新思维。

综合来看，幼儿园课程资源的评价应当兼顾幼儿本位（关注个体发展需求）、知识本位（确保教育目标的落实）和社会本位（强调生活应用价值）三个维度，使课程资源既符合幼儿的发展规律，又能有效支撑教育目标的实现，同时培养幼儿适应未来社会生活的能力。

2. 评估课程资源的内容质量

在将教育资源融入幼儿园课程的过程中，应当以促进幼儿全面发展为核心，注重课程资源的适宜性、科学性和发展性。具体而言，课程资源的开发与选择需要重点考量以下四个方面。首先，资源内容应当紧密贴合幼儿的生活经验。优质的课程资源应当源于幼儿熟悉的日常生活情境，能够自然引发其好奇心和探究欲望。其次，资源设计需要体现全面发展的理念。课程资源应当涵盖健康、语言、社会、科学、艺术等五大领域的内容，确保幼儿获得均衡的发展机会。再次，资源设置应当注重个体差异性。优质的课程资源应当提供多样化的学习材料和活动机会，满足不同发展水平、不同兴趣倾向的幼儿的学习需求。最后，资源评估应当聚焦教育价值。在筛选和开发课程资源时，要重点考察其是否具有促进幼儿全面发展的教育价值，是否能够支持幼儿主动探究和深度学习，是否有助于培养幼儿的核心素养和关键能力。

3. 评估课程资源的开发主体

在幼儿园课程资源开发的过程中，开发人员的专业素养与协作能力是确保资源质量的关键因素。课程资源开发主体的专业水平直接影响着资源的教育价值与实施效果，因此需要从专业能力和协作能力两个维度进行系统评估。

就专业能力而言，开发主体应当具备扎实的学前教育理论素养和丰富的教学实践经验。评价时需要重点考察：其一，开发者是否掌握幼儿身心发展规律和年龄特点等相关知识，能准确把握不同阶段幼儿的学习需求；其二，是否具备课程设计与开发的专业能力，能将教育目标转化为具体的资源内容；其三，是否具有敏锐的观察能力，能基于对幼儿兴趣和需求的洞察进行针对性的资源开发；其四，是否制订了系统、科学的开发计划，确保资源开发的连贯性和递进性。在协作能力方面，由于优质的课程资源开发往往需要整合多方力量，因此开发主体的组织协调能力同样至关重要。评价时需要关注：首先，开发者是否具备团队协作意识，能够有效整合园内教师、管理人员等各方专业力量；其次，是否善于建立幼儿园与家庭、社区等外部力量的合作关系，充分挖掘和利用各种社会资源；再次，是否具备项目管理能力，能够协调不同专业背景的人员共同参与开发过程；最后，是否建立了有效的沟通机制，确保开发过程中的信息共享和意见整合。

值得注意的是，在评价开发主体的能力时，应当采用多元化的评估方式，既要关注其显性的专业资质和经验，也要考察其隐性的教育理念和儿童观。只有兼具专业深度和协作广度的开发团队，才能确保课程资源既符合教育规律，又能满足幼儿多样化的发展需求，最终实现提升学前教育质量的目标。

二、课程资源的中期评价

教育现场是一个充满生命力和不确定性的动态场域，这种特质既为课程实施带来了丰富可能性，也为过程性评价提出了专业挑战。中期评价作为课程资源开发的关键环节，其核心在于对资源转化与运用效能的动态考察，着重评估课程资源与教学活动之间的有机融合程度及持续优化空间。

（一）评价方法

在课程资源的中期评价阶段，我们着力构建了一个动态化、多维度的评估体系，重点考察课程资源与教育实践的融合效果。根据《幼儿园保育教育质量评估指南》提出的"聚焦班级观察，强化自我评估"原则，我们建立了以实证观察为基础、多元主体参与的评估机制。

评估实施主要采用四种相互印证的方法：一是沉浸式的课堂观察，评估者深入教育现场，通过系统记录资源运用情况、师幼互动质量以及幼儿的学习反应，获取第一手的实践证据；二是发展性的幼儿行为分析，基于游戏和活动中幼儿的表现性评价，考察其对课程资源的理解程度和运用能力；三是反思性的教师自评，引导教师对资源使用的适切性和有效性进行专业反思；四是协同性的同行评议，通过专业共同体的集体智慧优化资源实施方案。在具体操作层面，我们将评估有机融入幼儿园一日生活各环节：晨间活动时观察资源引发的探索兴趣，集体教学中评估目标的达成度，区域游戏时记录幼儿的个性化表现，生活环节中捕捉自然生成的教育契机。这种全程性评估既关注即时的教学反馈，也重视长期的发展追踪，通过建立幼儿成长档案、教学案例库等载体，实现对课程资源实施效果的科学研判。

评估过程特别强调三个结合：一是过程性评价与结果性评价相结合，既考察资源使用的即时效果，也关注幼儿的持续发展；二是量化记录与质性分析相结合，通过系统的观察量表与深度的案例研究互为补充；三是内部评估与外部反馈相结合，整合教师反思、同行建议和家长观察等多方视角。这种立体化的评估模式，既确保了评价的客观性和全面性，又为课程的动态调整提供了专业依据，最终实现"以评促建、评建结合"的质量提升目标。

（二）评价内容

在幼儿园课程资源的中期评价中，需要重点评估课程资源的实施效果及其优化调整情况，以确保资源既符合教学需求，又能有效促进幼儿发展。

1. 评估课程资源的实施效果

在评估课程资源实施效果时，应当重点关注幼儿的学习状态与发展轨迹。基于班级观察的过程性评价，可以从以下几个维度展开。

一是情感体验维度。评估课程资源是否充分关注幼儿的情感体验，是否能够营造温馨和谐、积极向上的学习氛围，让幼儿在舒适愉悦的环境中学习；评估课程资源是否为幼儿创造了一个支持性、鼓励性的学习环境，使幼儿能够感受到学习的乐趣，增强自信心。

二是学习效能维度。分析课程资源是否能够有效激发幼儿的学习兴趣，吸引幼儿主动参与学习活动；评估课程资源是否能够调动幼儿的学习主动性，鼓励幼儿积极探索、主动提问，而不是被动接受知识；考察课程资源是否有助于实现教育教学目标，确保幼儿在学习过程中能够获得预期的知识和技能。

三是实践操作维度。在课程资源的运用过程中是否为幼儿提供了足够的时间和空间，让幼儿能够自由地探索和学习；评估课程资源是否提供了丰富的操作和探索机会，支持幼儿通过动手实践来学习，即"在做中学、在玩中学"；考察课程资源是否鼓励幼儿采用多样化的学习方式，如小组合作、自主探究等，以满足不同幼儿的学习风格。

四是发展适宜性维度。评估课程资源的运用是否能够满足幼儿的学习与发展需求，是否能够适应不同幼儿的能力水平和兴趣差异；考察课程资源是否能够让每一个幼儿都在原有基础上获得提升和发展，促进幼儿的全面发展。

五是元认知发展维度。在实施过程中，需动态关注幼儿的学习反思与改进情况，评估幼儿在课程资源利用过程中是否能够进行自我反思，识别自己的学习问题；考察幼儿是否具备自我提升的能力，能否根据反思结果调整学习策略，不断进步。

这种基于实证的评估方式，既能实时反馈资源使用效果，又能为后续优化提供专业依据，最终实现"以评促教、以评促学"的评价目标。

2. 评估课程资源的优化情况

课程资源的开发与应用是一个不断演进、持续优化的动态过程。在将资源融入课程实践的过程中，我们需要建立科学的评估与调整机制，确保资源能够真正服务于幼儿的学习需求和教师的教学实践。这个过程的本质是一个螺旋上升的循环：通过实践检验资源效果，基于反馈进行优化调整，再将改进后的资源投入新的实践验证。

资源运用的动态性体现在多个方面。首先，要根据教学现场的实际情况，灵活调整资源的呈现方式和使用策略。比如，当发现某些操作材料不能有效激发幼儿兴趣时，就需要及时调整材料的摆放方式或增加互动元素。其次，要定期更新资源内容，保持其时效性和新鲜感，避免因资源陈旧而影响教学效果。最后，还要特别注重增强资源的交互性，让静态的资源"活"起来，成为幼儿主动探索的媒介。

建立完善的评估体系是确保资源质量的关键。这个体系应该包含多元化的评价指标，既关注资源使用的即时效果，也重视长期的累积效应。通过定期开展资源使用效果分析，将过程性评估与总结性评估有机结合，可以全面把握资源的实际价值。值得注意的是，评估不能仅停留在表面现象，而要深入分析资源与幼儿学习行为之间的内在联系。

多方参与的反馈机制为资源优化提供了重要依据。幼儿作为资源的直接使用者，他们的学习体验是最真实的反馈；家长作为重要的教育合作伙伴，能够提供独特的观察视角；教师则是资源运用的实践者，积累了丰富的第一手经验。只有充分整合这三方的意见和建议，才能对资源利用效果做出科学评估。

为了确保优化工作的持续性，需要建立系统化的保障措施。这包括制定规范的资源更新流程，形成问题发现、分析、解决、验证的闭环管理机制，以及搭建资源共享和经验交流的平台。通过这些措施，可以让课程资源始终保持活力，在动态调整中不断提升质量，最终实现教育资源价值的最大化，为幼儿的学习发展和教师的专业成长提供有力支持。

三、课程资源的后期评价

课程资源的后期评价主要聚焦于课程教学的实际成效，开展动态性评估。其评估内容涵盖幼儿学习成长、教师专业发展以及课程资源的完善等多个方面，并且需要进行持续性的跟踪与评估。

（一）评价方法

在后期评价阶段，我们构建了多元化的综合评价体系，全面考察资源融入课程的实际成效。评价工作主要从四个维度展开：首先，通过系统分析幼儿成长档案袋，重点考察资源在健康、科学、语言、社会和艺术五大领域的应用效果，既关注幼儿阶段性发展水平，又追踪其长期成长轨迹，实现横向比较与纵向发展的双重评估。其次，面向家长开展问卷调查，收集其对课程资源应用的满意度反馈和改进建议，这些来自教育协同者的宝贵意见为资源的后续开发和优化提供了重要参考依据。再次，教师通过撰写教学反思日志并结合专门设计的教学资源评价指标体系（见表8-1），对资源使用的方法、途径和成效进行系统梳理，采用定性与定量相结合的方式评估资源质量，并从中提炼实践智慧，为丰富课程资源库积累经验。最后，邀请学前教育专家参与评审，运用专业评价工具（见表8-2），从学科前沿视角对资源融入课程的各个环节进行专业诊断，提出建设性意见，为课程资源的持续改进和升级指明发展方向。这种多维度的评价机制既关注当下成效，又着眼于长远发展，形成了资源优化的良性循环。

表 8-1　　教学资源评价表（教师用表）

指标项目	评价标准	分值
1. 资源内容 （30分）	1.1　课程资源内容是否符合幼儿的年龄特点、兴趣和发展需求，是否有助于幼儿知情意行等全面发展。比如，文化资源是否有助于幼儿了解多元文化，培养文化认同感和包容性	10
	1.2　课程资源种类是否多样，是否涵盖了场馆资源、自然资源、人力资源、信息资源、文化资源等多种资源，是否能满足幼儿在健康、语言、社会、科学、艺术等不同领域的学习需求	10
	1.3　课程资源内容是否科学、准确，是否体现先进的学前教育理念。比如文化资源是否体现了地方特色和文化传承	10
2. 可获得性 （25分）	2.1　课程资源是否容易获取，包括物理上的可达性和信息上的易得性。例如，场馆类资源是否便于参观，开放时间是否合理；信息资源是否易于搜索和理解	10
	2.2　获取资源的时间、经济和人力成本是否在可承受范围之内	10
	2.3　课程资源获取是否具有持续性，资源供给是否稳定	5
3. 影响力 （30分）	3.1　是否对幼儿的学习与发展产生积极影响，是否有助于培养幼儿的学习兴趣	10
	3.2　是否有利于教学活动设计与实施，是否有利于提升教学成效	10
	3.3　家长是否认可课程资源使用成效，是否愿意继续提供资源支持或参与相关活动	10
4. 更新程度 （15分）	4.1　课程资源是否符合国家政策导向，反映先进的教育理念或技术	10
	4.2　课程资源是否及时更新，定期评估和改进。比如信息资源是否定期更新，保持新颖性和时效性	5

表 8-2 教学资源评价表(专家用表)

一级指标	二级指标	主要观测点	评价标准	分值
1. 教学理念与课程设计(10分)	课程理念	国家培养目标、幼儿园培养目标	符合国家、幼儿园人才培养目标,坚持以幼儿为中心开展课程建设与教学	5
	总体设计	课程定位;课程目标;内容与资源;学习活动;学习评价;共享资源	精准掌握国家育人方向、社会需求、幼儿需求,找准课程定位,进行课程目标设计;以儿童为中心,最大限度地支持和满足幼儿通过直接感知、实际操作和亲身体验获取经验的需要;合理运用多种评价方式;同时,在课程教学中注重发挥家园社协同育人功能	5
2. 教学内容与学习资源(25分)	教学内容	适宜性、科学性、覆盖面广	根据育人目标选择教学内容,与教学内容相关的资源丰富,形式多样	10
	学习资源	资源种类	场馆资源、自然资源、人力资源、信息资源、文化资源等教学相关资源齐全,电子资源、实物资源内容清晰,符合幼儿的认知需求,操作性强	15
3. 教学实施(30分)	教学组织	教学活动	发现和支持幼儿有意义的学习;关注幼儿学习与发展的整体性;关注幼儿发展的连续性	10
	教学方法	教学方法与手段	教学方法多元化,教学手段多样化	10
	教学团队	人员配置、专业水平	教学团队专职和兼职结合,素质高;主要教学团队熟悉幼儿身心发展规律和特点,具有丰富的教学经验	10

续表

一级指标	二级指标	主要观测点	评价标准	分值
4. 教学效果 （20分）	学习评价	评价人员多元化、评价方式多元化	结果性评价和过程性评价相结合；自评和他评相结合；质性评价和量化评价相结合；学习评价设计能充分发挥评价的增值作用，持续改进教学实践	10
	学习效果	幼儿参与度、学习与发展	幼儿的兴趣浓厚，参与度高，能拓展幼儿经验和视野	10
5. 共享效果 （15分）	共建共享方式	资源共建方式、共享方式	课程资源开发与共享的方式多种多样，鼓励家园社联合开发，多主体参与共建；提供幼儿园内部共享、幼儿园之间共享、家园社多主体共享等多样化的共享方式	5
	资源可共享性	资源共享种类、范围、可迁移性	提供课程资源、教学活动、教学经验等方面的实践成果和理论成果的共享，能够在不同的场景中运用	5
	共享效果	资源共享规模和效果	提供课程资源共享后在家园社合作、幼儿园之间、学术研究等方面的社会影响	5

（二）评价内容

在幼儿园课程资源融入课程的后期评价中，我们需秉持全面、细致且深入的原则，从整体实施效果、教育一致性、幼儿发展以及课程资源的可持续性等方面综合考评资源使用的效果与影响，以确保教育资源开发的质量。

1. 评估课程资源融入园本课程的整体实施效果

在课程资源的运用过程中，教师和幼儿作为核心主体，其互动与反馈是评估资源实效的关键所在。我们着重从教与学的双向维度展开深入观察：在幼儿发展层面，既关注课堂活动中的参与积极性和师幼互动质量，也注重考察资源是否有效促进了幼儿在健康、语言、科学、社会和艺术等领域的综合发展。通过系统观察幼儿在一日生活中的行为表现，重点评估其展现出的学习品质，包括探索兴趣的激发、主动学习意识的培养、专注力和坚持性的发展、创造性思维的萌发、反思解释能力的提升以及同伴合作交流等社会性发展能力。在教师专业发展层面，则重点考察课程资源对教学实践的支持程度，包括资源与教学目标的契合度、教师运用资源的灵活性和创造性，以及资源对教师专业能力提升的促进作用。这种双向评估机制能够全面把握资源在实际教学中的应用效果，为资源的持续优化提供实践依据，最终实现课程资源、教师专业成长和幼儿全面发展的良性互动。

2. 评估课程资源与课程目标的一致性

在课程实施的整体架构中，各类课程资源的整合运用始终以服务教学实践和促进幼儿发展为根本宗旨。课程目标作为贯穿始终的核心要素，既引领着课程设计的初始方向，又作为检验实施成效的终极标准，更构成了课程评价的关键维度。这就要求我们在评估教育资源与课程活动的融合效果时，必须重点考察资源的设计与运用是否精准对接课程目标，能否切实支撑教学活动的有效开展，最终确保教育目标的达成。课程目标所蕴含的育人导向——培养具有全面素养的幼儿，促使我们建立多维度的资源评估机制：既要审视资源在促进幼儿认知发展、情感陶冶、社会交往和体质增强等方面的实际效用，也要关注其对培养幼儿积极学习态度和正确价值观的潜在影响。通过系统比较预设课程目标与实际教学效果的契合程度，我们能够准确诊断课程资源运用中的薄弱环节，为后续的资源优化与教学改进提供科学依据，从而形成"目标引领—资源支撑—评价反馈"的良性循环机制。

3. 评估课程资源在促进幼儿个性化发展中的作用

在教育实践中，我们深刻认识到每个孩子都是带着独特禀赋和发展轨迹的独立个体。正如《3-6岁儿童学习与发展指南》所强调的，尊重幼儿发展的个体差异是实现教育价值的重要前提。基于这样的教育理念，我们对课程资源的评估必须着眼于其支持个性化发展的实际效能。优质的课程资源应当像一片肥沃的土壤，既能孕育共性的成长，又能滋养个性的萌芽。这就要求我们在评估过程中，重点考察资源是否构建了多元化的学习路径，能否为不同兴趣倾向、学习节奏和发展需求的幼儿提供适切的选择空间。通过持续优化资源的包容性和适应性，使每个孩子都能在这片教育的园地中找到属于自己的成长方式，最终实现"各美其美，美美与共"的发展图景。这种以儿童为本的资源评估导向，正是促进幼儿全面而有个性发展的关键保障。

4. 评估课程资源的可持续性和可复制性

幼儿园课程资源的开发与利用是一个持续深化、动态发展的过程，需要在不断的实践循环中焕发其教育生命力。我们不仅要关注资源在当前课程中的即时效果，更要着眼于其长远的教育价值和发展潜力。这就要求我们在评估时深入考察资源的内在品质：一方面审视其是否具备可持续发展的特质，包括内容的可拓展性、形式的可延展性以及教育内涵的可挖掘深度；另一方面评估其示范辐射价值，考察资源是否具有可迁移的普适性，能否在不同教学情境中保持活力，能否为其他类似活动提供借鉴范式。这种对资源生命力的全方位评估，既是对已有资源的深度检验，更是为课程资源库的持续更新与扩容提供依据，最终实现优质教育资源在时空维度上的良性流动，让每一次资源开发都能成为下一次教育创新的起点。

第二节　基于幼儿发展的课程资源评价

在幼儿园教育中，课程资源的评价应始终以幼儿的发展为出发点和落脚点。幼儿的全面发展是教育的核心目标，而课程资源作为实现这一目标的重要支撑，其质量与实施效果直接影响幼儿在知识、情感、意志和行为等多方面的成长。幼儿园课程资源围绕幼儿的生活展开，涵盖了支持幼儿学习与发展的各类资源。它不仅是知识的载体，更是连接教师与幼儿、理论与实践的桥梁。因此，对课程资源的评价不仅是对其本身质量的检验，更是对幼儿园教育教学水平的全面审视。

《幼儿园教育指导纲要（试行）》明确指出，幼儿的行为表现和发展变化是评价的重要依据。教师应将这些表现视为重要的评价信息，并据此改进教育教学工作。基于此，本节将从幼儿发展的视角出发，深入探讨课程资源的运用成效，重点分析课程资源是否真正助力幼儿学习品质的提升。这种以幼儿发展为导向的评价方式，不仅能够深度审视课程资源从挖掘到转化再到运用的全过程，更能确保课程资源始终围绕幼儿的实际需求，为幼儿的全面发展提供有力支持。

一、评估方法

对课程资源运用成效的评价必须扎根于真实的教育情境，贯穿于课程实施的全过程。教师需要以专业的观察视角，在日常教学活动中捕捉幼儿与资源互动的细节表现，深入分析各类人力、物力资源是否有效促进了幼儿学习品质的发展。由于学习品质具有内隐性和复杂性，其发展往往体现在幼儿持续的行为表现中，这就要求教师建立长期的观察机制，在全面了解幼儿个体特点的基础上进行综合判断。为提升评价的科学性和系统性，我们可采用质性与量化相结合的评价方式。一方面通过持续的自然观察记录幼儿在真实情境中的行为表现，另一方面借助幼儿学习品质观察评量表（见表8-3）对好奇心、主动性、计划性、专注性、坚持性、独立性、反思性、创造性八个关键指标进行专业评估。

表 8-3　幼儿学习品质观察评量表

指标	1 分表现	3 分表现	5 分表现
好奇心	对课程资源中的新事物和引发的活动缺乏兴趣，表现出冷漠或不感兴趣	对课程资源中的新事物和引发的活动有一定的好奇心，愿意尝试和探索，但兴趣不够持久	对课程资源中的新事物和引发的活动表现出强烈的好奇心，乐于深入探究和尝试，兴趣持久且浓厚
主动性	不愿参与课程资源引发的相关活动，常表达拒绝或保持沉默	能在教师和同伴地邀请下参加课程资源引发的相关活动，能听从指导开始行动	会提前关注活动材料，能够使用多种活动材料进行活动探究
计划性	活动行为与资源运用的目标任务无关，无目的地使用活动材料	在资源运用的过程中，幼儿行为偶尔偏离任务，但经提醒后能回到正轨	在资源运用的过程中，能够照着既定的目标，始终围绕行动计划，并努力完成任务
专注性	与课程资源发生互动时，注意力分散，较少时间停留在活动中，容易受外界无关刺激吸引	与课程资源发生互动时，能较好地保持注意力，但偶尔被外界无关刺激吸引	与课程资源发生互动时，在整个活动中都能集中注意力，保持专注，不易被外界无关刺激吸引

续表

指标	1分表现	3分表现	5分表现
坚持性	在运用课程资源开展探究活动时遇到困难会立即放弃，不愿继续尝试	在运用课程资源开展探究活动时，遇到困难会尝试克服，若无法解决则容易气馁或转移注意力	课程资源能激起幼儿强烈的探究欲望，幼儿能展现出强烈的坚持性，遇到问题时能通过重复尝试、调整策略、寻求帮助等多种方法克服困难，不会轻易放弃
独立性	在课程资源探究活动中依赖性强，盲从他人的主张，需要不断寻求他人的帮助和指导才能完成任务	在课程资源探究活动中，具有一定的独立性，有自己的观点，但易于顺从他人的想法。能在他人的指导下完成任务，但仍需一定的帮助	在课程资源探究活动中具有高度的独立性，能够提出并坚持自己的观点，能够自主完成任务
反思性	在课程资源实践反思中，不能再现资源探究的过程，较少能清楚地回顾过程，经验总结和迁移比较困难	在课程资源实践反思中，能大致描述资源探究的过程和方法，并对探究经验做大致的总结	在课程资源实践反思中，能详细、准确地描述资源探究的过程、具体的方法、步骤和效果，并能从多个角度分析和总结资源探究经验
创造性	在课程资源的运用中表现出的想象力与创造性有限，活动内容较为单一	在课程资源的运用中能提出新颖的想法，但需要一定的时间思考或反应	在课程资源的运用中经常能提出与别人不同的想法，能敏捷地做出反应；表现出丰富的想象力与创造性，能提出多种新颖的想法和玩法，活动内容多样且富有创意

二、 评估内容

（一）评价幼儿的好奇心和主动性

主动性是个体对课程中的人力资源、物力资源以及相关的探究活动有积极反应，能主动地、不需要他人驱使去探究和发现的品质。① 优质的课程资源应能激发幼儿的好奇心，鼓励他们积极参与并主动探索未知领域。通过提供丰富多样的学习材料和活动，课程资源应能培养幼儿的主动探索精神，使他们在面对学习任务时表现出浓厚的兴趣和积极的态度。具体而言，在课程资源运用过程中，要评估幼儿是否表现出主动参与和积极探究的态度，是否能够根据自己的兴趣和需求主动选择合适的材料以及学习活动。

（二）评价幼儿的计划性

计划性是指个体具有明确的学习任务和目标，并根据课程资源的特点和自身需求，制订出切实可行的学习计划的品质。优质的课程资源应具有明确的规划框架，能够通过有层次的设计引导幼儿循序渐进的学习与探索。因此，在课程资源评价中，要关注幼儿是否能够有意识地构思完成学习任务的步骤和方法，是否能够有条不紊地安排自己的探究时间和探究行动，以确保学习任务的顺利完成。

（三）评价幼儿的专注力

专注力是指个体不会被外界无关刺激所吸引，能够在活动中持续保持注意力的品质。优秀的课程资源设计中包含有趣且富有挑战性的任务和活动，应具有足够的吸引力，以维持幼儿的专注力，帮助幼儿有效地吸收新知识。因此，在课程资源运用过程中，要观察幼儿是否能够集中注意力，迅速进入学习状态，同时也要评估幼儿在持续的探究学习活动中，是否能够持续投入，长时间保持对探究任务的高度专注。

（四）评价幼儿的坚持性

坚持性是指个体在面对干扰、困难时不放弃，能够努力克服障碍，努力完成各项任务和计划的品质。在课程资源的探究实践中，蕴含着一定难度的任务和挑战，高质量的课程开发活动能够锻炼幼儿坚持的品质，锻炼幼儿解决问题的能力。基于此，在评价的过程中，我们要观察幼儿在遇到难题时是否会因一次失败就选择放弃，还是能够持续努力，通过反复尝试，寻找解决问题的策略

① 杨南萍. 让幼儿成为主动的学习者[J]. 学前教育研究，2002(5)：61-62.

和方法。

（五）评价幼儿的反思力

反思力是指个体对自身的学习活动进行回顾，努力调节活动方法，以达到更佳效果的品质。在课程资源使用过程中，要关注幼儿是否具有主动反思的能力与意愿，是否会主动回顾自己在活动过程中的亮点和不足，是否会根据不足灵活调整资源使用的策略，反复尝试解决问题；是否能够理解资源中的核心概念与原理，并能联系新旧经验进行个性化表达。

（六）评价幼儿的创造力

创造力是指个体根据活动发散思维，产生新颖且具有个人价值的想法或行为的品质。在课程资源的创造性运用过程中，幼儿往往能够展现出独特的思维特质：他们不仅能够产生与众不同的创意构想和操作方法，还能对情境变化作出灵活机敏的回应。这种创造性表现主要体现在两个方面：一是想象力的丰富性，幼儿能够突破常规思维，提出多种新颖有趣的构想和游戏方式；二是活动内容的创新性，他们能够将课程资源转化为富有创意的多样化活动形式，展现出令人惊喜的原创思维。这些创造性行为既反映了幼儿认知发展的水平，也体现了课程资源在激发创新思维方面的实际效果。

（七）评价幼儿的认知发展

幼儿认知发展是指个体自出生后在适应环境的过程中，对事物的认知及面对问题情景时的思维方式与能力表现，高质量的教育资源在转化为课程的过程中能助推幼儿认知经验的发展。幼儿认知发展评估结果是课程资源使用成效最为直观的体现，可以借助学前儿童五项认知能力测试，从空间次序、动作系列、目标辨认、图形推理和逻辑类比五大方面开展综合认知能力评估，并以评估结果为依据为后续持续优化课程资源提供数据支持。

幼儿园课程资源评价是保障幼儿园教育质量的重要环节。它不仅能够帮助我们了解课程资源在实际运用中的效果与不足，还能够为课程资源的持续优化与升级提供明确的方向和动力。在未来的幼儿园教育实践中，我们应继续深化对课程资源运用的评价研究，不断探索更加科学、有效的评价方法，为幼儿园教育质量的提升贡献智慧与力量。

第九章
幼儿园课程资源的未来视角与发展

我国教育领域在"互联网+"的大背景下已全面迈入教育 4.0 时代，信息技术与教育教学的深度融合正在重塑学前教育的发展格局。[①] 在这一背景下，人工智能、增强现实（AR）技术以及数据集成处理等数智化技术作为一种新兴资源，为幼儿园教育注入了新的活力，带来了全新的视野与期待。[②] 数智化技术在幼儿园教育场景中的应用具有多维价值：其一，通过构建智能化教育环境，能够动态适应幼儿园丰富多变的教育需求；其二，为教学、管理、培训、研究和评价等全流程工作提供技术支持；其三，促进家园社协同育人机制的创新发展。当前，将数智化技术转化为优质的课程资源，实现幼儿园教育与管理现代化，已成为学前教育发展的重要趋势。本章将重点探讨信息技术资源在幼儿园课程体系建设中的创新应用，这些探索不仅回应了教育现代化的时代要求，更为提升学前教育质量提供了新的技术路径和方法论指导。

第一节 构建多种数智化技术整合的创新型课程资源网

在数字化转型浪潮下，基于数智化技术构建幼儿园创新型课程资源网络，正在成为突破传统教育模式桎梏、重塑学前教育生态的重要突破口。这一创新实践通过深度融合"互联网+"理念与前沿数字技术，为提升教育教学的便捷性和创新性开辟了新路径。

在技术架构层面，创新型课程资源网实现了多项数智化技术的系统集成：云计算平台为海量教育数据的存储与分析提供弹性算力支撑；人工智能算法赋予物联网终端设备智能化的数据处理能力；区块链技术构建起可靠的身份认证

---

① 李献媛. "互联网+"背景下幼儿园网络资源的开发利用研究[D]. 济南：山东师范大学，2017.

② 汪基德. 从教育信息化到信息化教育：学习《国家中长期教育改革和发展规划纲要（2010—2020年）》之体会[J]. 电化教育研究，2011(9)：5-10, 15.

与数据隐私保护机制；而数智化战略则作为顶层设计，统筹各类技术的协同创新。这种技术融合不仅解决了传统资源管理中的效率瓶颈问题，更通过虚拟现实等沉浸式技术，拓展了幼儿学习的维度和深度。

这种以技术赋能为特征的课程资源网络，其核心价值在于：一方面突破时空限制，实现教育资源的智能匹配与按需供给；另一方面通过数据驱动的精准教育，促进教学模式的创新发展。这种变革不仅体现在工具层面的升级，更是对幼儿园教育生态系统的整体重构，为培养面向未来的创新型人才奠定了数字化基础。

一、数智化赋能的创新型课程资源网

在数智化赋能的背景下，创新型课程资源网构建了四个子平台，分别为课程资源平台、幼儿成长记录平台、家园共育平台和社会辐射平台。

课程资源平台是该网络的核心组成部分，其主要功能是广泛搜集并整合幼儿园所需的各类课程资源，为教师和幼儿提供丰富、优质且便捷的服务。通过这一平台，教师可以获取多样化的教学素材，从而更好地设计和实施课程，满足幼儿多样化的学习需求。

幼儿成长记录平台则专注于幼儿个体的成长与发展。它负责收集和分析幼儿在园期间的各项成长数据，借助科学的数据分析和呈现方式，帮助教师和家长更精准地掌握幼儿的成长轨迹和特点。基于这些数据，平台能够为教师和家长提供个性化的教育建议，助力他们制定更合适的教育策略，促进幼儿的个性化发展。

家园共育平台搭建了一个教师与家长之间高效互动的桥梁。它不仅促进了家园之间的日常沟通，增进了双方对幼儿教育的共识，还支持开展丰富多样的家长学校活动。此外，该平台还充分利用家长资源，将其引入幼儿园课程内容，丰富课程形式和内涵，形成家园共育的良好生态。

社会辐射平台是幼儿园课程资源网络与社会资源场所的重要连接点。它为教师提供了访问和利用社会资源的机会，帮助教师拓宽视野，收集更多优质的课程资源，进一步充实幼儿园的课程资源库。同时，该平台还承担着宣传和推广幼儿园优质资源的职责，通过与社会各领域的共享与合作，提升幼儿园的社会影响力，促进幼儿园与社会的良性互动。

这四个子平台的构建，充分发挥了数智化技术的优势，实现了课程资源的优化整合、幼儿成长的精准记录、家园共育的深度互动以及社会资源的有效利用，为幼儿园的教育教学和幼儿的全面发展提供了有力支持。

二、人工智能技术赋能的智慧搜索

数智化赋能的创新型课程资源网络通过深度整合人工智能技术与互动功能，为教师打造了智能化的教学支持系统。该系统的核心在于为每位教师配备个性化的 AI 教学助手，这种智能辅助工具融合了自然语言处理和机器学习等前沿技术，使教师能够通过语音交互实现资源的智能检索。在实际使用中，教师只需以自然对话的方式与 AI 助手进行多轮互动，系统就能动态理解教师的真实需求，逐步优化搜索结果，最终精准定位所需的教学资源。

这种智能检索机制不仅提升了资源获取的效率，更重要的是通过持续学习教师的使用习惯、浏览历史和搜索偏好，构建了个性化的用户画像。基于大数据分析技术，系统能够主动推送与教师教学风格和当前需求高度匹配的资源建议，形成"越用越懂你"的智能化服务体验。这种深度融合数智技术的资源网络，既解决了传统资源平台检索效率低、匹配精度不足的问题，又通过智能推荐功能拓展了教师的教学视野，实现了从"人找资源"到"资源找人"的服务模式转变，为幼儿园教育教学创新提供了强有力的数字化支撑。

三、资源网的智能成长

数智化赋能的创新型课程资源网络应当是一个充满活力且具备高度适应性的平台。它能够依据教师的搜索习惯、幼儿的学习进度与反馈，以及教师和家长的见解与建议，持续进行更新、优化和进化。这种动态更新机制不仅确保了平台的创新力，还能使其更好地适应教育需求的持续演变。

此外，借助先进的云服务技术，该课程资源网络可为海量的课程资源提供强大的存储支持，从而进一步提升其智能化水平。同时，通过运用区块链技术，平台能够确保课程资源网络的技术安全和信任度，为课程资源网络提供可靠的身份验证和数据隐私保护。这种技术组合不仅保障了教育资源的安全性和可靠性，还为教育工作者和学习者提供了更加稳定和高效的使用体验。

第二节　创新型课程资源网的积累与运用

在数字化浪潮奔涌、智能化变革加速的时代背景下，多种数智化技术整合的创新型课程资源网，凭借对数智化技术的深度整合与创新应用，为学前教育领域带来了全新气象。该资源网深度融入前沿科技，将虚拟现实（VR）、增强现实（AR）以及人工智能等先进技术融入课程体系。借助 VR 与 AR 技术，幼儿能够突破时空限制，沉浸式探索广袤宇宙的奥秘，领略神秘海底世界的魅力；依托人工智能驱动的互动系统，课程可根据每个幼儿的学习进度与特点，提供高度定制化的学习路径，充分尊重并满足个体发展需求。资源网的课程体系完备，全面覆盖艺术、科学、语言等多学科领域。各类优质资源以专业且富有吸引力的形式呈现，如精心制作的教育动画、寓教于乐的互动游戏等，旨在深度激发幼儿的学习兴趣与探索欲望。此外，该资源网不仅是幼儿学习的乐园，也是教师的得力助手。它为教师提供前沿教学理念与创新教学素材，助力打造高效灵动的课堂和教研活动。同时，家长可通过这一平台实时掌握孩子的学习动态，积极投身亲子共育，实现家园共育的良好互动。

一、创设数智化智慧教育场景

《3—6 岁儿童学习与发展指南》明确指出，儿童的学习方式与特点是以直接感知、实际操作和亲身体验为主。3 至 6 岁的幼儿以具体形象思维为主，而数智化的智慧教育场景具有生动形象、直观有趣、渲染气氛、视听结合以及跨时空等特点，能够很好地契合幼儿的学习特点。例如，通过呈现图片、动画等手段，数智化技术可以将抽象的科学现象具体化，便于幼儿理解。运动的物体能够有效激发幼儿的学习兴趣，帮助他们更轻松地感知、理解、想象和记忆所学内容。此外，数智化技术的使用还可以丰富教学手段，弥补传统教育活动在形式上的不足。一些科学现象的变化，由于受到物质条件的限制，教师难以操作，无法清晰地展示事物变化的过程，而数智化技术则可以有效解决这一问题，使教师开展科学教学更加"操作灵活又简单""备课灵巧又便捷""活动灵动又高效"。未来，幼儿园的数智化智慧教育场景将是一个融合先进技术的创新环境，旨在提供更加个性化、互动性更强、更安全可靠的学习体验，为幼儿的成长和发展创造更好的条件。①

（一）现象类活动教育场景

在传统教学活动中，面对地震、海啸、季节更替、雨雪天气等自然现象时，教师大多通过口头描述或利用传统多媒体播放图片、视频的方式，让幼儿获得初步认识。然而，这种方式难以将抽象的科学现象具象化，无法满足幼儿直接感知和亲身感受的需求，从而影响教学活动的质量。例如，在南方的幼儿园，幼儿很难体会到冬季下雪的寒冷以及雪的触感。

鉴于此，我们可以借助虚拟现实（VR）技术构建雪天的教育场景，并结合造雪设备制造真实的雪。这样一来，幼儿走进这个教育场景就如同置身于真实的雪世界，能够真切地体验雪天的感觉。同样，我们还可以创建地震、海啸、台风等各种自然现象的教育场景。这不仅有助于幼儿更好地理解这些现象，还能持续充实幼儿园的课程资源库，为幼儿提供更丰富、更直观的学习体验。

（二）打破时空限制的教育场景

在幼儿园的日常教学活动中，常常会涉及祖国的山川河流以及名胜古迹。然而，由于时空限制，我们无法带幼儿亲身体验和感受这些名胜的迷人之处。此时，我们可以借助虚拟现实（VR）技术，将这些名胜转化为数字资源，构建出逼真的三维虚拟体验场景，突破时空束缚，让幼儿仿佛置身于真实的博物馆、生态园林之中。

同样，在幼儿园师资培养工作中，参观名园是常见的需求。但在现实中，前往名园现场学习观摩需要投入大量时间和经费。如果借助 VR 技术将名园的环境和场景转化为数字资源，教师们无需亲赴现场，通过智慧教育场景即可实现名园访问，从而极大地降低时间和经费成本。

---

① 杨雄. 基于 AR 技术的幼儿园课程开发研究[D]. 重庆: 西南大学, 2020.

二、构建数智化课程评价系统

随着学前教育改革向个性化发展转变，数智化技术也应充分发挥其独特优势，专注于支持幼儿的个性化学习与成长。在这一过程中，数智化技术的融入使得智能评估系统能够更精准地追踪和分析幼儿在认知、社交、语言等多方面的发展数据。

幼儿园可以构建一个幼儿成长数据资源库。与目前市面上教育 APP 中教师手动录入信息所建立的信息平台不同，教师可以利用物联网设备，如智能手环、图书借阅系统、智能语音识别、智能摄像头等多样化、实时且无感的信息采集方式，记录幼儿的学习行为，并将数据上传至资源库。在收集数据后，我们从技术角度出发，结合教育学、心理学、信息技术学等相关学科的理论与实践，科学地确定所需采集的数据类型和数据标准。

幼儿学习数据资源库将自动生成可视化的幼儿数字画像，这些画像能够清晰展示幼儿的学习发展趋势。此外，我们还可以将这项技术延伸至家庭。家长在收集数据后上传至资源库，实现家庭与幼儿园之间的数据交换，从而使信息平台能够更全面地呈现幼儿的学习与成长轨迹。

教育数字化平台能够依据多维度的评估数据，帮助幼儿园优化教学方法和资源分配，提高管理效率。通过大数据分析，教师和管理者能够及时了解幼儿的发展趋势，从而做出更科学的教育决策。

（一）利用物联网设备收集评价数据

幼儿园利用物联网设备开展多元化、伴随式、无感式的信息采集，主要是为了更全面、准确地收集幼儿的评价数据。通过这种方式，教师能够深入了解幼儿的学习和发展情况，从而制订更具针对性的个性化教育计划。

1. 无线传感器网络的应用

设计并实现基于 ZigBee 技术的无线传感器网络，用于监测幼儿生活与学习环境中的温湿度、光照强度、二氧化碳浓度以及用水情况。监测数据将实时传输至幼儿园课程资源网的幼儿发展评价系统。通过该系统，可以对幼儿的生活与学习环境进行全面评估，从而为幼儿园提供科学依据，以便及时调整和优化幼儿的生活与学习环境，确保其健康舒适。

2. 光学传感技术的应用

在基于光学传感技术的生理参数采集过程中，幼儿可以配备智能手环以实现伴随式的信息采集。这些智能手环能够记录幼儿的日常活动数据，包括步数、运动时长、运动强度、心率、体温以及睡眠质量等关键指标。通过这些数据，教师可以全面了解幼儿的生理参数和身体状况，精准掌握他们的运动能力，从而制订更加科学、个性化的体育活动计划，以促进幼儿的健康发展。

3. 智能感知技术的应用

物联网技术能够实现对幼儿生理数据、行为数据以及定位信息的实时获取，从而为儿童认知与社会性发展的评价提供有力支持。例如，结合智能感知技术和光学传感技术的智能摄像头，具备声像采集、人脸识别、行为分析和物体识别等多种功能。通过先进的算法，这种摄像头能够自动识别并跟踪目标，甚至做出相应的反应和控制。此类技术可以记录幼儿在园内的活动轨迹，了解他们的兴趣爱好和社交行为。同时，通过识别幼儿的面部表情，分析幼儿在与不同人相处以及进入不同区域时的情绪、情感。此外，它还可以记录幼儿在游戏、社交、阅读等活动中的语言表现，从而评估幼儿的语言发展水平。这种无感式的信息采集方式能够为教师提供更全面的评价依据。

此外，将智能感知设备与运动器材融合，可以设计出智能运动器械。例如，将智能感知设备与操场跑道融合，设计成智能跑道，能够记录幼儿奔跑时的落脚形态、力度、速度和距离等数据，从而分析不同幼儿跑步的基本动作发展情况。同理，将智能感知设备与不同的运动器械融合，可以收集幼儿在走、跑、跳、钻、爬、攀等基本动作上的发展情况。通过这种方式，教师能够获取更为科学和翔实的数据，为幼儿的个性化发展提供有力支持。

（二）多模态融合分析和可视化技术的应用

通过对幼儿行为、生理、心理等多源数据进行多模态融合分析，并借助可视化技术将评价分析结果以直观的形式呈现，可以有效改变以往单一、抽象的评价结果反馈形式。在此基础上，结合幼儿的个体特征，精准推送个性化的行动策略与发展路径，进一步丰富评价结果的内容与形式。这一过程将促使幼儿发展评价从传统的直觉判断转向更为综合性、科学化的诊断与反馈模式，为幼儿的个性化成长提供有力支持。

（三）家园共育，完成数据智能共享和交换

在实际工作中，我们常常收到家长反馈，幼儿在家庭和幼儿园中常常展现出截然不同的状态。例如，幼儿在幼儿园能够独立完成穿衣、叠被、整理区域材料等任务，但在家中却不愿意主动收拾玩具。这种差异表明，仅依靠幼儿园收集的数据对幼儿进行分析，难以做到翔实全面。

借助数智化技术，家园共育可以通过数据智能共享与交换，实现更高效、更全面、更客观的分析与协作。为此，我们可以将幼儿园的技术延伸至家庭，采集幼儿在家中的表现数据。通过家庭和幼儿园之间的数据共享与交换，信息平台能够更完整地呈现幼儿的学习与成长轨迹。

通过数据共享，教师和家长可以共同掌握幼儿的发展趋势，减少信息差和沟通误差，从而做出更科学的教育决策。这不仅有助于提升教育质量，还能更好地满足幼儿个性化发展的需求。

三、构建数智化高效研训模式

在幼儿园教研工作中，数智化技术的应用不仅改变了传统的教研模式，还催生了一系列创新的教研活动形式。这些创新形式充分利用了数智化技术的便利性和多样性，为幼儿园教研注入了新的活力。通过数智化技术，教研活动突破了传统模式的时空限制，实现了远程教研和实时交流。同时，借助数据驱动的方式，教研活动能够更加精准地聚焦问题、分析数据，并制定针对性的解决方案，从而提升教研的质量和效率。

（一）利用云服务、物联网构建突破时空的云教研模式

在幼儿园日常教研活动中，教师常常需要牺牲下班或午休时间开展教研工作。这不仅导致教师在教研时的积极性不高，还难以保障教研质量。此外，幼儿园教研活动通常需要专家的引领，但由于时空限制，教师很难及时获得专家的指导。同时，教研活动结束后，改进情况的跟进也存在困难。针对以上问题，云端教研作为一种新兴的教研形式，正在幼儿园教育领域得到广泛应用。云端教研突破了传统教研活动的时空限制，使教师能够通过网络平台随时随地

开展交流与学习。专家也可以不受时空限制，随时提供专业引领。这种模式不仅提高了教研活动的灵活性，还扩大了参与范围，使偏远地区的教师也能参与到高质量的教研活动中来。此外，通过对幼儿的发展进行评价，我们能够更直观地反映教研质量以及教研后的改进情况，从而为持续优化教研活动提供有力依据。

（二）利用大数据和人工智能技术构建数据驱动的精准教研模式

随着大数据和人工智能技术的不断发展，数据驱动的精准教研正在幼儿园教育领域逐渐兴起。这种教研形式借助智能技术，对教师的教学行为和幼儿的学习情况进行全面、深入的分析，从而为教研活动提供精准且有力的数据支持。幼儿园通过引入智能课堂评价系统，能够实时采集并分析教师的教学表现以及幼儿的课堂反应。在教研活动中，教师们可以基于这些翔实的数据分析结果展开深入讨论，精准定位教学过程中的问题与改进空间。

这种数据驱动的教研形式不仅能够显著提升教研的针对性和实效性，还能助力教师更清晰地了解自身的教学状况，进而促进其专业成长。通过这些创新的教研活动形式，幼儿园教师们能够更高效地分享经验、解决问题、提升教学能力，从而不断提高教学质量，为幼儿提供更优质的教育服务。

四、构建数智化家园社课程资源合作网

在数字化时代，教育领域正经历着深刻的变革，学前教育阶段尤为突出。在这一阶段，家庭、幼儿园和社会之间的协同合作显得至关重要。借助"互联网+"理念与数智化技术，可以有效构建一个涵盖家庭、幼儿园和社会的课程资源合作网络。这一网络不仅能提升教育质量和效率，更能有力促进儿童的全面发展。

数智化家园社课程资源合作网，通过运用大数据、人工智能等前沿技术，打破家庭、幼儿园和社会之间的信息壁垒，实现资源共享与协同育人。在这个平台上，各方能够实现信息互通、资源互助，共同参与到孩子的教育过程中。通过这种方式，家庭、幼儿园和社会可以形成教育合力，为儿童提供更丰富、

更优质的教育资源，助力儿童健康成长。①

（一）更有针对性的家园共育

在构建数智化家园社课程资源合作网时，可以利用人工智能技术采集并分析家长的性格特点、育儿理念、育儿需求以及沟通特点等多方面信息。基于这些信息，对家长进行精准分类，从而帮助教师更有针对性、更高效、更个性化地开展家园共育工作。

同时，幼儿在园的学习与成长轨迹可以通过平台以可视化的方式呈现，生成幼儿数字画像。这种数字画像不仅能直观展示幼儿的学习发展趋势，还能让家长随时随地掌握幼儿在园的情况和学习发展状况，增强家长对幼儿教育的参与感和信心。

（二）家园社共建共享的资源合作网

在构建家园共育合作网时，幼儿园可以采集家长信息，包括学历、职业、年龄、优势特长和社会资源等，并据此进行分类。在幼儿园各项活动的开展中，教师可以充分借助这些家长资源，为幼儿的学习与探究活动提供支持。同时，幼儿园可在平台上创建家长学校，根据家长的需求，邀请专家录制微课或举办讲座，以满足家长的多样化需求。

在家长端，家长不仅可以在平台上与幼儿园共享幼儿的成长与发展信息，还可以根据自身资源担任家长助教。此外，家长还可以根据幼儿园开展的课程内容，在平台上为幼儿园提供丰富的课程资源。

幼儿园课程资源网的端口还可以与社会各类资源进行连接，例如图书馆、博物馆等。这不仅能够丰富幼儿园的课程资源网，还能将幼儿园的优质资源与社会共享，共同深化产教融合、推进科教融汇，促进知识共享和数智创新，共建一个更开放、多元的互联网数智教育生态。

五、数据安全与隐私保护

在构建课程资源网时，必须高度重视数据安全和隐私保护。平台应严格遵守相关法规和标准，采取数据加密、访问控制等必要措施，确保幼儿、家长和

---

① 王丽梅. 利用智慧教育平台 创新教研行动探究[J]. 甘肃教育，2016(14)：22.

教师的个人信息安全。

数据安全管理应涵盖数据传输、存储和应用等多个环节，保障数据的完整性和安全性，提升系统的整体安全保障能力。同时，应定期开展安全审计和风险评估，确保数据处理流程的安全性和合规性。对于敏感数据，应实施更高级别的保护措施，如匿名化处理或数据脱敏，以有效防范数据泄露风险。

在隐私保护方面，必须明确告知用户其数据的使用目的、范围和方式，并获取用户的明确同意。幼儿园及相关合作机构应制定完善的隐私政策，并确保所有工作人员接受相关培训，充分了解并严格遵守隐私保护规定。

通过上述措施，可以有效保障数据安全和隐私，为幼儿园课程资源网的稳健运行奠定坚实基础。

参考文献

［1］段兆兵等.课程资源开发与利用：原理与策略［M］.芜湖：安徽师范大学出版社，2011.

［2］钟启泉.新课程师资培训精要［M］.北京：北京大学出版社，2002.

［3］周广强.新课程教师课程资源开发和整合能力培养与训练［M］.北京：人民教育出版社，2004.

［4］商务印书馆编辑部.辞源：第3册［M］.修订本.北京：商务印书馆，1982.

［5］王道俊，郭文安.教育学［M］.7版.北京：人民教育出版社，2016.

［6］单汝荣，王少娟.幼儿教育学［M］.北京：人民邮电出版社，2015.

［7］张守礼.当代学前教育：多元而具创造力的教育生态［M］.北京：中国人民大学出版社，2022.

［8］彭茜.幼儿园课程与教学［M］.广州：广东高等教育出版社，2023.

［9］白洋，刘原兵，张继红.学前教育学［M］.广州：世界图书出版广东有限公司，2019.

［10］吴刚平，李茂森，闫艳.课程资源论［M］.北京：北京师范大学出版社，2014.

［11］何红漫，王微丽.幼儿园项目式园本教研活动设计与实例：支架教师的专业成长.北京：中国轻工业出版社，2022.

［12］廖莉，吴舒莹，袁爱玲.幼儿园生活活动指导［M］.福州：福建教育出版社，2015.

［13］莫源秋，陆志坚.幼儿园课程资源开发利用的策略与方法［M］.北京：中国轻工业出版社，2024.

［14］吴刚平.课程资源的理论构想［J］.教育研究，2001，22(9)：59-63.

[15]徐继存，段兆兵，陈琼. 论课程资源及其开发与利用[J]. 学科教育，2002(2)：1-5.

[16]段兆兵. 课程资源的内涵与有效开发[J]. 课程·教材·教法，2003，23(3)：26-30.

[17]范蔚. 实施综合实践活动对课程资源的开发利用[J]. 教育科学研究，2002(3)：32-34.

[18]吴刚平. 课程资源的分类及其意义(一)[J]. 语文建设，2002(9)：4-6.

[19]范兆雄. 课程资源的层面与开发[J]. 教育评论，2002(4)：74-76.

[20]许娟. 对幼儿园课程资源库建设的几点思考[J]. 华人时刊(校长)，2023(10)：30-31.

[21]陈大琴. 基于本土资源的园本课程开发[J]. 学前教育研究，2016(8)：61-63.

[22]虞永平. 再论幼儿园课程审议[J]. 幼儿教育（教育教学），2008(11)：4-6.

[23]樊丰富. 幼儿园课程审议：误区、本质与时代转向[J]. 湖北师范大学学报(哲学社会科学版)，2020，40(4)：108-111.

[24]虞永平. 幼儿园课程建设的文化视角[J]. 学前课程研究，2007(C1)：4-6.

[25]秦红. 坚守儿童立场的幼儿园课程资源审议[J]. 学前教育研究，2022(3)：87-90.

[26]虞永平. 论幼儿园课程审议[J]. 学前教育研究，2005(1)：11-13.

[27]朱旭东，宋萑. 新时代中国教师队伍建设的顶层设计[J]. 儿童发展研究，2018(4)：76.

[28]李燕，骆丹丹，吴丹，等. 儿童视角下信息技术与幼儿园课程整合的形态与实践路向[J]. 学前教育研究，2023(8)：83-86.

[29]向天鸽. "互联网+"背景下信息技术与幼儿园课程整合的透视与思考[J]. 教育导刊，2020(8)：37-41.

[30]吴丹. 信息技术在幼儿园教学中的应用路径研究[J]. 教师，2024(4)：78-80.

[31]杨志. 数字化赋能工艺美术专业教学的实践与探索[J]. 陶瓷科学与艺术，

2024，58（9）：108-109.

[32]薛凯文. 现代信息技术下幼儿园课程游戏化的有效实施[J]. 家长，2023
（14）：160-162.

[33]张晓. 信息技术在幼儿园课程教学中的应用讨论与分析[J]. 中国新通信，
2024，26（6）：132-134.

[34]燕绍兰. 信息技术在幼儿教学评价中的重要性与应用研究[J]. 当代家庭
教育，2024（4）：149-151.

[35]李建欢. 幼儿园项目教学中课程资源建设的实践研究[J]. 东方娃娃（绘本
与教育），2024（10）：55-57.

[36]游侠安芸，高豆，魏铭. 追随幼儿需求，支持幼儿在游戏中的深化发展：
基于"木梯造车记"的游戏案例[J]. 成才，2022（18）：40-44.

[37]何娜. "活教育"思想引领下开展幼儿园大型活动之我见[J]. 甘肃教育，
2020（21）：112-113.

[38]赵玲. 利用区域活动培养幼儿的学习品质[J]. 学前教育研究，2018（3）：
64-66.

[39]曹中平，龙姗. 关于建构游戏价值的分析[J]. 幼儿教育，2012
（25）：40-41.

[40]朱卉. 学校家庭社区协同育人的实践与探索[J]. 新课程研究，2024
（A1）：98-100.

[41]张海燕，潘丽. 聚焦社区资源的园本课程优化实践：课程生长理念下[J].
教育视界，2024（20）：23-26.

[42]王群. 学前教育中家园社协同教育有效路径探析[J]. 当代家庭教育，
2024（10）：61-63.

[43]曾淑琴，周燕，李克建. 家园社区协同共育的现状、问题及对策：基于浙
江省40所幼儿园的调查研究[J]. 幼儿教育，2021（C6）：68-72.

[44]王文乔. 学前教育中家园社协同教育有效路径探析[J]. 辽宁教育，2024
（2）：53-56.

[45]丁志敏. 农村幼儿园课程资源利用现状及对策研究[J]. 科教文汇（下旬
刊），2014（15）：172-173.

[46]杨南萍. 让幼儿成为主动的学习者[J]. 学前教育研究，2002（5）：61-62.

［47］汪基德. 从教育信息化到信息化教育：学习《国家中长期教育改革和发展规划纲要（2010—2020 年）》之体会［J］. 电化教育研究，2011（9）：5－10，15.

［48］王丽梅. 利用智慧教育平台 创新教研行动探究［J］. 甘肃教育，2016（14）：22.

［49］闫建敏. 中小学课程资源及其对策分析［D］. 长春：东北师范大学，2003.

［50］李献媛. "互联网＋"背景下幼儿园网络资源的开发利用研究［D］. 济南：山东师范大学，2017.

［51］潘丽娜. 小学教师开展课程资源评价的研究［D］. 大连：辽宁师范大学，2008.

［52］邱瑜. 论幼儿园课程的诊断与改进［D］. 上海：华东师范大学，2012.

［53］杨雄. 基于 AR 技术的幼儿园课程开发研究［D］. 重庆：西南大学，2020.

后　记

当本书最终定稿付梓之际，抚卷回望，我们的内心充满了喜悦与感动。这段共同奋斗的岁月里，我们扎根教学一线深耕细作，在活动现场热烈研讨，在书稿撰写中思想碰撞，每一份用心与付出终在此刻凝结成丰硕的果实。

2020 年，深圳市幼儿园在完成民办转公办"5080"攻坚任务后，迎来了从规模扩张向质量提升的关键转型期。在此背景下，高质量的课程建设成为推动幼儿园内涵式发展的重要引擎。三年来，我们以工作室为平台，以"园本课程建设"为研究主线，立足教育实践，围绕课程资源开发、实施路径、保障机制等维度开展了系统研究。特别是依托广东省新课程科学保教示范项目"基于本土资源的幼儿涵养课程建构"，我们聚焦课程资源的创新应用，通过共学共研，逐步构建起"资源挖掘-筛选优化-转化应用"的完整链条，形成了具有实践价值的课程资源开发模式。本书以鲜活的实践案例为载体，系统呈现了我们对课程资源开发的理解与思考，并提炼出不同类型课程资源开发利用的实施路径与策略。

本书是集体智慧的结晶，各章撰写人员如下。第一章：张素梅、胡俊；第二章：张素梅、杜亚君；第三章：张素梅、吴婷婷、包仕梅；第四章：张素梅、刘淑华；第五章：张素梅、黄小花、陈瑶、陈桂衡、黄雪蕾、杜亚君；第六章：张素梅、刘永清、涂惠容、向琼、彭妙苑、杨微、付红云、王庆芳、彭建云；第七章：张素梅、谢丹、何晓敏；第八章：张素梅、龚欣欣；第九章：张素梅、解家仁、裴萌萌。全书由张素梅负责统稿，吴婷婷、杜亚君参与了部分统稿工作。

在此，我们要特别感谢研究团队数年来的辛勤付出，感谢工作室各成员及幼儿园各位老师们提供的宝贵实践案例，感谢各位专家领导的悉心指导。本书作为阶段性的研究成果，难免存在不足之处，恳请广大读者不吝赐教。